强企支撑强省

——知识产权入园强企的理论架构与江西实践

熊绍员　张祥志◎编著

图书在版编目（CIP）数据

强企支撑强省：知识产权入园强企的理论架构与江西实践/熊绍员，张祥志编著. —北京：知识产权出版社，2017.2

ISBN 978-7-5130-4758-6

Ⅰ.①强… Ⅱ.①熊…②张… Ⅲ.①企业—知识产权—研究—江西 Ⅳ.①D927.560.340.4

中国版本图书馆 CIP 数据核字（2017）第 027490 号

内容提要

知识产权作为科技创新的主要要素，是创新驱动的集中体现，已成为企业发展的核心竞争力和产业升级的核心推动力，在引领区域科技创新和战略性新兴产业集聚中发挥着越来越重要的作用。在国家大力实施知识产权战略的大背景下，江西省结合自身实际情况推行一系列知识产权工程。本书以知识产权入园强企"十百千万"工程为核心，从四个方面——理论背景、行动方案、实效成果和未来展望翔实地介绍了江西省在知识产权方面的进展，对江西省以知识产权为媒介达到强企支撑强省的目标进行了全面的展示。

责任编辑：李 琳　卢海鹰　王祝兰		责任校对：谷　洋
执行编辑：王瑞璞		责任出版：刘译文
封面设计：张　冀		

强企支撑强省
——知识产权入园强企的理论架构与江西实践

熊绍员　张祥志　编著

出版发行：知识产权出版社有限责任公司	网　　址：http://www.ipph.cn
社　　址：北京市海淀区西外太平庄 55 号	邮　　编：100081
责编电话：010-82000860 转 8555	责编邮箱：wzl@cnipr.com
发行电话：010-82000860 转 8101/8102	发行传真：010-82000893/82005070/82000270
印　　刷：北京嘉恒彩色印刷有限责任公司	经　　销：各大网上书店、新华书店及相关专业书店
开　　本：787mm×1092mm　1/16	印　　张：14.25
版　　次：2017 年 2 月第 1 版	印　　次：2017 年 2 月第 1 次印刷
字　　数：280 千字	定　　价：48.00 元
ISBN 978-7-5130-4758-6	

出版权专有　侵权必究

如有印装质量问题，本社负责调换。

作者简介

熊绍员 江西南昌人，1970年4月出生，工学硕士，研究员。2013年2月起，任江西省知识产权局局长；2017年2月起，任江西省科学技术厅副厅长、党组成员。

1992年7月毕业于中国农业大学资源环境学院环境保护专业。1999年6月起，历任江西省永新县人民政府副县长、省农业厅农技推广总站副站长、省植保站副站长；2006年8月起，历任江西省植保局书记、省科技厅农村处处长；2013年2月起，任江西省知识产权局局长；2015年3月起，在中央党校一年制中青班学习；2017年2月起，任江西省科学技术厅副厅长、党组成员。

公开发表学术论文20余篇，多次荣获农业部科技进步（丰收计划）一、二等奖，吉安市科技进步一等奖，南昌市科技进步二等奖，江西省科技进步三等奖，第十三届中国专利奖优秀奖，首届江西省政府专利奖（2011年）等科技奖励，及省部级先进工作者嘉奖等工作奖励，2002年、2006年分别破格晋升副高、正高职称。

2013年9月提出"知识产权入园强企"的理论架构，2014年实施江西省知识产权入园强企"十百千万"工程，促使江西省2014年、2016年专利增幅全国第一，年度总量由1.2万件提升到6.1万件（排名由全国第24位提高到第15位），被国家知识产权局誉为"江西模式"。

张祥志 湖北石首人，1987年1月出生，知识产权法学硕士，知识产权管理学博士。现为华东交通大学法学系讲师，任华东交通大学法学系副主任、国家知识产权培训（江西）基地副主任、江西省高校人文社科重点研究基地华东交通大学知识产权研究中心研究人员、华东交通大学交通政策与法制研究所副所长，兼任江西省法学会知识产权法学研究会理事。

师从著名知识产权学者刘华教授，硕博期间发表论文10篇，参与国家社科基金重点项目、教育部人文社科项目、司法部项目及国家知识产权局重点项目4项，获省部级奖项2项，3份政府政策建议被采纳。工作2年期间，发表CSSCI源刊论文2篇，出版专著2本、教材1本，主持江西省科技厅专利产业化项目、江西省社科规划项目、江西省知识产权局项目等共计5项。

研究兴趣与方向为知识产权文化、专利法、产业创新政策等。硕士攻读专业为知识产权法，研究方向为知识产权文化、专利法；博士攻读专业为知识产权管理，研究方向为产业专利分析、产业发展与创新，注重实证研究。

序　言

近年来，江西省委、省政府高度重视知识产权工作，大力实施创新驱动发展战略和知识产权战略，知识产权多项指标在全国位次前移；省知识产权局创新思路，务实举措，打造了"知识产权入园强企工程""四大体系推进工程""执法强局工程""专利金融工程"等诸多工作亮点；全省知识产权事业发展进入一个快速提升时期，展现了蓬勃向上的良好态势；特色知识产权强省建设路径清晰，有力地支撑了企业转型和发展升级。

知识产权作为科技创新的主要要素，是创新驱动的集中体现，已成为企业发展的核心竞争力和产业升级的核心推动力，在引领区域科技创新和战略性新兴产业集聚中发挥着越来越重要的作用。企业是科技创新和知识产权的主体，园区是经济与科技紧密结合的载体，企业和园区始终是知识产权创造、运营、保护、管理、服务的主阵地。

当前，我国知识产权事业发展已经进入了强国建设的新时期。各地知识产权工作也面临着强省建设新任务，推进知识产权改革创新已成为适应经济新常态、促进社会可持续发展的内在要求。及时总结、推广各地特色工作经验，进一步推进知识产权强企、强校、强院，对加快建设知识产权强国具有积极意义。对此，《强企支撑强省——知识产权入园强企的理论架构与江西实践》作出了有益探索。

是为序。

国家知识产权局副局长

贺化

前 言

在创新发展理念、创新驱动发展战略和科技创新驱动强国建设的大背景下,知识产权支撑社会经济发展的作用日益凸显。但在实际工作中,"如何释放并扩大知识产权对于创新发展和经济转型的支撑效应?如何找准知识产权撬动全省产业结构转型升级的支点?如何让知识产权法律法规和公共政策激发创造、引领创新的功能落到实处?"都是我们必须慎重考虑的问题。带着以上问题,我们立足江西省实际、放眼全国、全球,在充分的政策梳理、经验考察和市场调研基础上,制定并实施了江西省知识产权入园强企"十百千万"工程。

知识产权入园强企"十百千万"工程以提升园区和企业核心竞争力为主线,以知识产权制度建设为载体,以实现全省专利申请量和授权量翻番为目标,以体系完善、政策引领和队伍建设为保障。知识产权入园强企"十百千万"工程从顶层设计的角度回答了以上3个问题:①释放知识产权(专利)在企业和园区创新发展中的核心竞争力效应,实现知识产权支撑创新发展和经济转型的目标;②抓住企业主体地位和专利申请授权量质齐升这一核心支点,撬动全省产业结构转型升级;③完善全省知识产权体系建设、增强全省知识产权政策联动效能、构建全省知识产权人才队伍,让知识产权激发创造、引领创新的功能落到实处。

知识产权入园强企"十百千万"工程自2014年实施以来取得了一系列成绩和效果,知识产权工作整体态势和具体领域均取得重大突破,知识产权在全省社会经济发展中的作用逐步显现,知识产权引领全社会尊重知识、崇尚创新的良好风尚亦逐步呈现。2016年7月,省委书记鹿心社,省委副书记、代省长刘奇,省委常委、南昌市委书记龚建华,副省长谢茹对知识产权工作作出重要批示;2016年上半年全省专利申请量增幅位列全国第一;2016年上半年全省知识产权质押融资金额同比增长700%;2015年全省万人发明专利拥有量突破1件;2015年全省专利申请量增幅位列全国第四名,授权量增幅位列全国第二名;2015年省委书记、省长等主要领导对知识产权工作作出重要批示;2014年全省专利申请量和授权量增幅均居全国第一;2014年江西省实现专利金奖零的突破……

知识产权入园强企"十百千万"工程于2016年底完成,实施两年多来,取得了明显成效，产生了积极的社会反响，促进了江西省专利数量和质量的全面提升，实现了知识产权工作全面融入江西经济社会发展升级大局，也为江西省知识产权事业迈入"特色型知识产权强省建设"新阶段夯实了基础。在知识产权入园强企"十百千万"工程实施期间，知识产权特派员和企业专利专员队伍建设、知识产权重点园区培育、知识产权骨干企业建设、知识产权服务品牌机构完善等方面均完满或超额完成任务。尤其在数据增长方面，亮点凸显：2016年江西省企业专利申请量、授权量占比53.2%和55.7%，首次实现双过半，同比分别增长92.1%、50.5%，均超过全省平均增幅；2016年江西省新增专利过千的园区6个，新增专利过百的高新企业55家，新增专利过十的规模以上企业1246家，新增专利消零中小微企业4009家。自知识产权入园强企"十百千万"工程实施以来，江西省已培育专利过千的园区18个，专利过千的企业5家，完成率达230%；专利过百企业115家，完成率为115%；专利过十的规模以上企业2168家，完成目标翻番；10962家中小微企业实现专利零突破，企业创新主体地位日益显现。积极融入经济建设主战场，知识产权入园强企"十百千万"工程已经成为江西省的一张亮丽名片，在全国引起了积极反响。

　　江西省属创新资源相对匮乏的省份。但知识产权入园强企"十百千万"工程的实施推进，有力地激发了江西省园区、企业及全社会的创新活力，2016年专利总量由全国第24位提升到第15位，略高于中位数。2016年国家知识产权局批准江西省为全国首批3个特色型知识产权强省之一，并与江西省人民政府开展了高层次合作会商。强企撬动强省，特色引领发展。4年的快速发展，知识产权入园强企"十百千万"工程实现的累累硕果，我们凝练并认识到知识产权事业发展的"四个坚持"：始终坚持解放思想、改革创新，强化正确思路，凝聚各方力量；始终坚持围绕中心、服务大局，强化顶层设计，营造发展环境；始终坚持问题导向、打基础谋长远，强化人才体系，夯实宣传培训；始终坚持突出特色、打造亮点，强化工作抓手，支撑跨越发展。

　　成绩显著，但体量不大、转化不高、体制不畅等瓶颈依旧存在。因此，我们应进一步深入实施知识产权入园强企"十百千万"工程，真抓实干，将知识产权工作和知识产权入园强企工程深度融入特色型知识产权强省建设和全省科技创新"5511"工程，创造经验、走在前列，打造知识产权强省的江西样板。

2017年1月

目 录

第一篇 理论篇

第一章 知识产权入园强企的理论背景 ········· 3
  一、知识产权引领创新发展和科技改革 ········· 3
  二、知识产权支撑区域经济和创新实力 ········· 6

第二章 知识产权入园强企的体制构建 ········· 20
  江西省知识产权入园强企"十百千万"工程实施方案 ········· 20

第三章 知识产权入园强企的核心要素 ········· 25
  一、以园区企业为主体 ········· 26
  二、以制度建设为载体 ········· 27
  三、以专利翻番为目标 ········· 27
  四、以政策体系为保障 ········· 28

第二篇 行动篇

第四章 体系建设
  ——江西知识产权四大政策体系建设 ········· 31
  一、体系之一：江西省知识产权管理执法体系建设规划 ········· 32
  二、体系之二：江西省知识产权展示交易转化体系建设规划 ········· 40
  三、体系之三：江西省专利公共信息服务体系建设规划 ········· 47
  四、体系之四：江西省专利代理中介服务体系建设规划 ········· 51

第五章 智力支持
  ——江西省知识产权两支专员队伍建设 ········· 58
  一、队伍建设之一：江西省知识产权特派员工作方案 ········· 58

二、队伍建设之二：企业知识产权专员工作职责 …………………………… 61

第六章　资金配套
——江西省知识产权七大专项资金建设 ………………………………… 63
一、典型企业、典型园区资金支持 …………………………………………… 63
二、产业示范、专利实施资金支持 …………………………………………… 64
三、专利申请、优质专利资金支持 …………………………………………… 65
四、富民强县、县域发展资金支持 …………………………………………… 66

第三篇　实效篇

第七章　整体态势与重大突破 …………………………………………… 69
一、领导批示与指示 …………………………………………………………… 69
二、专利量质整体态势 ………………………………………………………… 70
三、专利工作重大突破 ………………………………………………………… 78

第八章　优势企业与新型产业 …………………………………………… 83
一、知识产权力促"降成本优环境" …………………………………………… 83
二、知识产权强化企业转型升级 ……………………………………………… 87
三、知识产权助推新兴产业发展 ……………………………………………… 92

第九章　地市动态与县域发展 …………………………………………… 95
一、地市知识产权动态 ………………………………………………………… 95
二、县域知识产权发展 ………………………………………………………… 105

第四篇　展望篇

第十章　围绕特色型知识产权强省建设核心 …………………………… 119
江西省人民政府关于加快特色型知识产权强省建设的实施意见 ………… 119

第十一章　强化科技创新"5511"工程知识产权支撑 ………………… 126
一、科技创新"5511"工程之基本政策要求 ………………………………… 126
二、科技创新"5511"工程之知识产权支撑 ………………………………… 127
三、科技创新"5511"工程之特色强省抓手 ………………………………… 127

第十二章 紧抓知识产权"六大工程""质押融资"与"入园强企" …………… 131
    一、知识产权"六大工程" ………………………………………………………… 131
    二、知识产权"质押融资" ………………………………………………………… 133
    三、知识产权"入园强企" ………………………………………………………… 138

第十三章 探索知识产权强省"江西模式" ……………………………………… 142
    一、基本思路 ………………………………………………………………………… 142
    二、具体举措 ………………………………………………………………………… 143
    三、成效显著 ………………………………………………………………………… 145
    四、江西模式 ………………………………………………………………………… 146

附录一 江西知识产权入园强企"十百千万"工程资金配套政策 ……………… 148

附录二 江西知识产权入园强企"十百千万"工程背景调查报告之一
    ——江西省企业专利状况调查与分析报告（2013） ……………………… 170

附录三 江西知识产权入园强企"十百千万"工程背景调查报告之二
    ——江西省高新技术企业知识产权调查报告（2013） …………………… 192

附录四 江西知识产权入园强企"十百千万"工程背景调查报告之三
    ——江西省园区知识产权状况调查与分析（2013） ……………………… 204

参考文献 ………………………………………………………………………………… 211

第一篇　理论篇

知识产权入园强企是知识产权支撑创新驱动发展和社会经济发展的主要手段，抓住企业和园区这一社会经济发展的基本细胞，提升企业和园区的知识产权能力，方能实现知识产权促进产业发展和企业竞争力提升的目标。在具体工作中，将知识产权入园强企理念贯彻于知识产权政策举措、知识产权行动纲要、知识产权公共服务中，实施知识产权入园强企"十百千万"工程，必须先厘清知识产权入园强企的基础理论。知识产权入园强企所倚靠的国家重大发展战略趋势、所面临的区域社会经济发展水平现状、体制机制构建和宏观顶层设计以及知识产权入园强企"十百千万"工程实施的核心要素，都是知识产权入园强企基础理论必须解决的前置性问题。

第一章 知识产权入园强企的理论背景

江西省知识产权入园强企"十百千万"工程是江西省知识产权事业蓬勃发展和持续发展的新起点,其诞生有着特殊的现实背景和实践意义。对接国家战略、立足江西特色、紧扣发展现实,是江西省知识产权入园强企"十百千万"工程得以实施的源起。

面对国家新的发展机遇和发展动向,江西省不容错过,知识产权理应在江西省崛起的进程中发挥举足轻重的作用;针对江西省委、省政府提出的"发展升级、小康提速、绿色崛起、实干兴赣"十六字发展方针,充分发挥知识产权在"升级、提速、崛起"中的杠杆效应迫在眉睫;立足江西省知识产权创造、保护、运用和管理水平较为低下的现状,找准江西省知识产权发展中的问题和症结,促进知识产权各项事业快速、有效地开展,力推江西省创新升级更具迫切性。

一、知识产权引领创新发展和科技改革

1. 知识产权与创新驱动发展战略

实施创新驱动发展战略。科技创新是提高社会生产力和综合国力的战略支撑,必须摆在国家发展全局的核心位置。要坚持走中国特色自主创新道路,以全球视野谋划和推动创新,提高原始创新、集成创新和引进消化吸收再创新能力,更加注重协同创新。深化科技体制改革,推动科技和经济紧密结合,加快建设国家创新体系,着力构建以企业为主体、市场为导向、产学研相结合的技术创新体系。完善知识创新体系,强化基础研究、前沿技术研究、社会公益技术研究,提高科学研究水平和成果转化能力,抢占科技发展战略制高点。实施国家科技重大专项,突破重大技术瓶颈。加快新技术新产品新工艺研发应用,加强技术集成和商业模式创新。完善科技创新评价标准、激励机制、转化机制。实施知识产权战略,加强知识产权保护。促进创新资源高效配置和综合集成,把全社会智慧和力量凝聚到创新发展上来。

——十八大报告中关于创新驱动发展战略的表述

创新驱动发展战略被写进十八大报告,标志着创新在中国经济发展中的位置被

提得更高。创新驱动发展是相对于生产要素驱动发展而言的。随着中国经济的持续高速增长，原先熟悉的投资驱动、规模扩张、出口导向的发展模式发生了转变，支撑中国经济发展的劳动力、资源、环境成本都在提高，旧有的发展模式空间越来越小，单纯靠规模扩张推动发展导致的产能过剩问题愈发严重，通过提高质量和效益来赢得更长时间可持续发展的道路应运而生。而提升质量和效益必须倚靠创新。创新驱动发展战略的提出，即从国家战略的高度强调了以创新来驱动发展、通过创新来转变经济发展的模式。

（1）强化科技创新。科技创新深度影响产业变革和社会经济发展形态，是经济结构调整和持续健康发展的决定性力量。创新驱动发展战略所提出的科技创新，注重中国特色的自主创新，包括了原始创新、集成创新和引进消化吸收再创新等多种创新方式，强调了协同创新的作用。科技创新既包括市场主体在产业领域的创新，也包括科研院所、高校等事业单位主体在科研过程中的创新，更包含了社会个体的各种创新活动，其创新成果形式多样。从创新的表现形式来看，以专利、版权和商标为主要内容的知识产权是科技创新成果最重要也是最普遍的表达形式。知识产权制度为各式各样的科技创新成果提供法律上的保障，为科技创新主体谋取创新成果所带来的经济利润，继而激励全社会各行各业更多地投入科技创新中去。

（2）深化体制创新。创新重在科技创新，但并不局限于科技创新，还包括体制创新。体制创新是科技创新的保证，科技创新又对体制创新提出了更高的要求。创新驱动发展战略所要求的科技体制创新强调了要构建以企业为主体、市场为导向、产学研相结合的技术创新体系，要强化基础研究、前沿技术研究、社会公益技术研究，要完善科技创新评价标准、激励机制、转化机制。知识产权制度体系作为最重要的科技制度体系之一，更应该做到与时俱进、适应时代发展和科技创新的需求。进一步完善各项知识产权法律规范，充分发挥知识产权公共政策的效用，使知识产权制度在科技创新中起到更好的保护作用和激励作用，是科技体制创新的应有之义。

（3）实施知识产权战略。知识产权是科技创新成果的主要表现形式；知识产权制度是科技制度的重要组成部分。因此，知识产权战略的实施至关重要。从科技创新成果的产生到商品化、市场化再到科技成果的产业化，知识产权如影随形。知识产权战略纲要从提升知识产权创造能力、鼓励知识产权转化运用、加快知识产权法制建设、提高知识产权执法水平、加强知识产权行政管理、发展知识产权中介服务、加强知识产权人才队伍建设、推进政策文化建设、扩大知识产权对外交流合作的战略措施层面为建设创新型国家和实施创新驱动发展战略保驾护航。

2. 知识产权与深化科技体制改革

深化科技体制改革。建立健全鼓励原始创新、集成创新、引进消化吸收再创新的体制机制，健全技术创新市场导向机制，发挥市场对技术研发方向、路线选择、要素价格、各类创新要素配置的导向作用。建立产学研协同创新机制，强化企业在技术创新中的主体地位，发挥大型企业创新骨干作用，激发中小企业创新活力，推进应用型技术研发机构市场化、企业化改革，建设国家创新体系。

加强知识产权运用和保护，健全技术创新激励机制，探索建立知识产权法院。打破行政主导和部门分割，建立主要由市场决定技术创新项目和经费分配、评价成果的机制。发展技术市场，健全技术转移机制，改善科技型中小企业融资条件，完善风险投资机制，创新商业模式，促进科技成果资本化、产业化。

——《中共中央关于全面深化改革若干重大问题的决定》
（以下简称《决定》）中关于深化科技体制改革的表述

科技体制改革作为全面深化改革大局中的重要部分，其对于实施创新驱动发展战略、支撑引领经济社会发展具有重要意义。深化科技体制改革是针对我国在科技体制方面存在一些弊端所提出的，科技与经济相隔离、产学研协同创新机制不健全、基础前沿领域自主创新能力不强、企业没有真正成为技术创新主体等问题亟须通过科技体制改革来解决。科技体制机制问题必将束缚科技生产力发展，制约自主创新和科技支撑引领经济社会发展能力的提升，因此，把握科技创新方向、深化科技体制改革、充分释放科技创新活力，是实施创新驱动发展战略的必要条件。

（1）市场导向机制。《决定》着重强调了要健全技术创新市场导向机制，让市场在创新的各个环节中发挥导向性作用，要强化企业在技术创新中的主体地位。市场的作用和企业的地位在科技创新中被体现出来，这既是国际通行的惯例，也与我国社会主义市场经济发展的要求相吻合。从知识产权的角度来看，作为企业技术创新成果的知识产权重在面向市场、走向市场，让知识产权创造（技术创新成果）向知识产权运用转化，通过商业模式运作和市场经济运作让知识产权成果（科技创新成果）真正变为生产力，进而促进经济发展方式的转变。

（2）协同创新机制。产学研协同创新是技术创新的应有之义。产业和企业是对创新需求最强烈的主体，高校是创新人才最集中的地方，科研院所是创新最为集中和专业的机构，三者的结合与融合才能达到创新的最终目标。在中国经济持续发展的要求下，我们应充分发挥产业和企业的市场优势，充分发挥高校的人才优势，充分发挥科研院所的组织优势，通过协同的方式让三者产生 $1+1+1>3$ 的效果，才能让创新真正推动社会经济发展方式的转变。知识产权与协同创新之间存在天然的关联性：一方面协同创新过程中的利益分配问题需要知识产权制度来保障，另一方面协同创新的全过程需要知识产权的激励作用。

（3）知识产权激励机制。从科技创新的诱因来看，无论哪种科技创新轨迹都包含技术研究、产品开发和商品化阶段，都涉及知识产权的保护问题。知识产权制度是保证科技创新成果权利化、资本化、商品化和市场化的基本前提之一。知识产权与科技创新具有内在的协同发展关系。故而，知识产权激励机制的改革是深化科技体制改革的重要组成。知识产权为科技创新活动提供了制度保障，使得创新主体既可以生产有形商品获得高额利润，又可以通过无形商品进入市场，并采取知识产权转让方式获得高额回报，从而增强了再创新的积极性，形成了技术创新的良性循环机制。这一激励机制是知识产权制度得以存在的基石，也是知识产权能在科技创新活动中发挥重要作用的原理所在。

二、知识产权支撑区域经济和创新实力

1. 知识产权与江西省绿色发展和产业升级

（1）绿色发展特色鲜明，生态建设全国先行

江西省的发展在全国属于落后水平，但后发优势明显，绿色发展特色鲜明。时任江西省委书记强卫在谈及中国梦和江西梦时，也提到"绿色是江西最亮的品牌。我们要切实保护好江西的青山绿水，树立绿色政绩观、绿色生产观和绿色消费观，构建绿色产业体系"。时任江西省省长鹿心社在连续三年的政府工作报告中，始终将"绿色崛起"作为江西省发展的基本方针。从江西的发展规划来看，2012年、2013年、2014年江西省政府报告均将"建设富裕和谐秀美江西"作为江西省的奋斗目标，其中秀美江西建设即是以"绿色"为基础，以"绿色"为标准，充分发挥江西省的绿色发展模式和绿色发展优势（参见图1-1）。

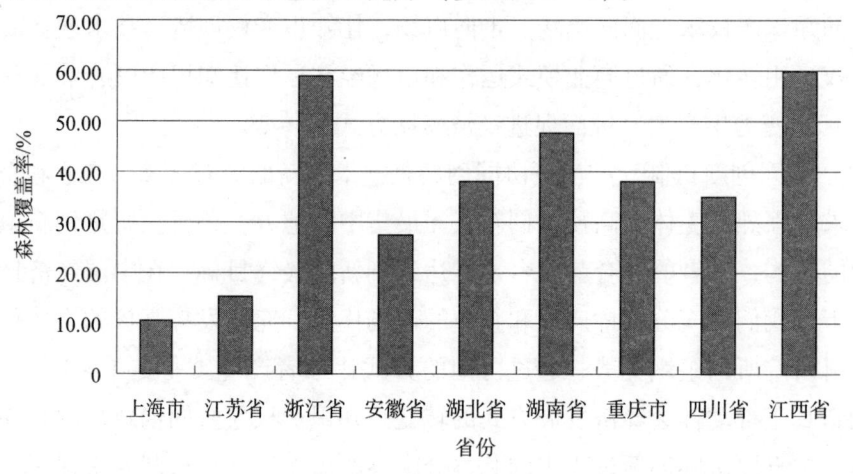

图1-1 长江经济带各省市森林覆盖率比较图

江西的绿色发展特色和优势体现在以下三个方面：①绿色资源。江西省绿色资源优势明显，包括湖泊资源、生物资源、湿地面积、汇碳能力和森林资源在内的绿色资源远远高于周边省份，在全国也属于领先水平。江西省在森林资源上有着突出表现。截至2016年，江西省森林面积达到了1001.81万公顷，森林覆盖率达到了60.01%，森林覆盖率为全国第二。其中，活立木总蓄积量达47032.40万立方米，森林蓄积量为40840.62万立方米。❶森林覆盖率作为一个地区生态环境优劣的重要指标，从图1-1中我们可以看出，在长江沿线的各省市中，江西省的森林覆盖率位列第一。②绿色产业体系。在绿色崛起的发展方针指导下，江西省正在构建以绿色工业、生态农业和现代服务业为主要内容的绿色产业体系。在工业方面，着重发展节能环保、新能源、新材料、电子信息、生物医药等战略性新兴产业，加快传统产业转型升级，积极推广绿色能源技术。在农业方面，深入推进农业标准化、清洁化生产，加快无公害、绿色、有机农产品基地和现代农业园区建设，深化农产品深加工。在现代服务业方面，大力发展旅游、电子商务、商贸物流、现代金融、文化创意等产业（参见图1-2）。③绿色政绩观和发展观。江西省的绿色政绩观体现在各级政府的方方面面，从各级政府的制度架构到考核指标再到具体的工作安排，保护自然环境、维护生态安全的绿色理念始终是其发展的基本要素。江西省的绿色发展观深入企业层面和社会层面：在企业倡导所有企业树立绿色生产观，把绿色、环保、安全的理念融入产品研发、生产、营销各个环节；号召全社会树立绿色消费观，倡导科学、合理、安全、健康的生活方式，形成崇尚自然、亲近自然、善待生命的生态文明观。

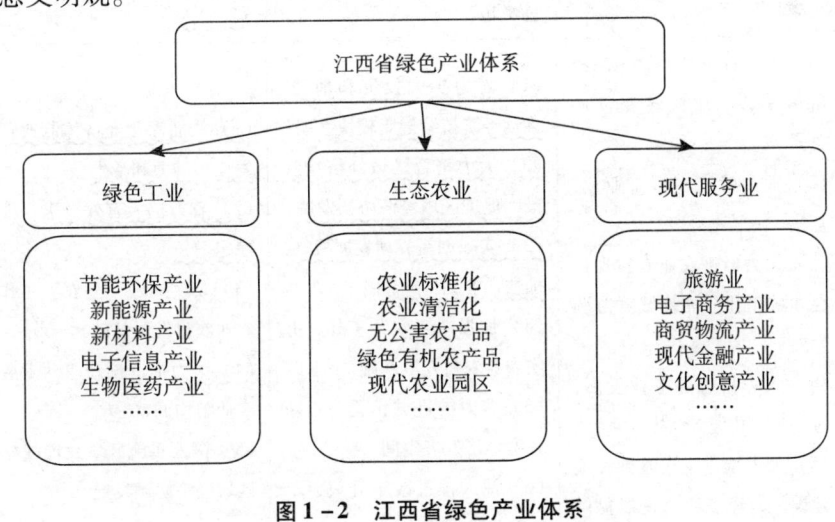

图1-2 江西省绿色产业体系

---

❶ [EB/OL]. http://data.forestry.gov.cn/lysjk/indexJump.do?url=view/moudle/searchData/searchData&searchAllString=全国森林资源情况.

生态文明建设与绿色发展理念是相辅相成的。江西省的生态文明建设在全国处于先行先试、国内领先的地位。这一方面是基于江西省的绿色发展优势，另一方面是基于江西省在生态建设上的经验。早在1983年，面对严重的生态倒退情况，江西省政府便提出了"山江湖工程"，大力恢复和保护自然资源；国务院已于2009年12月12日正式批复《鄱阳湖生态经济区规划》，标志着建设鄱阳湖生态经济区正式上升为国家战略；十八大后，江西省更是紧抓生态文明建设不放，将生态理念和生态建设融于各项政策措施之中。

从江西省2012~2014年的发展规划来看，生态建设是其不变的主题和目标。2012年，江西省政府工作报告中工作重点之一便是"大力推进鄱阳湖生态经济区建设，加快转变发展方式"；2013年，江西省政府工作报告中也将"积极推进生态文明建设，努力建设秀美江西"作为其工作重点；2014年，江西省政府工作报告进一步将"加强生态环境保护和建设，提高生态文明建设水平"纳入政府工作重点。在生态文明建设的具体工作上，江西省政府也从强调"环境保护、生态建设"过渡到"综合治理"，从单一的"节能减排"要求过渡到注重"循环经济"发展（参见表1-1）。

表1-1 2012~2014年江西省发展整体规划

时间节点	《2012年江西省政府工作报告》	《2013年江西省政府工作报告》	《2014年江西省政府工作报告》
目标	建设富裕和谐秀美江西	建设富裕和谐秀美江西	建设富裕和谐秀美江西
基本方针	"推进科学发展、加快绿色崛起"	"推进江西科学发展、绿色崛起"	"发展升级、小康提速、绿色崛起、实干兴赣"
工作重点	(1) 大力推进鄱阳湖生态经济区建设，加快转变发展方式 (2) 大力推进新型工业化，加快产业转型升级 (3) 大力推进农业农村现代化和城镇化，统筹城乡协调发展 (4) 大力推进服务业发展，进一步优化经济结构 (5) 大力推进重大基础设施建设，为经济社会发展提供有力支撑	(1) 着力扩大投资和消费，推动经济持续健康较快发展 (2) 大力培育区域经济增长极，促进区域经济协调发展 (3) 实施创新驱动发展战略，加快产业结构调整 (4) 加强"三农"工作，夯实农业农村发展基础 (5) 着力推进城镇化，不断拓宽经济发展空间 (6) 深入推进改革开放，不断激发发展活力	(1) 全面深化经济体制改革，增强发展的动力和活力 (2) 着力扩大有效需求，推动经济稳定增长 (3) 切实抓好"三农"工作，夯实农业农村发展基础 (4) 大力推进创新驱动发展，加快产业结构调整 (5) 深入实施区域发展战略，促进区域经济协调发展

续表

时间节点	《2012年江西省政府工作报告》	《2013年江西省政府工作报告》	《2014年江西省政府工作报告》
工作重点	(6) 大力推进改革开放，增强发展的动力和活力 (7) 大力推进民生工程，为人民群众多办实事好事 (8) 大力推进社会事业发展，促进社会和谐稳定	(7) 积极推进生态文明建设，努力建设秀美江西 (8) 加快发展社会事业，维护社会和谐稳定 (9) 扎实推进民生工程，增进人民群众福祉	(6) 扩大对内对外开放，提高开放型经济水平 (7) 推进以人为核心的城镇化，着力提高城镇化质量 (8) 加强生态环境保护和建设，提高生态文明建设水平 (9) 深入实施民生工程，让人民群众得到更多实惠 (10) 加快发展社会事业，促进社会和谐稳定
产业发展规划	(1) 突出抓好战略性新兴产业发展 (2) 加快传统产业改造升级 (3) 着力打造特色工业园区 (4) 切实增强科技创新能力	(1) 切实提高创新驱动发展能力 (2) 培育壮大战略性新兴产业 (3) 加快推动传统产业转型升级 (4) 积极推进工业园区集群集约发展 (5) 大力发展服务业	(1) 提高科技创新水平 (2) 培育壮大战略性新兴产业 (3) 促进传统产业改造升级 (4) 加快发展服务业
生态建设规划	未单独作为工作重点之一	(1) 加强生态建设和环境保护 (2) 扎实推进节能减排 (3) 完善生态文明制度	(1) 加强生态环境综合治理 (2) 推进循环经济发展和节能减排 (3) 完善生态文明制度

注：下画波浪线部分为相较上年的区别。

绿色发展与生态文明建设均与知识产权有着密切关联性。①绿色发展与知识产权。绿色经济和绿色新兴产业是绿色发展的重中之重，绿色经济要求传统产业倚靠科技创新向绿色转型，绿色新兴产业需要以科技创新为支撑，因此，科技创新能力决定着绿色经济的发展和绿色新兴产业的发展，继而决定着绿色发展。知识产权是科技创新能力的"晴雨表"，知识产权制度是科技创新的"避风港"。故而，知识产权和知识产权制度通过科技创新与绿色发展之间产生深度关联。②生态文明建设与知识产权。一方面，生态文明建设要求在人与自然相处的过程中做到节约资源、保护环境，而经济生产活动作为人类社会最主要的活动，在经济增长、产业发展和消费增长的过程中我们必须以新技术、新模式、新制度来摒弃传统的资源浪费模式，而这些新技术、新模式和新制度都与知识产权密切关联。另一方面，制度建设是生态文明建设的关键内容和重要保障，而知识产权制度是开发、配置、利用知识资源、信息资源的基本制度，与生态文明建设密切相关。

（2）发展升级任务紧迫，创新驱动亟须推进

从产业角度来看，发展升级需要创新驱动。产业发展升级在整个社会的发展升级中至关重要。产业发展升级的途径主要包括传统产业的转型和新兴产业的发展两条道路，产业发展升级的内容涵盖了工业、农业和服务业的升级和转型，三大产业的升级又内在地蕴含了产业结构调整、升级所带来的产业结构优化。在发展升级的第一条路径中，要做到传统产业的转型，必须将创新注入传统产业发展的各个环节中；在发展升级的第二条路径中，要做到新兴产业的快速、健康发展，也必须以创新为基础。产业发展升级的两条路径均涉及创新，均需要倚靠创新来驱动发展，做到"引入一种新产品，引入一种新的生产方法，开辟一个新的市场，获得原材料或半成品的一种新的供应来源、新的组织形式"（参见图1-3左半部分）。

发展升级、创新驱动与知识产权存在强烈的关联性。创新的内涵与知识产权的内涵不谋而合，其中新的产品与新的生产方法均属知识产权保护的核心内容。创新与知识产权的正相关性表现为两个方面。其一，创新成果与知识产权。在知识经济时代，创新成果在很大程度上表现为专利、版权、商标等知识产权，专利技术是一个社会技术创新最主要的标志，即创新成果的表现形式在很大比例上是知识产权，故而，知识产权创造与创新成果之间密切相关。创新成果在市场化之前，需要知识产权制度给予其法律上的保障，确保创新成果完成人的各项合法权益。因此，知识产权保护与创新成果之间有着强相关性，知识产权保护是创新成果驱动产业发展的保护伞。其二，创新转化与知识产权。创新要真正驱动产业发展，必须将各种形式的创新成果转化。创新转化一方面是对创新成果的运用，通过市场手段和营销手段让创新产生经济效益。这一过程涉及知识产权的运用，涉及新的产品、新的方法、新的商业模式、新的品牌的市场化问题。创新转化另一方面又必然面临巨大的市场风险，必须通过科学的管理手段和方式来消除在创新转化进程中的各种风险。知识产权管理乃是关于技术，尤其是产业新技术在市场运营过程中的各种科学安排。无论是知识产权的行政管理，还是知识产权的企业管理，均以提高知识产权的经营、使用效益为基本目标。综上所述，创新要真正驱动发展升级，必须倚靠知识产权的制度作用和技术效应，充分发挥知识产权创造、保护、运用和管理的功能（参见图1-3）。

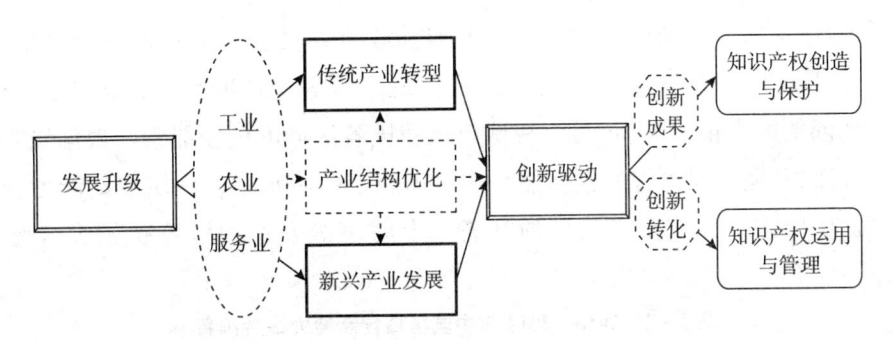

图1-3 发展升级、创新驱动与知识产权的关联性

江西省的发展升级需要知识产权的支撑作用。"发展升级"是江西省十六字方针的核心，处于江西省发展规划和发展目标的首要位置。江西省在2012年、2013年和2014年政府工作报告中均强调了要通过产业转型升级、产业结构调整来促进发展升级，并在2013年和2014年政府工作报告中着重彰显了创新驱动发展的重要作用。在产业发展升级、产业转型和产业结构调整的具体措施方面，江西省2012年、2013年和2014年政府工作报告均强调从传统产业转型升级和新兴产业发展入手，要重视科技创新水平和科技创新能力（参见表1-1）。基于上述关于发展升级、创新驱动和知识产权关联性的阐述，江西省的发展升级需要充分发挥知识产权的作用。也正是基于此背景，实施江西省知识产权入园强企"十百千万"工程，充分发挥知识产权对经济发展的支撑作用，促进江西省产业加快转型升级和经济社会发展升级步伐正当其时。

2. 知识产权与江西省创新水平和企业创新

（1）创新能力全国落后

创新能力是衡量区域发展水平的重要指标，也是区域产业发展和经济转型的重要因素。纵观国内外有关区域创新能力的相关研究成果，有关区域创新能力评价指标的著述颇多，例如，设计的综合指标体系评估各国创新能力，其指标主要包括研发经费来源、研发经费配置、大学的作用、支持和影响创新的政府政策等。综合指标体系应当包括创新基础设施、产业集群的创新环境、科技与产业部门联系的质量。[1] 2005年欧盟提出了欧洲创新记分牌来评估欧盟创新能力的综合指标体系，将欧盟创新指标分为创新驱动、企业创新、知识产权、知识创造、技术应用共5类。在综合考量国外研究成果的基础上，由科学技术部政策法规司资助支持，中国科技发展战略研究小组和中国科学院大学中国创新创业管理研究中心承担，研究成员分

---

[1] 魏守华，吴贵生，吕新雷. 区域创新能力的影响因素：兼评我国创新能力的地区差距 [J]. 中国软科学，2010（9）：76-85.

别来自科学技术部、中国科学院、国家发展和改革委员会、国务院发展研究中心、中国社会科学院、清华大学、北京系统工程研究所等机构的研究团队连续出版了《中国区域创新能力报告》，详尽、权威解读我国各区域的创新能力。根据研究报告的成果，我们发现：江西省的创新能力在全国属于落后水平，区域创新能力长期处于全国第 20 位左右，与江苏省、浙江省、上海市等发达地区差距较大（参见表 1-2、图 1-4）。

表 1-2　2013～2014 年中国区域创新能力综合排名

排名	2013 年	2014 年
1	江苏省	江苏省
2	广东省	广东省
3	北京市	北京市
4	上海市	上海市
5	浙江省	浙江省
6	山东省	山东省
7	天津市	天津市
8	重庆市	重庆市
9	安徽省	安徽省
10	福建省	湖北省
20	江西省	江西省

数据来源：柳卸林，高太山. 中国区域创新能力报告 2014：创新驱动与产业转型升级 [M]. 北京：知识产权出版社，2015.

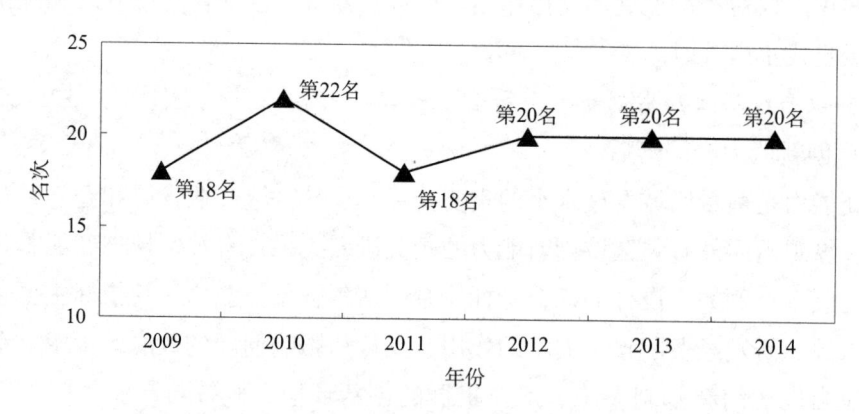

图 1-4　江西省区域创新能力全国排名（2009～2014 年）

数据来源：根据《中国区域创新能力报告》制作。

（2）专利发展水平亟须提升

第一，在专利数量方面，在全国属于落后地区。①在国内专利申请受理方面，根据国家知识产权局官方权威统计数据显示，1985～2013 年江西省专利申请受理总量在全国排第 23 位，共受理国内专利申请总量 86644 件。通过区域比较可知，江西省2013年以前国内专利申请受理总量与北京市、上海市、广东省发达地区存在巨大的差距,北京市、上海市、广东省的专利受理总量分别是江西省的7.72倍、7.74倍和18.46倍;与江苏省、浙江省等沿海地区相比,差距巨大,江苏省、浙江省的专利受理总量分别是江西省的24.93倍和15.26倍;在中部地区6省份中,江西省的专利申请受理总量为倒数第一,其中安徽省、湖北省、河南省、湖南省4省份的申请受理总量远远高于江西省(参见表1-3)。②在国内专利申请授权方面,根据国家知识产权局官方权威统计数据显示,1985~2013年江西省专利申请授权总量在全国排名第21位,共授权国内专利49819件。通过区域比较可知,与专利申请受理类似,江西省的国内专利申请授权量与北京市、上海市、广东省等发达地区和江苏省、浙江省等沿海地区相比,差距巨大;其授权总量在中部地区6省中排名第五位,比中部地区最后一名山西省的授权总量仅多出2521件。从年度的角度分析可知,2010~2013年江西省的专利授权总量呈现逐步上升的趋势,但仍然存在数量基数小、增长幅度低的劣势。2011年授权量相比于2010年增长了1201件,2012年授权量相比于2011年增长了2435件,2013年授权量相比于2012年增加了1985件(参见表1-4)。由此可见,江西省的专利发展水平在专利数量这一基础要素方面形势严峻,发展空间巨大。

表1-3　国内专利受理年度状况（1985~2013年）　　　单位：件

排名	省区市	总累计	1985~2009年	2010年	2011年	2012年	2013年
	全国总计	11646748	4885939	1109428	1504670	1912151	2234560
1	江苏	2160830	599420	235873	348381	472656	504500
2	广东	1599646	756688	152907	196272	229514	264265
3	浙江	1340147	498952	120742	177066	249373	294014
4	山东	840934	366695	80856	109599	128614	155170
5	上海	670886	350343	71196	80215	82682	86450
6	北京	669449	318557	57296	77955	92305	123336
7	四川	400810	162081	40230	49734	66312	82453
8	辽宁	365125	206659	34216	37102	41152	45996
9	安徽	328580	64655	47128	48556	74888	93353
10	台湾	328391	238456	22419	22702	23349	21465
11	湖北	318810	142857	31311	42510	51316	50816
12	天津	289622	123236	25973	38489	41009	60915
13	河南	283261	124674	25149	34076	43442	55920
14	福建	263828	113035	21994	32325	42773	53701
15	湖南	251838	122896	22381	29516	35709	41336
16	陕西	236068	79997	22949	32227	43608	57287
17	重庆	209143	66319	22825	32039	38924	49036

续表

排名	省区市	总累计	1985~2009年	2010年	2011年	2012年	2013年
18	黑龙江	182467	85892	10269	23432	30610	32264
19	河北	178403	97653	12295	17595	23241	27619
20	山西	95958	39617	7927	12769	16786	18859
21	吉林	95343	60780	6445	8196	9171	10751
22	广西	90523	40439	5117	8106	13610	23251
23	**江西**	**86644**	**41268**	**6307**	**9673**	**12458**	**16938**
24	云南	71169	37602	5645	7150	9260	11512
25	贵州	68538	27072	4414	8351	11296	17405
26	新疆	48647	25083	3560	4736	7044	8224
27	甘肃	48239	20157	3558	5287	8261	10976
28	内蒙古	41866	23993	2912	3841	4732	6388
29	香港	41169	28528	2980	3171	3168	3322
30	宁夏	15605	8572	739	1079	1985	3230
31	海南	14937	8246	1019	1489	1824	2359
32	青海	7404	4127	602	732	844	1099
33	西藏	1883	1085	162	263	170	203
34	澳门	585	305	32	36	65	147

数据来源：国家知识产权局专利统计年报。

表1-4 国内专利申请授权年度状况（1985~2013年） 单位：件

排名	省区市	总累计	1985~2009年	2010年	2011年	2012年	2013年
	全国总计	6659972	2643852	740620	883861	1163226	1228413
1	江苏	1116787	269002	138382	199814	269944	239645
2	广东	1026852	455068	119343	128413	153598	170430
3	浙江	946337	310691	114643	130190	188463	202350
4	山东	446368	183562	51490	58844	75496	76976
5	上海	373200	176837	48215	47960	51508	48680
6	北京	342615	155034	33511	40888	50511	62671
7	四川	241193	92146	32212	28446	42218	46171
8	台湾	230298	161580	18577	17327	16982	15832
9	辽宁	182585	103437	17093	19176	21223	21656
10	福建	178752	70824	18063	21857	30497	37511
11	安徽	175834	34971	16012	32681	43321	48849
12	河南	157261	65190	16539	19259	26791	29482
13	湖北	149911	60279	17362	19035	24475	28760

续表

排名	省区市	总累计	1985~2009年	2010年	2011年	2012年	2013年
14	湖南	139729	62188	13873	16064	23212	24392
15	天津	118642	49016	11006	13982	19782	24856
16	河北	113819	59138	10061	11119	15315	18186
17	重庆	113210	40413	12080	15525	20364	24828
18	黑龙江	106176	47073	6780	12236	20268	19819
19	陕西	95732	38292	10034	11662	14908	20836
20	吉林	53375	31963	4343	4920	5930	6219
21	**江西**	**49819**	**21965**	**4349**	**5550**	**7985**	**9970**
22	山西	47298	21811	4752	4974	7196	8565
23	广西	44521	22688	3647	4402	5900	7884
24	云南	43532	22853	3823	4199	5853	6804
25	贵州	34946	14500	3086	3386	6059	7915
26	香港	32524	22419	2601	2588	2619	2297
27	新疆	28103	14462	2562	2642	3439	4998
28	内蒙古	25036	13758	2096	2262	3084	3836
29	甘肃	23087	10437	1868	2383	3662	4737
30	宁夏	8575	4826	1081	613	844	1211
31	海南	8229	4326	714	765	1093	1331
32	青海	4052	2221	264	538	527	502
33	西藏	1231	711	124	142	133	121
34	澳门	343	171	34	19	26	93

数据来源：国家知识产权局专利统计年报。

第二，在专利质量方面，江西省在全国属于落后水平，且在中部地区排名靠后，与周边省份相比差距巨大。在创新评价过程中，专利引证分析是技术影响和专利质量评价的客观量化的国际通用做法，是将无形的知识传递和技术扩散过程显性化，进而追踪比较科学与技术、技术与技术之间关系的定量方法。专利引证分析从承前启后的技术创新链条中对于专利产出质量和效益评价提供了独特且更加客观的视角。利用专利引证分析进行区域层面的创新绩效评价和创新能力观测，对于准确定位现状、洞察发展趋势进而科学制定政策、优化资源配置具有重要的决策支持作用。[1] ①发明专利被引次数指标。理论研究成果表明：专利被引次数越高，对应的专利质量越高，表明该专利的价值越高。专利的被引指标已然成为国内通用的衡量

---

[1] 国家知识产权局规划发展司，中国专利技术开发公司. 专利文献引证统计分析报告 [N]. 2015-03-18.

专利质量和专利价值的最有效、最权威的指标体系。本文中的被引次数是指某区域发明专利被在后发明专利引用的次数，用于衡量某区域专利的技术影响力。依据国家官方权威数据统计挖掘结果显示，江西省2008~2013年发明专利被引次数分别为1751次、2040次、2355次、1906次、1315次、461次，累计被引次数为9828次，累计被引次数排全国第23位（不含港、澳、台地区），在中部地区排名倒数第一。②发明专利h指数。专利h指数是指某区域内发明专利被引次数大于等于h的h篇专利数量。专利h指数将专利数量和专利被引次数相结合，更加客观地反映了专利组合技术影响力的大小。h指数越大，表明技术影响力越大。依据国家官方权威数据统计挖掘结果显示，江西省2008~2013年发明专利h指数得分分别为13、12、11、10、7、5，累计h指数得分为15，累计h指数得分排名全国第25位（不含港、澳、台地区），在中部地区排名倒数第一。且与周边省份进行h指数比较得知，江西省几乎成为周边省份的"专利质量洼地"。③发明专利技术强度。技术强度是反映专利组合强度的指标，具体计算公式为：

某区域技术强度 = 某区域发明专利公开量 × 某区域即时影响指数

技术强度本质上是经质量加权后的专利组合规模，体现了某区域综合考虑了专利质量和数量后的技术实力。依据国家官方数据统计挖掘结果显示，江西省2008~2013年发明专利技术强度分别为560、756、1417、1716、3079、4419，发明专利技术强度累计为11948，累计强度排名全国第23位（不含港、澳、台地区）。

第三，专利在促进江西省产业和社会经济发展的作用方面，效果有待提高。专利作为社会技术进步最显性的要素，对于区域社会经济发展和产业发展具有强大的支撑作用。①专利运用水平有待提升。专利只有运用于实践中，方能让专利权产生经济效益，继而推动产业发展和社会经济的发展。因此，专利运用的水平和实力是最能反映专利在社会经济发展和产业发展中作用的评价指标。在国家知识产权局发布的《2013年全国专利实力状况报告》中，将专利运用实力具体细分为专利质押数量金额、专利许可合同数量金额、专利申请权与转让权数量、进入产业化阶段专利比例、高技术产业每件有效发明专利实现新产品销售收入、中国专利奖指数六大二级指标，来评价全国各省区市在专利运用上的实力。统计数据显示，江西省的专利质押数量金额、专利许可合同数量金额、专利申请权与转让权数量、进入产业化阶段专利比例、高技术产业每件有效发明专利实现新产品销售收入、中国专利奖指数分别排在全国的第24位、第17位、第21位、第24位、第6位和第23位；其中，专利质押数量金额、专利许可合同数量金额、专利申请权与转让权数量、进入产业化阶段专利比例、中国专利奖指数等5项专利运用指标均低于全国平均水平；其中，专利质押数量金额、专利申请权与转让权数量、中国专利奖指数3项指标低于全国平均水平的1/2（参见表1-5）。②专利密集度有待增强。发明专利密集度，指的是按照一个行业中每5年的发明专利授权总数，除以该行业5年的平均就业人员数得到的数值。美国专利商标局即以此方法进行统计分析，来衡量知识产权与美国经济之间的关联度；欧盟也以类似的计算方法得出"相对专利强度"指标来评价专利及其他知识产权对社会经济的价值。发明专利授权数除以就业人员数体现了相对于产业规模的专利产出水平，由此产生的发明专利密集度指标能充分反映发明专利对于就业、GDP和贸易等社会经济发展主要方面的影响作用。国家知识产权局发布的《中国产业专利密集度分析报告》[1]显示，在2008~2012年地区发明专利密集度排序中，江西省排名全国第22位，属全国落后地区，专利在社会经济发展尤其是产业发展中的支撑作用亟待提高（参见图1-5）。

表1-5 2013年江西省专利运用实力评价表

专利运用水平二级指标	江西排名	江西具体指标值/具体额度	全国平均指标值/平均额度
专利质押数量金额	24 [<]	23500万元	47110.12万元
专利许可合同数量金额	17 [<]	948.37万元	1473.31万元
专利申请权与转让权数量	21 [<]	455件	1134件
进入产业化阶段专利比例	24 [<]	15.66%	26.50%
高技术产业每件有效发明专利实现新产品销售收入	6 [>]	3519万元/件	1971万元/件
中国专利奖指数	23 [<]	4分	9分

注：[>]代表高于全国平均水平，[<]代表低于全国平均水平。

数据来源：根据国家知识产权局《2013年全国专利实力状况报告》整理。

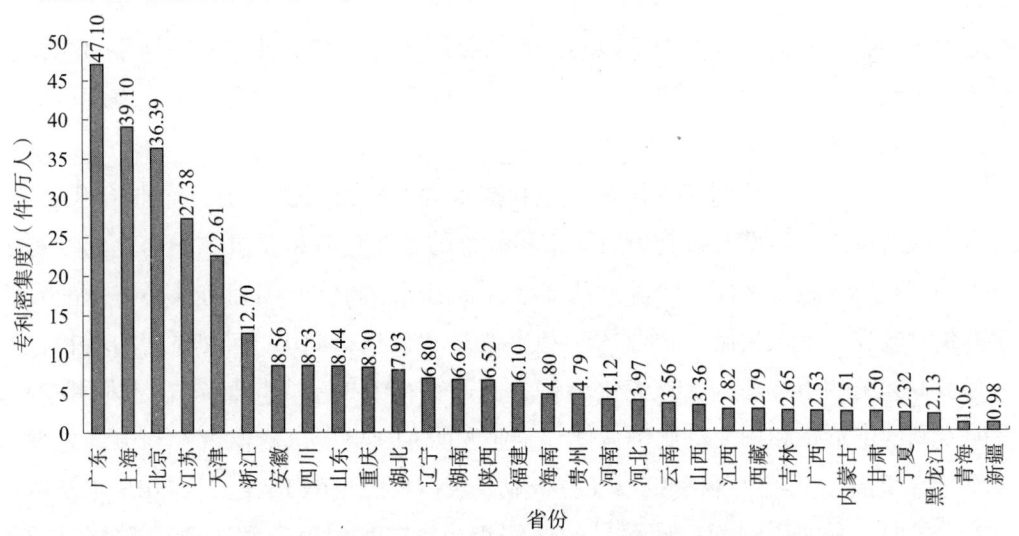

图1-5 2008~2012年地区发明专利密集度分排序

数据来源：国家知识产权局《中国产业专利密集度分析报告》。

[1] 李凤新，刘磊，倪苹，等. 中国产业专利密集度分析报告[J]. 科学观察，2015（3）：21-49.

(3) 企业专利创造运用问题颇多

为掌握江西省企业专利基本情况以及为江西省专利政策的制定提供决策依据，提升江西省知识产权入园强企"十百千万"工程的针对性和可操作性，江西省知识产权局于2013年在全省范围内开展了企业专利状况调查。调查对象包括全省11个设区市共计5738家企业，其中规模以上企业4023家，占70.1%，高新技术企业603家，占10.4%。调查结果显示，江西省企业专利创造运用呈现出以下问题。

第一，企业专利意识较为薄弱。约半数企业还未开展知识产权知识的普及宣传和培训，及组织开展相关的活动来提高员工知识产权意识，企业普及培训相关活动参与人数少，普及活动覆盖范围有待拓宽。企业知识产权工作投入经费有限。2013年本次被调查企业知识产权工作的投入仅68亿元，平均每家企业仅投入119万元。大部分企业未能有效贯彻《企业知识产权管理规范》国家标准，未能规范地开展知识产权工作。企业专利意识淡薄将导致企业创新乏力，创新动力不足。

第二，企业专利工作机构及制度建设有待优化。企业专利工作机构中配备专职工作人员少，平均仅为1.5人/企业，且大部分企业尚未建立专利工作机构。仅75%左右的企业制定了专利管理的相关制度，如知识产权工作列入企业议事日程制度、专利信息检索制度、专利申请报批程序、专利申请权和专利权归属界定细则、专利资产管理规定，职务发明的发明人或设计人奖酬规定、专利档案和专利保密协议等，还有1/4的企业专利管理制度体系建设缺位明显，不能有效激发企业的创新活力。

第三，企业知识产权保护意识弱，专利保护状况不容乐观。调查结果显示，有57%的企业出现过专利侵权纠纷。其中，规模以下企业和高新技术企业表现更为严重，侵权纠纷比例分别高达74%和65%。

第四，企业专利结构有待优化，专利技术含量有待提高。提升企业专利质量，向质量效益型阶段转型升级是新时代市场竞争的必然趋势和要求。当前企业专利申请仍停留在追求数量规模型阶段，基础型、原创型、高价值和拥有核心技术的发明专利相对较少。本次被调查企业的专利申请量和授权量2013年大幅度的增长，但是企业专利结构不合理，有待优化调整。一是专利中技术含量最高的是发明专利，发明专利的申请量和授权量比例偏低。企业发明专利申请总量仅占专利申请总量为26.27%，而企业发明专利授权量仅占企业专利授权总量的15%。从2013年新增量来看，发明专利的比例和累计总量的比例相当。二是国外专利申请量和授权量较低，本次被调查5738家企业的国外专利累计申请总量和授权总量分别为55件和40件，未能突破百件。三是企业的国内外专利引进量增长明显，仅2013年引进量就达到88件，占到累计引进量的34%。但是本次被调查5738家企业累计才引入专利

262 件，在江西省企业创新能力有限的背景下，专利引进力度有待加强。

第五，企业对专利运用主要是自我实施，运用方式过于单一，企业专利投入水平较低。本次被调查的 5738 家企业专利累计实施量 6983 件，专利自我实施率为 83%，专利权转让率仅为 2.6%。本次被调查企业专利的应用和转化主要是企业的自我专利实施，在专利的交叉许可、专利谈判、专利联盟、专利质押融资、专利投资入股和专利标准化等方面的综合应用相当薄弱。

2013 年本次被调查的 5738 家企业合计总销售额为 477741 亿元，专利累计投入 463 亿元，专利投入只占企业总销售额的万分之十，相当于企业取得 1000 元的销售收入，却只投入 1 元在企业专利的创造培育工作上。

第六，企业专利创造主体地位有待加强，企业创造和运用专利的能力和水平尚待提高。据统计，本次被调查企业分别有 88.41% 从未申请过专利，90.36% 没有专利授权，94.7% 企业没有发明专利授权。专利申请量和授权量过百的企业仅有 14 家和 9 家，发明专利累计授权量超过 10 件的企业只有 16 家，仅占本次调查企业的 0.28%。专利累计申请量、专利累计授权量排名第一的企业是江西铜业股份有限公司，但是其申请量和授权量未突破千件大关，而发明专利授权量第一的江西汇仁药业有限公司授权的发明专利未突破百件大关。

第七，部分战略性新兴产业专利状况堪忧。据统计，风能、核能产业目前只申请 14 件专利，但尚未有专利授权。半导体照明和新能源汽车等产业的发明专利数量较少，大部分战略性新兴产业的发明专利比例甚至低于全省企业发明专利占比的平均水平，产业技术水平不高，产业创新能力有待提升。

第二章 知识产权入园强企的体制构建

江西省知识产权入园强企"十百千万"工程实施方案

为深入实施《江西省知识产权战略纲要》《中共江西省委 江西省人民政府关于大力推进科技协同创新的决定》及《江西省人民政府关于进一步加强协同创新提升企业创新能力的实施意见》，充分发挥知识产权对经济发展的支撑作用，促进江西省产业加快转型升级和经济社会发展升级步伐，提升园区和企业核心竞争力，经省政府领导同意，决定实施知识产权入园强企"十百千万"工程，着力培育10个专利过千件的园区（大型企业）、100家专利过百件的高新技术企业、1000家专利过十件的规模以上企业、10000家专利消零的中小微企业。具体实施方案有如下几点。

一、指导思想

以邓小平理论、"三个代表"重要思想和科学发展观为指导，全面贯彻落实党的十八大、十八届三中全会和省委十三届七次、八次会议精神，围绕新形势下江西省"发展升级、小康提速、绿色崛起、实干兴赣"的要求，以提升园区和企业核心竞争力为主线，以知识产权制度建设为载体，以实现全省专利申请量和授权量翻番为目标，以体系完善、政策引领和队伍建设为保障，深化知识产权宣传教育，深入推进实施《江西省知识产权战略纲要》，加快建设四大体系，加快培养全省知识产权特派员和知识产权专员两支队伍，为建设富裕、和谐、秀美江西提供有力的知识产权支撑。

二、总体目标

通过知识产权入园强企"十百千万"工程的实施，鼓励园区和企业建立知识产权管理工作体系，使全省创新氛围不断浓厚，创造活力进一步迸发，主导产业和战略性新兴产业知识产权优势明显，充分实现创新驱动发展。到2015年，着力培育10个核心竞争力强、知识产权制度健全、专利过千件的园区（大型企业）；培育100家专利过百件的高新技术企业，形成知识产权意识强、管理规范、运用效果明显的优势企业群体；培育1000家专利过十件的规模以上企业，大力提升规模以上工业企业自主创新能力，提升企业知识产权创造、运用、保护和管理能力；培育10000家专利消零的中小微企业，切实增强广大中小微型企业的知识产权内生动力。要以知识产权特派员和知识产权专员两支队伍建设为主要抓手，深入园区和企业开展点对点服务，从知识产权服务机构和高校院所遴选100名特派员，在知识产权入园强企"十百千万"工程企业中培养1000名专员，大力宣讲知识产权制度，培训专利申报、管理、维权保护等实用技能，营造良好的知识产权创新创业文化氛围，促进专利翻番目标的实现。

三、具体任务

知识产权入园强企"十百千万"工程2014年、2015年各地具体的目标任务如下所示。

1. 专利过千件园区（大型企业）

要以国家级高新区、国家级经济技术开发区、省级重点园区为工作重点。

2014年目标：南昌市5个（家）、新余市1个（家）、宜春市2个（家）、鹰潭市1个（家）。重点对象是：南昌高新区、小蓝经济技术开发区、南昌经济技术开发区、新余高新区、宜春经济技术开发区、萍乡经济技术开发区、樟树工业园、江西铜业股份有限公司、南昌欧菲光科技有限公司、江西洪都航空工业集团有限责任公司等。

2015年目标：南昌市5个（家）、新余市1个（家）、宜春市3个（家）、萍乡市1个（家）、抚州市1个、鹰潭市1个（家）。相比2014年，新增重点对象是：景德镇陶瓷工业园、丰城工业园、江铃汽车股份有限公司、泰豪科技股份有限公司等，以及当前专利申请量已超过400件的其他园区（大型企业）。

2. 专利过百件的高新技术企业

2014年目标：各设区市高新技术企业专利申请量超百件的占比达到15%（含2013年新认定的高新技术企业）；2015年目标：高新技术企业专利申请量超百件的占比达到20%。

3. 专利过十件的规模以上工业企业

2014年目标：全省总数超700家，其中，南昌市120家，景德镇市30家，萍乡市50家，九江市80家，新余市30家，鹰潭市30家，赣州市100家，吉安市70家，宜春市80家，抚州市70家，上饶市70家。

2015年目标：全省总数超1000家，其中，南昌市150家，景德镇市40家，萍乡市70家，九江市130家，新余市40家，鹰潭市30家，赣州市130家，吉安市100家，宜春市120家，抚州市160家，上饶市100家。

4. 10000家专利消零的中小微企业

2014年目标：全省超6000家，其中，南昌市1000家，景德镇市400家，萍乡市500家，九江市600家，新余市400家，鹰潭市400家，赣州市700家，吉安市600家，宜春市600家，抚州市600家，上饶市600家。

2015年目标：全省超10000家，其中，南昌市2000家，景德镇市800家，萍乡市1000家，九江市1200家，新余市800家，鹰潭市800家，赣州市1400家，吉安市1200家，宜春市1200家，抚州市1200家，上饶市1200家。

四、主要措施

实施全省知识产权入园强企"十百千万"工程，事关全省经济社会发展全局和区域未来竞争力，既是全省科技和知识产权系统的工作目标，也是各市县区的重要任务。要以培育10个专利过千件的园区（大型企业）、100家专利过百件的高新技术企业、1000家专利过十件的规模以上企业、10000家专利消零的中小微企业为契机，切实增强企业熟练掌握和运用知识产权国际国内竞争规则的意识和能力，提升全省园区和企业的核心竞争力。

1. 加强组织领导。省知识产权工作领导小组办公室负责统筹、部署、指导、协调知识产权入园强企"十百千万"工程实施的各项工作。成立知识产权入园强企"十百千万"工程推进协调小组，由省知识产权局局长担任组长，分管局长任副组长，省知识产权局各处室、各设区市知识产权局为成员单位。推进协调小组办公室设在省知识产权局专利管理处，负责日常工作。

2. 建立督查调度机制。在协调小组领导下，根据知识产权入园强企"十百千万"工程的目标要求，每季度对目标完成情况进行一次调度，适时组织设区市和园区、企业等有关单位召开专项调度会或现场办公会，及时交流、深入分析实施进展，协调解决实施过程中遇到的困难和问题。建立工作推进信息报送和调度系统。

3. 实行目标管理机制。省知识产权局与各设区市知识产权局签订目标任务责任书。各地要根据知识产权入园强企"十百千万"工程总体部署，提出年度组织实施的具体项目，领导小组对各地各部门项目完成情况进行定期通报和考核，考核目标纳入各设区市年度考核评先指标体系。

4. 建立知识产权特派员制度。在全省高校、研究机构和知识产权服务机构选聘100名知识产权特派员，根据各设区市、园区的需求，适时组织园区、企业与特派员对接活动。加强知识产权特派员的工作调度和管理，签订目标责任书。组织特派员培训并深入园区和企业开展点对点服务，重点是指导和帮助企业建立健全知识产权制度，挖掘专利，提供知识产权维权和信息服务。

5. 加强知识产权专员管理。以培养1000名骨干知识产权专员为重点，建立全省企业知识产权专员队伍，开展知识产权知识的宣传和普及。以骨干知识产权专员为突击手，推进企业组织实施知识产权相关工作，建立和完善企业知识产权制度。以提高知识产权专员能力为突破口，促进企业知识产权意识的提升和能力建设。

6. 加强调查统计与发布。协调小组办公室要尽快建立全省企业专利申请和授权信息的按月动态发布制度；要尽快完善园区和企业知识产权状况调查系统；各设区市要努力将专利信息纳入园区统计体系，及时掌握园区专利动态。

7. 落实奖惩机制。省设立知识产权入园强企"十百千万"工程目标完成奖。对完成目标任务的设区市知识产权局和园区给予5万~10万元的相关奖励，园区授予"省级知识产权示范园区"；对专利申请突出的企业，在省专利产业化项目中予以重点支持并授予"省级知识产权重点保护企业"；根据知识产权特派员的目标任务完成情况，给予一定的目标完成奖励，成绩突出的在其申报的专利研发引导及软科学项目立项上予以倾斜支持。开展优秀知识产权特派员和专员评比表彰工作。对没有完成目标任务的有关单位进行通报，取消年度评先评优资格。

8. 强化工作经费保障。各级政府及相关部门要确保知识产权入园强企"十百千万"工程实施的工作经费投入，加强专利申请授权费用资助和产业化项目的导向引领作用。省知识产权局设立知识产权入园强企"十百千万"工程实施专项工作经费，根据各设区市目标任务数，给予各设区市知识产权局一定的工程实施经费，签订任务合同书后，先期安排部分工作启动经费。

五、有关要求

1. 高度重视，形成共识。实施知识产权入园强企"十百千万"工程，是提升园区和企业核心竞争力、促进发展升级和创新升级、加快转变经济发展方式、增强区域发展后劲的必然要求；是落实省委、省政府"专利翻番"目标要求的重要举措和有效途径。各地要切实提高认识，统一思想，围绕工程的实施，调整发展思路和部署，采取有力措施，确保抓出成效。

2. 紧密配合，形成合力。各地要进一步加强沟通、协调、配合，切实形成上下联动、部门协同、产学研协作的工作合力。作为工程实施的责任主体，各级知识产权（科技）管理部门务必高度重视，加强领导，充实力量，认真谋划，落实举措。在充分利用省有关推进措施，在加大工程推进、加强服务对接的同时，积极发挥主观能动性，争创本地新鲜经验。

3. 把握重点，形成特色。各地要以实施知识产权入园强企"十百千万"工程为抓手，按照工程实施的总体部署和各自的目标任务，充分发挥职能作用和资源优势，紧密结合实际，选准工作方向和重点对象，创新形式、形成特色、突出重点、打造亮点。要制定切实可行的实施办法，将具体目标任务分解落实到县域、园区、企业和有关单位。

4. 加强督查，形成实效。在推进知识产权入园强企"十百千万"工程中，各地要加强对本地实施情况的督促检查和进展调度，着力解决实施中的困难和问题，注重交流工作经验，加快推进各项目标任务的完成，并及时向领导小组办公室反馈进展情况和实施成效。

第三章 知识产权入园强企的核心要素

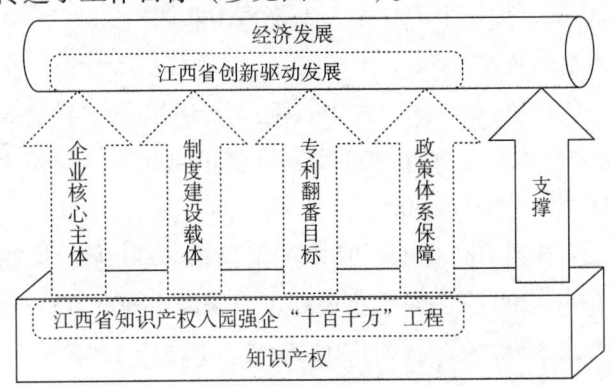

江西省知识产权入园强企"十百千万"工程遵循了知识产权支撑经济发展的基本规律。在经济发展新常态背景下,经济发展要从以往的要素驱动和投资驱动转向创新驱动,经济结构要不断地优化升级转型。江西省社会经济的发展一方面面临着经济发展新常态这一全国性的发展形势,另一方面还面临着绿色发展强烈需求与创新能力严重不足的地方性发展矛盾。因此,抓住创新驱动经济发展这一核心发展理念不能动摇,发挥知识产权对创新驱动发展的支撑作用不能松懈。

知识产权在支撑社会经济创新驱动发展的机理中,创新主体、创新载体、创新目标、创新保障的明确是首要任务。江西省知识产权入园强企"十百千万"工程的制定、规划和实施,也遵循了这一基本规律。首先,明确创新主体,找准江西省社会经济发展中最主要的创新主体;其次,明确创新载体,抓住江西省社会经济发展中最核心的创新制度体系;再次,明确创新目标,厘清江西省社会经济发展中最缺乏的创新形式;最后,明确创新保障,摸清江西省社会经济发展中最有效的创新保障机制。

基于此,江西省知识产权入园强企"十百千万"工程明确了"以园区企业为主体、以制度建设为载体、以专利翻番为目标、以政策体系为保障"的四大基本要义,为江西省知识产权入园强企"十百千万"工程的具体实施、为江西省知识产权事业的发展、为江西省知识产权各相关主体的具体工作指明了工作思路和方向,明确了工作重点,传达了工作目标(参见图3-1)。

图3-1 江西省知识产权入园强企"十百千万"工程支撑经济发展理念

一、以园区企业为主体

1. 大型企业（园区）专利过千件

要以国家级高新区、国家级经济技术开发区、省级重点园区为工作重点。

2014 年目标：南昌市 5 个（家）、新余市 1 个（家）、宜春市 2 个（家）、鹰潭市 1 个（家）。重点对象是：南昌高新区、小蓝经济技术开发区、南昌经济技术开发区、新余高新区、宜春经济技术开发区、萍乡经济技术开发区、樟树工业园、江西铜业股份有限公司、南昌欧菲光科技有限公司、江西洪都航空工业集团等。

2015 年目标：南昌市 5 个（家）、新余市 1 个（家）、宜春市 3 个（家）、萍乡市 1 个（家）、抚州市 1 个、鹰潭市 1 个（家）。相比 2014 年，新增重点对象是：景德镇陶瓷工业园、丰城工业园、江铃汽车股份有限公司、泰豪科技股份有限公司等，以及当前专利申请量已超过 400 件的其他园区（大型企业）。

2. 高新技术企业专利过百件

2014 年目标：各设区市高新技术企业专利申请量超百件的占比达到 15%（含 2013 年新认定的高新技术企业）。

2015 年目标：高新技术企业专利申请量超百件的占比达到 20%。

3. 规模以上工业企业专利过十件

2014 年目标：全省总数超 700 家，其中，南昌市 120 家、景德镇市 30 家、萍乡市 50 家、九江市 80 家、新余市 30 家、鹰潭市 30 家、赣州市 100 家、吉安市 70 家、宜春市 80 家、抚州市 70 家、上饶市 70 家。

2015 年目标：全省总数超 1000 家，其中，南昌市 150 家、景德镇市 40 家、萍乡市 70 家、九江市 130 家、新余市 40 家、鹰潭市 30 家、赣州市 130 家、吉安市 100 家、宜春市 120 家、抚州市 160 家、上饶市 100 家。

4. 中小微企业专利消零

2014 年目标：全省超 6000 家，其中，南昌市 1000 家、景德镇市 400 家、萍乡市 500 家、九江市 600 家、新余市 400 家、鹰潭市 400 家、赣州市 700 家、吉安市 600 家、宜春市 600 家、抚州市 600 家、上饶市 600 家。

2015 年目标：全省超 10000 家，其中，南昌市 2000 家、景德镇市 800 家、萍乡市 1000 家、九江市 1200 家、新余市 800 家、鹰潭市 800 家、赣州市 1400 家、吉安市 1200 家、宜春市 1200 家、抚州市 1200 家、上饶市 1200 家。

二、以制度建设为载体

1. 知识产权入园强企"十百千万"工程总体目标中的知识产权制度建设要求与规划

鼓励园区和企业建立知识产权管理工作体系。
①大型企业（园区）：知识产权制度健全。
②高新技术企业：知识产权意识强、管理规范、运用效果明显。
③规模以上工业企业：提升知识产权创造、运用、保护和管理能力。
④中小微企业：切实增强中小微企业知识产权内生动力。

2. 知识产权入园强企"十百千万"工程主要措施中的知识产权制度建设要求和规划

切实增强企业熟练掌握和运用知识产权国际国内竞争规则的意识和能力。
①知识产权特派员：重点指导和帮助企业建立健全知识产权制度。
②知识产权专员：推进企业组织实施知识产权相关工作，建立和完善企业知识产权制度。

三、以专利翻番为目标

1. 专利申请量翻番目标

表3-1列出江西省2013年专利申请量的情况，表3-2示出江西省2010~2013年专利申请量的情况。

表3-1 江西省2013年专利申请量　　　　　单位：件

受理量总累计			
发明	实用新型	外观设计	合计
21460	43153	22031	86644
2013年受理量			
发明	实用新型	外观设计	合计
3931	7818	5189	16938
2013年申请量			
发明	实用新型	外观设计	合计
3527	7201	4865	15593

数据来源：国家知识产权局专利统计年报。

表 3-2　江西省 2010~2013 年专利申请量

年份	2010	2011	2012	2013
专利申请总量/件	5725	8825	11362	15593
增幅	—	54.15%	28.75%	37.24%

数据来源：根据国家知识产权局专利统计年报制作。

（1）2015 年江西省专利申请量目标：31186 件。

（2）2015 年相较于 2013 年江西省专利申请量增幅：100%。

2. 专利授权量翻番目标

表 3-3 列出江西省 2013 年专利授权量的情况，表 3-4 示出江西省 2010~2013 年专利授权量的情况。

表 3-3　江西省 2013 年专利授权量　　　　　　　　单位：件

地区	授权量总累计			2013 年授权量			
	发明	实用新型	外观设计	发明	实用新型	外观设计	合计
江西	4639	30176	15004	923	5913	3134	9970

数据来源：国家知识产权局专利统计年报。

表 3-4　江西省 2010~2013 年专利授权量

年份	2010	2011	2012	2013
专利申请总量/件	4349	5550	7985	9970
增幅	—	27.62%	43.87%	24.86%

数据来源：国家知识产权局专利统计年报。

（1）2015 年江西省专利授权量目标：19940 件。

（2）2015 年相较于 2013 年江西省专利授权量增幅：100%。

四、以政策体系为保障

以体系完善、政策引领和队伍建设为保障。

①知识产权四大政策体系。

②知识产权两支队伍。

关于江西省知识产权入园强企"十百千万"工程的政策保障体系，将在本书第四章、第五章、第六章分别论述。

第二篇 行动篇

在厘清知识产权入园强企的理论背景、构建知识产权入园强企的体制机制、完成知识产权入园强企的顶层设计的基础上,相应的配套政策是知识产权入园强企"十百千万"工程实施的重点。知识产权公共服务、知识产权人才建设和知识产权资金支持是知识产权入园强企"十百千万"工程实施的保障条件。知识产权公共服务的构建、完善与规范,直接决定了知识产权的工作环境,也是知识产权行政管理规范化、标准化、服务化的重要标志,是先导性和基础性工作;知识产权人才建设是知识产权工作的重中之重,支撑着政府、企业、社会公众等各个领域知识产权工作的实施,是支撑性和关键性的工作;知识产权资金支持,影响知识产权各项工作的具体实施,政策落实、工作开展、基层建设均需要强大的资金支持为基本保障,是保障性和条件性的工作。

第四章 体系建设

——江西知识产权四大政策体系建设

随着《江西省知识产权战略纲要》《江西省专利促进条例》的深入贯彻落实，知识产权创造、运用、保护和管理能力逐步提高，江西省知识产权工作已经进入了发展的快车道，而与之相关的体系建设还处于相对滞后的状况，为了使知识产权能够有效支撑鄱阳湖生态经济区、赣南等原中央苏区、科技创新"六个一"工程和创新型江西建设，进一步在十大战略性新兴产业培育壮大、加快经济发展方式转变方面发挥重要作用，更好地促进江西省知识产权事业又好又快发展，省知识产权局提出了全省知识产权体系建设规划。

知识产权体系建设是指由知识产权管理与执法体系、知识产权转化运用体系、专利公共信息服务体系和专利代理中介服务体系等构成的网络体系，其功能是建立健全良好的知识产权工作环境，为社会和企事业单位提供规范化、专业化、市场化、社会化的管理和服务。2012年12月国务院下发了《国务院关于印发服务业发展"十二五"规划的通知》，明确了培育知识产权服务市场、构建服务主体多元化知识产权服务体系、推动知识产权服务业做大做强、发展成为国民经济的重要增长点的要求。知识产权体系是否完善，直接关系到知识产权事业的健康发展，是衡量科技、经济、社会发展环境的重要标志，是转变政府职能、建设服务型政府的必然要求。

知识产权体系建设是政府促进知识产权发展的一个重要着力点，各级知识产权管理部门要进一步强化组织领导，落实政策措施，完善保障机制，加强队伍建设，营造良好的工作环境。要理清思路、细化目标。以科学发展观为统领，以营造环境、完善机构、促进发展为目的，按照政府引导、社会参与、市场运作的原则，采取多种措施，完善管理机构，整合社会资源，促进服务市场发育，增强服务机构功能，充分发挥政策引导和市场导向的双重作用，拓展服务范围，规范服务行为，努力构建规范完善、服务优质的运行机制和服务支持体系。要夯实基础、搭建平台。营造良好的知识产权社会环境、法治环境、市场环境、文化环境，提高市场主体知识产权创造和运用能力，努力形成一批具有自主知识产权、特色突出、核心竞争力较强的技术、产品、企业和产业集群，全面提升全省知识产权工作综合能力和整体水平。要勇于创新、力求突破。必须立足江西省实际，拿出新思路，制定新举措。要突破思想障碍，坚决摒弃等、靠、要思想；要突破体制机制障碍，拿出更多有标志性意义的改革举措；通过学习借鉴外省的先进经验和成功做法，力求在重点方面和关键环节尽快取得突破，找到推进江西省知识产权体系建设的好路子、好方法、好措施；按照突出重点、分步推进，以点带面、循序渐进的原则，从实际出发，把握发展规律，闯出新路子，展现新作为，切实在知识产权管理与执法、知识产权转化运用、专利信息服务和专利代理服务等体系建设方面抓出成效。

规划的意义全在于落实。各地要结合当地实际，切实抓好规划中各项目标任务的贯彻落实，并进一步解放思想，最大限度地释放改革红利，努力创造富有本地特色的典型和以资推广的经验，助推江西省走上创新驱动的发展轨道，在建设富裕、和谐、秀美江西，实现中华民族伟大复兴中国梦的进程中建功立业。

一、体系之一：江西省知识产权管理执法体系建设规划[1]

为深入贯彻落实《国家知识产权战略纲要》和《江西省知识产权战略纲要》，加强江西省县域知识产权工作，推进县（市、区）知识产权管理体系建设，进一步提升县域知识产权创造、运用、保护和管理能力，促进县域经济社会又好又快发展；为了全面实施《江西省专利促进条例》，深入落实国家知识产权局《关于加强专利行政执法工作的决定》，进一步提升江西省专利行政执法能力，加强专利行政执法工作，建立健全专利行政执法体系，营造全社会保护知识产权、尊重发明创造的氛围，结合江西省实际，制定本规划。

一、规划背景

（一）现实的基础

1. 组织管理环境不断完善，服务能力不断增强

在部门设置上，2000年前，全省仅有3个设区市设立了管理专利工作的部门，省知识产权局经过更名、升格、扩编，全省专利管理人员从不足30人，发展到上100人，现在全省11个设区市相继成立了知识产权局和版权局，25个县设立了知识产权局或挂牌（股）；在服务机构建设上，江西省专业专利代理机构从2000年的3家发展到目前的10家，商标、版权等其他相关服务机构近70家。

2. 执法保护力度不断加大，创新活力不断激发

近年来江西省知识产权局系统逐年组织开展了"雷雨""天网"知识产权专项

---

[1] 下文将列本规划的全部内容。

行动、打击侵犯知识产权和制售假冒伪劣商品专项行动和知识产权执法维权"护航"专项行动，严肃查处了一批知识产权侵权和假冒等违法行为。同时还加强了展会知识产权保护，景德镇瓷博会、"中博会"等会展中设立了保护知识产权工作机构。自全国开展打击侵犯知识产权和制售假冒伪劣商品专项行动以来，江西省知识产权局系统共查处假冒专利案件212起，调处专利侵权案件58起，超过了"十一五"以前案件总和。此外江西省知识产权局充分利用"3·15""4·26""5·15""12·4"等契机，组织全省开展多种知识产权宣传活动，同时还将《专利法》《江西省专利促进条例》列入2011年、2012年全省普法宣传计划，利用全省法制宣传教育阵地开展宣传。

"十一五"至今，江西省知识产权工作建构了《江西省知识产权战略纲要》《江西省专利促进条例》、省专利奖、专利职称、企事业单位及园区知识产权试点等支撑全省知识产权持续发展的五大支柱，知识产权工作全面融入经济社会发展大局。其中，《江西省专利促进条例》明确规定，县级以上人民政府设立专利专项资金，建立专利保护工作协调机制、专利奖励机制、重大项目专利审查机制，加强专利的管理和统计，运用财税手段推动专利运用，加大专利执法力度，完善专利行政执法手段等。

（二）面临的挑战

1. 知识产权管理体系不完善，实施力度不够

全省11个设区市知识产权局，除南昌市等少数县市区为副处级外，其余均为科级，人员一般不超过5人，100个县（市、区）仅有25个县设立了知识产权局或挂牌（股）。江西省省属大学仅有南昌大学、华东交通大学少数几所大学设立知识产权专业。既懂知识产权又精通法律和市场经济的复合型人才非常匮乏，包括高级人才、专业服务型人才和企事业单位的管理人才。知识产权保护长效机制建设需要不断完善，资源整合力度不够，管理体制机制需要进一步突破和创新，社会公众知识产权保护意识有待进一步增强；相应的知识产权支持资金额度在全国之中比较小。

2. 知识产权执法力量太弱小，保护能力不足

执法经费不足，严重影响了执法工作的正常开展。省知识产权局和大部分市知识产权局都没有单列的专利执法专项经费，甚至没有执法专项经费，无法满足执法工作的需要。执法机构建设滞后。目前除省知识产权局建有专门的执法处外，全省11个设区市知识产权局中，只有南昌市、九江市、新余市、鹰潭市4个市知识产权局成立了专门科室开展执法工作。其他市知识产权局都没有专门执法部门。执法资源不充分，没有统一的执法装备、着装等，执法条件相对落后。执法人员队伍有待充实。目前全省专门从事专利行政执法的工作人员不足20人，除南昌市知识产权局、鹰潭市知识产权局等外，大部分设区市知识产权局难以正常开展执法工作，完成执法任务。

二、指导思想

以邓小平理论、"三个代表"重要思想、科学发展观和党的十八大精神为指导，积极实施《国家知识产权战略纲要》和《江西省知识产权战略纲要》以及《江西省专利促进条例》，按照"建编挂牌、定级副科、经费到位、协同推进"的原则，着力解决县（市、区）管理体系缺位、对知识产权工作认识不足等问题，进一步加强县（市、区）知识产权政策法规、文化的宣传，大幅提升县（市、区）知识产权创造、运用、保护和管理能力，为县域经济增长、财政增收、经济发展方式转变提供支撑；立足江西省实际，积极解决存在的问题，需要全面推进知识产权管理执法、公共信息服务、中介代理和交易转化四大体系建设，重点是加强市（县、区）管理执法体系建设。扎实推进知识产权行政保护工作的系统化、规范化，加大知识产权行政执法工作力度，为建设创新型江西提供有效支撑。

三、规划发展

（一）加强县（市、区）知识产权管理体系建设规划

1. 工作目标

（1）总体目标

以全面贯彻实施《国家知识产权战略纲要》和《江西省知识产权战略纲要》为出发点，以提升县（市、区）知识产权创造、运用、保护和管理能力为目的，经过3年的努力，全省80%的县（市、区）政府机构基本建立知识产权管理部门，基本形成权责一致、分工合理、执行顺畅、监督有力的知识产权管理体系、服务体系、转化应用体系、执法保护体系。

（2）具体目标

①进一步加强县级知识产权管理机构建设。到2015年，80%以上的县（区、市）建立知识产权管理机构，60%以上县级工业园区和50%以上的骨干龙头企业建立知识产权管理机构或设有专职管理人员。

②进一步完善县（市、区）知识产权工作管理制度、激励措施、目标考核制度，到2015年，全省80%的县（市、区）基本建立管理规范、措施到位、工作高效的管理体系。

③进一步推动县域的知识产权创造，提升县域专利申请量和授权量，力争县域专利申请量年均增长30%以上。

④进一步加强县域知识产权服务体系，大力加强县域专利代理人培养，到2015年基本消除县域专利代理人员为零的现象。

2. 实施内容

县（市、区）知识产权管理体系建设，关系到江西省知识产权工作综合实力的提升，我们应站在战略的高度，积极推动县（市、区）知识产权管理体系建设。

政策依据：

（1）《国家知识产权战略纲要》第50条明确规定：县级以上人民政府可设立相应的知识产权管理机构。

（2）《江西省知识产权战略纲要》第7条要求：加强省、市、县三级知识产权管理体系建设，形成健全、完善、能够支持和实施知识产权战略的管理体制。

（3）《江西省专利促进条例》第4条规定：县级以上人民政府管理专利工作的部门负责本行政区域内的专利创造、运用的促进以及专利保护、管理等工作。

（4）国家"十二五"规划将"每万人口发明专利拥有量"列入国民经济与社会发展综合考核指标体系，明确"每万人口发明专利拥有量"要达到3.3件。

（5）知识产权保护是重要的政府职能，国家、省级将打击侵犯知识产权和制售假冒伪劣商品（简称"双打"）工作纳入各级政府的绩效考核体系和社会治安综合治理考评内容。

构建方式：

在构建县域知识产权管理体系时，一是要充分考虑知识产权工作的相对独立性。二是要充分保证知识产权工作的投入。知识产权工作和科技工作有着千丝万缕的联系，但又不能完全等同于科技管理工作，知识产权工作主要承载着执法保护、维权服务、专利信息服务、专利代理管理、转化应用等服务和管理职能，因此保持知识产权管理部门的相对独立性和经费投入很有必要。构建县（市、区）知识产权管理体系主要有以下3种模式。

模式一：樟树模式

樟树模式的特点：①单独成立樟树市知识产权局；②级别为副科级；③全额拨款事业单位，定编3人；④挂靠在市科技局。

模式二：铜鼓模式

铜鼓模式的特点：①铜鼓县知识产权局与县科技情报中心合署办公；②级别为副科级；③定编4人；④设知识产权局正副局长各1名，工作人员2名。

模式三：彭泽模式

彭泽模式的特点：①在彭泽县科技局增挂知识产权局牌子；②设专职副局长1名；③不增人、不增编。

以上3种模式是目前江西省已成立县域知识产权局的机构特点，樟树模式较为理想。

3. 职责任务

(1) 各设区市知识产权机构行政级别应设为相对独立的副处级以上，内设管理、执法、宣教（综合）等科室，并核实专业人才队伍，建立必要的经费保障机制。

(2) 各县（市、区）知识产权机构以相对独立的副科级单位为主，或在科技局增挂知识产权局牌子，核定管理、执法专业人员，并安排专项经费开展宣传培训等日常工作。

(3) 各县（市、区）应尽快建立健全政府领导担任组长的知识产权工作领导小组，指导国家级、省级工业园区（高新区、经济技术开发区）组建知识产权管理服务机构，并积极引导知识产权代理、交易转化、信息预警、产业导航等服务体系建设。

4. 保障措施

(1) 提高认识，加强引导

加强和提高县（市、区）对知识产权工作和创新驱动战略的认识，深入实施《国家知识产权战略纲要》《江西省知识产权战略纲要》，认真贯彻落实《江西省专利促进条例》，推动县（市、区）政府和有关部门将专利工作纳入国民经济和社会发展规划，制定促进专利事业发展的政策措施，鼓励和支持专利的开发和运用，并为专利工作提供必要的条件和保障。加强和提高县（市、区）主要领导对知识产权工作的认识。

(2) 加大投入，强化基础

积极强化县（市、区）知识产权工作的投入，为县域知识产权工作提供必要的经费保障。充分利用知识产权富民强县示范县建设，鼓励和支持县（市、区）政府加强管理体系、服务体系、转化应用体系、执法保护体系建设，完善知识产权政策和制度，提升县域知识产权创造、运用、保护和管理能力。

(3) 上下联动，协同推进

加强县域知识产权管理体系建设是一个长期的、复杂的系统工程，省、市知识产权系统应在政策、措施等方面加强引导，形成合力，共同推进县域管理体系建设，加强对设区市知识产权局在推动县（市、区）知识产权管理体系建设的责任考核，将县（市、区）知识产权管理体系建设情况列入设区市知识产权局年度工作考评内容。

(4) 加大宣传，营造氛围

充分利用各种媒体和科普设施，采取多渠道、多形式深入开展知识产权知识宣传活动，利用"3·15国际消费者权益日""4·26世界知识产权日"等重要日期大力宣传知识产权知识，不断增强全社会的知识产权意识，确保知识产权知识普及率逐年提高。

（二）强化专利行政执法体系建设规划

1. 工作目标

江西省专利行政执法状况明显改善；专利行政执法能力进一步提升；假冒行为、侵犯专利权行为得到有效遏制；企业知识产权保护意识和应对诉讼能力增强，维权成本明显下降。

2. 主要任务

加大江西省专利行政保护工作的机制、条件、队伍建设，提高专利行政执法能力；在加强专利日常行政执法规范化管理的同时，积极推进知识产权专项行政执法行动，加大江西省专利行政执法力度；建立和完善跨部门、跨区域的知识产权行政保护协调机制，形成保护合力，提高专利行政保护效能。

3. 实施内容

（1）大力推进专利行政执法制度建设

①强化专利行政执法工作责任制度

各设区市知识产权局必须将执法办案工作列入重要议事日程，主要领导和有关人员必须依职责履行执法工作责任，坚决消除执法办案中的推诿现象，积极参与行政诉讼，确保公正、廉洁、高效执法，全面提高依法行政水平。省知识产权局根据实际需要，对省内知识产权局安排执法办案工作任务，提出并督促落实责任要求。对省知识产权局安排的专项执法任务，地方知识产权局必须按要求高质量完成。

②建立专利行政执法工作督查制度

省知识产权局对设区市知识产权局执法工作组织年度督查和专项督查。核验执法档案、执法数据、办案条件、举报投诉工作开展情况。接受督查的地方知识产权局就督查中提出的突出问题进行整改。

③贯彻落实专利行政执法案件督办制度

贯彻落实《江西省知识产权局专利行政执法大案要案督办工作制度》，省知识产权局对具有重大影响的专利侵权案件和假冒专利案件进行督办。接受督办的设区市知识产权局对督办案件应尽快办理并及时提交办理结果。

④完善专利行政执法信息报送公开制度

各设区市知识产权局向省知识产权局及时报送执法案件信息并定期报送执法统计数据、执法办案材料。对涉及民生、重大项目及涉外等领域，社会影响重大的案件，群体侵权、反复侵权、专利诈骗等公众反映强烈的案件，查办不力、久查不决的案件，涉案标的额较大或案件较为复杂的案件，以及上级交办或督办的专利侵权假冒案件信息，要提前报送。省知识产权局在政府网站上公开执法统计数据。

⑤建立完善知识产权举报投诉奖励制度

各设区市知识产权局加快建立、完善知识产权举报投诉奖励制度，鼓励权利人和社会各界对知识产权侵权假冒行为进行举报、投诉。

（2）切实完善专利行政执法工作机制

①创新专利纠纷行政调解工作机制

大力开展各类专利纠纷的行政调解工作，创新工作机制，根据专利类型和纠纷的实际情况，简化调解程序，采取快速、有效的调解方式。

②完善专利行政执法协作机制

完善跨地区专利行政执法协作机制，规范跨地区专利行政执法协作。在案件受理、调查取证、案件移交、处理决定等方面与区域各省区市建立全方位深层次的执法协作，促进执法资源的合理利用。

加强与公安、工商、版权、海关、文化、广电、质检、农业、林业等部门的执法协作。强化与司法机关的沟通协调，推进行政调解与司法调解的衔接，协同提高解决专利侵权纠纷的效率。加强与公安机关的协作，推进行政执法与刑事执法的衔接，对涉嫌刑事犯罪的假冒专利行为和涉及专利的诈骗行为，及时移送公安机关，予以坚决整治。

③健全专利行政执法工作激励机制

省知识产权局将执法工作考评结果作为执法专项支持的重要依据，对表现突出的设区市知识产权局以综合工作评优加分或集中宣传等方式进行表彰鼓励，并加大支持力度；对考评结果不合格的，视情况提出限期整改要求；对执法办案工作突出的执法处（科）室和人员给予表彰奖励。

④建立知识产权保护社会信用评价监督机制

建立知识产权保护社会信用评价标准，对地方知识产权局执法工作开展社会满意度调查与评价，对企业侵权、假冒行为进行监测与评价，建立知识产权诚信档案。充分发挥知识产权协会、中介机构、研究机构和各类群众组织的作用，构建多层次的知识产权保护社会信用评价监督机制。

⑤深化专利保护重点联系机制

省知识产权局根据需要，选择各类符合条件的机构进入当地专利保护重点联系机制，或推荐进入全国专利保护重点联系机制，借助各方资源，促进专利行政执法工作水平的提高，营造良好的执法环境。加强与各类专利保护重点联系基地的沟通协调，积极取得司法机构、研究机构、法律服务机构和市场主体的支持与协助。

（3）全面加强专利行政执法能力建设

①加强专利行政执法机构建设

依法积极推进专利行政执法队伍建设，确保专利行政执法专职人员数量，稳定与发展执法队伍。设区市知识产权局明确主要承担执法职责的科室，争取成立专门承担执法职责的科室。加强与当地编制部门的沟通，省知识产权局争取加挂专利行政执法总队牌子，设区市知识产权局争取加挂专利行政执法支队牌子。县级知识产权局根据需要依法加强专利行政执法队伍建设，为积极依法开展专利行政执法工作提供队伍保障。

省知识产权局根据需要向行政区域内知识产权局派驻执法督导员。设区市知识产权局根据需要，在各类园区、商业场所、产业集聚区、大型会展及其他大型活动场所选派执法监督人员和志愿人员。

②提高专利行政执法人员业务素质

专利行政执法人员取得专利行政执法证后方可从事执法办案工作。省知识产权局负责组织行政区域内人员参加全国专利行政执法人员上岗培训，经国家知识产权局同意组织由国家知识产权局颁证的专利行政执法人员上岗培训。各设区市知识产权局组织本区域内人员参加当地法制办组织的行政执法培训，获得行政执法资格。要完善专利行政执法上岗培训和各类专利行政执法业务培训的管理与协调工作。

要结合工作实践中的突出问题，组织专利执法专题研讨交流活动。支持执法工作人员参加国内外业务研修及在职攻读学位，加快培养执法业务骨干。

③改善专利行政执法工作条件

设区市知识产权局要设立专门的专利纠纷调处场所。要为执法人员提供基本的办案设备。执法办案时应严肃着装。执法着装、执法用车、执法标志必须遵守国家有关规定。执法着装和执法用车的标志应使用国家知识产权局核准的执法标志，以增强执法办案的规范性、严肃性与协调性，确保执法人员现场办案时的人身安全。对省知识产权局给予的执法专项支持，设区市知识产权局应争取地方政府财政匹配，协同推进改善执法条件。

④加大专利行政执法信息化建设力度

各设区市知识产权局要健全专利行政执法电子档案库，配置专利执法电子查询设备，建立即时查询系统。要建立完整一致的纸质和电子专利执法档案，配置专用的执法档案保存设备。

4. 保障措施

（1）组织领导

加强组织领导，明确工作分工，完善工作机制，落实工作责任，抓紧推进相关政策措施的组织落实,为推进专利行政执法体系建设奠定基础。

(2) 经费投入

设立专利行政执法专项资金,加大对专利行政执法体系建设的经费投入,除各类项目资金之外,江西省知识产权局还将继续按照执法案件数量对各地专利行政执法办案予以经费支持。

(3) 加大宣传

加大知识产权宣传力度,在充分利用"4·26"知识产权宣传周和"12330"平台开展知识产权宣传的同时,进一步拓宽宣传渠道,重视宣传实效,以灵活多样的形式开展宣传工作,努力提高江西省的知识产权保护意识,营造良好的知识产权保护环境,形成尊重知识、崇尚创新、诚信守法的知识产权文化。

(4) 考核监督

省知识产权局根据《江西省专利行政执法能力提升项目实施方案》有关要求对设区市知识产权局的专利行政执法体系建设情况和专利行政执法工作开展情况进行全面考核、评价。对规划目标的实现、各项规划措施的效果、专利创造和运用及保护水平进行阶段性评估,及时根据评估结果,社会经济的发展方向、重点以及国内外形势的变化对相关措施进行调整。

二、体系之二:江西省知识产权展示交易转化体系建设规划

2012年6月13日,江西省人民政府正式颁布实施《江西省知识产权战略纲要》,这是今后一段时期内全面指导江西省知识产权事业发展的纲领性文件,纲要作出了以支撑鄱阳湖生态经济区建设总体规划和战略部署为目的,认真贯彻落实科学发展观,按照激励创造、有效应用、依法保护、科学管理的方针,不断强化十大战略性新兴产业的知识产权工作,加快建立要素齐全、充满活力的知识产权转化运用体系,着力提升全社会知识产权的创造能力、应用能力等。为了使知识产权能够有效支撑鄱阳湖生态经济区、科技创新"六个一"工程和创新型江西建设,并在十大战略性新兴产业结构调整、加快经济发展方式转变方面的支撑作用得到充分显现,根据江西省实际,制定本规划。

一、规划背景

(一) 现状

"十一五"以来,江西省知识产权转化运用工作在省委、省政府和省科技厅的领导下,以贯彻落实《江西省知识产权战略纲要》和《江西省专利促进条例》为抓手,紧紧围绕鄱阳湖生态经济区建设和科技创新"六个一"工程,坚持创新驱

动、坚持协同创新，在知识产权激励创造、有效运用、依法保护和科学管理各方面取得了一些成效。

1. 专利数量连年攀升，创新步伐不断加快

"十一五"期间，全省专利申请21250件，为"十五"期间的1.8倍，年均增长16%以上；以企业为主体的职务申请占全省总量的40%，年均增长35%以上。其中发明专利申请超过《专利法》实施22年以来的发明专利申请总和，"十二五"专利工作开局良好，2012年江西省专利申请量首次突破10000件大关，达到12458件，授权7971件。以上数据见证了在建设创新型江西过程中不断加速的步伐。专利申请量这个创造能力的重要指标连续增长，更加凸显出"江西创造"的实力。

2. 转化运用能力不断提高，科技支撑作用逐渐显现

"十一五"以来，江西省运用专利专项、金融、试点示范等政策手段，积极开展企事业单位及园区知识产权试点示范工作，让企业认识到了核心专利带来的真金白银和政府保护知识产权的决心，使企业日渐成为知识产权创造和运用的主体。江西省对专利申请给予了专项资助支持，共完成18批专利费资助申请，资助发明专利3000余项；积极建立完善知识产权交易平台和中介机构，资助企业实施专利转化，"十一五"以来共资助1600余万元，全省专利转化率达到30%。专利质押融资工作逐步深入。自2007年以来，全省共实现专利质押融资1.4亿元，促进了专利项目的转化应用。

3. 转化运用环境不断完善，服务能力不断增强

在部门设置上，2000年前，全省仅有3个设区市设立了管理专利工作的部门，省知识产权局经过更名、升格、扩编，全省专利管理人员从不足30人，发展到上100人，现在全省11个设区市相继成立了知识产权局和版权局；在服务机构建设上，江西省专业专利代理机构从2000年的3家发展到目前的10家，商标、版权等其他相关服务机构近70家；在政策布局上，"十一五"至今，江西省知识产权工作建构了《江西省知识产权战略纲要》《江西省专利促进条例》、省专利奖、专利职称、企事业单位及园区知识产权试点示范等支撑全省知识产权持续发展的五大支柱，知识产权工作全面融入经济社会发展大局。

(二) 存在的问题

1. 知识产权的拥有量低，转化运用基础薄弱

江西省专利申请量与授权量连年高速递增，但是发明专利授权量过少，所占比例仅有11%左右，在全国排名靠后，在中部六省中，直到2011年专利总量才稍微超出山西省，专利综合实力在全国排第22位，在中部强于山西省（第25位），但发明专利所占比率仍然落后山西省，在中部六省中垫底。南昌市、赣州市专利申请

量与授权量始终位处全省前一二位，南昌市、赣州市、九江市、宜春市4个设区市专利申请量与授权量分别占到全省总量的60%以上。

2. 知识产权归属分布不合理，转化运用力量薄弱

江西省近年来授权专利归属主要集中在企业、个人，由此可见，江西省企业、个人专利意识较强，江西省高校院所授权专利不足全省总数的10%，高校院所知识产权转化运用的意识亟待加强。2012年，江西省当年累计申请专利只占国内申请总量的0.61%，累计授权专利量只占国内授权专利总量的0.64%，在中部六省中也是垫底，江西省注册商标也只占全国总量的1%左右。到2012年，江西省每万人发明专利拥有量只有0.59件，进入产业化阶段专利比例只有10.1%，在全国只比西藏自治区强一点。

3. 知识产权中介服务机构弱小，转化运用服务薄弱

江西省知识产权方面代理服务机构有78家，仅南昌市就有51家。江西省专业的专利交易服务机构仅有12家，注册资本仅361万元。通过2011年年检的专利代理机构仅10家，注册资本仅256.4万元，其中官办机构——江西省专利事务所的注册资本就有202万元，从事专利代理人数仅42人，基本集中在南昌地区。历年专利代理机构50强中，全部为发达地区机构。省内的机构数量、代理人数量、服务质量、经济效益、社会中介服务实力远远落后于发达省区市，在中部六省中仅稍强于山西省。

4. 知识产权转化运用体系不完善，转化运用能力薄弱

全省11个设区市知识产权局，除南昌市等少数县市区为副处级外，其余均为科级，人员一般不超过5人。江西省省属大学仅有南昌大学、华东交通大学少数几所大学设立知识产权专业。既懂知识产权又精通法律和市场经济的复合型人才非常匮乏，包括高级人才、专业服务型人才和企事业单位的管理人才。知识产权保护长效机制建设需要不断完善，资源整合力度不够，管理体制机制需要进一步突破和创新，社会公众知识产权保护意识有待进一步增强；相应的知识产权支持资金额度占比很小。

二、指导思想、建设方针和目标任务

知识产权转化运用的形式有传统模式，即自用、转让、许可等，新模式，即资本化、证券化、质押融资等。转化运用的主要途径有自行转化、委托中介机构、参加各种展会等。

（一）指导思想

坚持以科学发展观为指导，全面贯彻实施《国家知识产权战略纲要》，以贯彻落实《江西省知识产权战略纲要》和《江西省专利促进条例》为抓手，紧紧围绕

鄱阳湖生态经济区建设和科技创新"六个一"工程，坚持创新驱动，坚持协同创新与知识产权激励创造、有效运用、依法保护和科学管理相结合，为创新型江西建设和经济社会又好又快发展提供有力支撑。

（二）建设方针

1. 统筹规划，各负其责

知识产权转化运用体系建设是一项长期工作，需要统一规划目标、标准、制度，分步骤、分阶段实施落实。各级主管部门和项目建设单位要明确职任，各负其责，共同做好江西省知识产权转化运用体系建设工作。

2. 市场主导，政府推动

充分发挥市场配置资源功能，加强政府引导和协调，促进各类技术成果尤其是专利通过市场进行转化运用，落实完善相关财税政策，实施有利的金融政策，鼓励企业自主创新和技术成果转化，形成政府推动与市场化发展的互动机制，推进知识产权转化运用体系的建设和发展。

3. 政府支持，多方共建

以知识产权转化运用服务市场为交易场所，积极发展创业风险投资，发挥政府创业风险投资引导基金的作用，引导和鼓励民间资本投入技术交易活动；积极发展技术中介、咨询、经纪、信息、技术产权和技术评估、风险（创业）投资等知识产权中介服务机构，为知识产权顺畅交易提供支撑。逐步形成以技术交易机构为主，知识产权代理机构、会计师事务所、律师事务所、风险（创业）投资机构、资产评估机构等相配套的服务体系和协调机制。

4. 综合集成，探索创新

建设全国一流的知识产权转化运用服务场所，坚持以资源整合为主线，共享为核心，贯彻"整合、共享、完善、提高"的建设方针，按照专利、商标、版权、文化创意、产权等不同门类的特点，找到切入点、突出重点、先行试点，分阶段、积极、稳妥地推进各平台建设，充分利用已有设施、人员、软件及技术资源，进行资源整合共享，避免重复建设；协调有关部门积极参与，相互配合，各展所长，采取灵活多样的整合方式和共享模式，建立综合的信息服务平台，实现网络信息、数据库共建共享，积极探索以技术产权为主要载体的有限责任或未上市股份有限公司的股权等品种。

5. 完善评价与激励体系

针对江西省财政性资金投入和支持的项目所形成的非关系到国家经济安全、国防安全和国家机密的知识产权建立完善的评价体系，相关知识产权转化运用的实际效果与政策挂钩，成为立项、经费投入、贷款、政策扶持、知识产权中介机构考核的重要评价指标和依据之一。

6. 服务企业，发展经济

服务江西省经济发展、强化服务意识、提高服务质量，是知识产权转化运用体系建设的根本目标。在建立健全知识产权转化运用服务平台的同时，还要通过电视台、电台、报纸、刊物等公共媒体，定期发布与企业需求相关的信息，使交易各方信息对称，进而使交易市场能有效服务于江西省经济发展。

（三）主要目标

通过3年时间的努力，达到以下目标。

1. 推进三个工程

一是知识产权转化运用创造主体培育工程。重点培育100家授权发明专利拥有量超过10件的创新企业，10家专利拥有量超过100件（其中授权发明专利拥有量超过30件）的优势企业，1家专利拥有量超过1000件（其中授权发明专利拥有量超过200件）的龙头企业。

二是知识产权转化运用交易系统建设工程。重点培育1家综合性知识产权交易转化一站式服务机构，建设江西省专利技术展示交易中心，建立省级专利交易平台，在有条件的设区市设立知识产权交易分中心，以点带面，逐步扩展。有条件时争取成为"中三角交易中心"。

三是知识产权转化运用人才队伍培养工程。对全省所有知识产权管理单位工作人员定期轮训；培训企业知识产权管控师300人；培训知识产权从业人员600人。

2. 强化三个支柱

一是推进企业知识产权战略。紧紧围绕鄱阳湖生态经济区建设，以贯彻《企业知识产权管理规范》国家标准工作为契机，以十大战略性新兴产业和地域特色产业为重点，合理配置政府公共资源，加大对企业和社会科技资源的引导，就如何重点开发核心技术领域的关键技术形成重大原始性突破、提升产业竞争力、运用知识产权最大限度地谋求战略制高点等方面引导企业制定和实施企业知识产权战略规划，通过规划，帮助企业进行专利成果的分析和评价、专利产品及市场动态、专利成果转让信息等研究，扩展企业技术和市场空间，及时了解本领域的最新动态，开展前瞻性知识产权的战略布局和预警研究，为企业自主创新、市场开拓、生产经营活动提供科学的决策依据，为知识产权转化运用提供战略支持。

二是科学落实知识产权激励制度。认真做好江西省专利奖励工作，确实使好的专利得到奖励；做好专利产业化实施资助工作，加大投入，每年资助已转化核心专利的企业60家以上，凸显"创新成果专利化，专利成果产业化"政策导向，为知识产权转化运用提供激励支持。

三是扎实推进企业贯彻《企业知识产权管理规范》国家标准及园区知识产权试点示范工作。每年促成50家企业达标，对于知识产权创造运用的龙头企业及园区授予相应的称号，专利专项、专利质押融资、其他相关激励措施向这些企业及园区倾斜，为知识产权转化运用提供资金支持。

（四）总体任务

重点推进和实施8项工作。

1. 加强知识产权转化运用工作体系建设。建立政府、知识产权中介服务机构、企业合理分工的工作格局，树立发展和依靠知识产权中介服务机构发展壮大知识产权事业的理念，进一步推进政府知识产权管理职能转变这一关键环节，明确企业是专利申请的主体，中介服务机构是面向市场的知识产权服务的主体，政府是提供公共服务和市场管理的主体，避免各主体缺位、相互越位。要大力发展和繁荣知识产权服务市场这一根本途径。改善推动专利申请的工作模式，从机制入手，保证持续发展。从以政府为主、行政层层推动的模式向以中介服务机构为主、直接面向企业、政府为辅、营造氛围、维护秩序方向转变。

2. 完善激励机制。进一步增强企业的专利申请能力和申请意识。鼓励全社会发明创造，通过专利奖、专利申请资助等形式，表彰优秀专利成果及优秀专利发明人、设计人和管理人员。落实专利技术作为生产要素参与分配的政策，采用和创立灵活多样的分配方式，例如期权、技术入股、优先购股权试点等。大力开展知识产权试点示范园区建设、贯彻《企业知识产权管理规范》国家标准工作，积极推进重点企业的知识产权战略计划。通过建立重点企业联系制度，推进知识产权达标及优势企业建设，发挥模范引导作用，加大力度拓展申请企业，鼓励更多的企业参与专利申请。

3. 积极搭建知识产权宣传展示平台。以信息平台为主，结合定期、不定期的实体展示平台，组织专利技术及产品现场或网上展示、推介活动，举办知识产权咨询、研讨活动；提供专利信息服务；提供相关专利咨询，帮助企事业单位、专利发明人选择正确的发明创造方向和路径，促进发明创造活动与市场衔接；宣传普及知识产权方面的法律、法规和有关知识；举办专利经纪、专利市场管理及知识产权知识培训，开展专利经纪工程师、专利发明人等培训交流活动；根据有关规定和要求，提供专利实施合同备案、专利广告出证等服务；开展专利技术市场的统计和相关研究、咨询工作；开展系统内的协作交流。

4. 加强知识产权转化运用技术交易等中介服务机构建设。充分发挥技术市场作用，创新技术交易服务形式，构建知识产权交易平台，通过平台整合风险投资机构、金融机构、评估机构的资源，建立信息畅通、交易活跃、秩序良好的知识产交易系统，促进知识产权的流动和转移，采取政府扶持、市场化运作的方式，从产业和企业发展的需要出发，集合省内外相关专利技术，面向企业开展推介，促进专利技术的经营、交易活动，促进企业、科研单位最大限度地利用国内外专利技术。同时采用"请进来、走出去"的方法开展行业自律和业务交流活动，不断提高知识产权中介服务机构的业务水平。鼓励区域技术转移中心、技术交易所、资产评估公司等技术转移服务机构的发展，强化其知识产权服务内涵，提高服务能力。

5. 积极培育创新主体，提高知识产权实施转化率。促进专利技术转化为现实生产力，是建立专利制度的根本目的。要进一步引导企业将知识产权管理贯穿于技术创新全过程，迅速、大幅度地提高企业运用专利制度的能力和专利保护的水平，使企业成为技术创新决策、投入、承担风险和获得收益的主体。

6. 完善风险机制。目前专利转让和许可的信息成本与交易成本较高，加之信息的不对称，导致许多潜在的投资者缺乏对专利技术投资的能力和机会，阻碍了社会资本流向最有价值的地方，也阻碍了资本增值的最大化。必须拓展新的融资途径，大力发展风险投资，分散和降低知识产权产业化的风险。

7. 完善知识产权投融资体系。充分利用国家科技成果转化引导基金等财政资金，探索、建立多方参与、财政性资金资助形成的科技成果及其知识产权运营基金，促进科研院所、高校知识产权的转移与运用。进一步推进知识产权质押贷款工作，促进科技、知识产权与金融资源的有效结合，推动一批知识产权优势企业通过资本市场上市融资，推动完善质押贷款、创业投资、资本市场等多层次的知识产权融资体系。

8. 大力培植实施载体。以十大战略性新兴产业和地域特色产业为重点，引导企业自主创新与引进、消化、吸收再创新，形成知识产权优势。一是以大学、科研院所和大企业的实验室和研究开发中心为依托，建设源头创新载体。二是完善创业中心体系的建设，推进专利成果的转化，强化专利技术的成果孵化载体。三是依托国家高新区和产业化基地，强化研发活动的知识产权产业化载体。四是集中力量提高产品技术含量，铸就一批拥有自主知识产权、达到国际先进和国内领先水平的产品，强化专利产品载体。以新型产学研合作为基础，通过大学、科研院所与企业的相互合作，积极开展科技创新和成果转化活动，推动大学与科研院所知识产权产业化。

三、保障措施

（一）加强管理协调。各相关职能部门要明确工作责任和进度，围绕本规划的主要目标和任务，制定切实可行的措施和政策；各级政府部门要增强服务意识，形成工作合力，确保本规划主要目标和任务的顺利完成。

（二）构建评价体系。引导企事业单位将知识产权创造作为列入科技人员、经营管理人员的绩效考核、职称评定、职级晋升的重要指标，逐步建立以知识产权指标为重要要素的评价考核机制。加强知识产权基础性数据指标的研究，抓紧建立科学的知识产权统计和评价指标体系，为各级政府科学决策提供依据。

（三）增加资金投入。要加大对知识产权工作的投入，在现有的专利申请资助、专利实施资助、专利奖励、知识产权质押融资扶持等激励制度的基础上，加大资金额度，进一步完善专利创造、运用的环境。

三、体系之三：江西省专利公共信息服务体系建设规划

2009年，国家知识产权局提出了建设全国专利信息公共服务体系的战略构想，成为未来一段时期之内我国知识产权领域最重要的工作之一。专利信息服务承担着数据采集、分析预警、技术支持等方面的重要作用，是知识产权管理服务体系中不可或缺的重要组成部分。

本规划旨在确定江西省专利信息公共服务发展建设的指导思想、发展原则以及主要任务，是将来一个时期内江西省专利公共信息服务发展的纲领性文件。本规划由江西省知识产权维权援助信息服务中心负责具体组织实施。

一、规划背景

（一）现状

江西省属于中部地区欠发达省份，专利公共信息服务工作起步较晚，空白较多，且周边多数省份已建设各类知识产权信息服务中心，并取得较好的工作效果，因此，江西省的专利公共信息服务工作具有较大的工作潜力和广阔的发展前景。

1. 专利信息服务有一定的工作基础

2006年，国家知识产权局批准在江西省设立了中国陶瓷知识产权信息中心，并在2009年增挂江西省陶瓷知识产权信息中心，成为江西省在专利信息服务方面的一项特色工作。国家知识产权局支持江西省一套全文专利数据库，并定时更新，在专利信息利用方面，有一定的工作基础。

2. 十大战略性新兴产业数据库建设稳步推进

2011年，省知识产权局启动了江西省十大战略性新兴产业专利数据库的建设工作，计划分3年全部完成。经过两年多的建设，目前正处于稳步推进阶段。战略性新兴产业数据库的建成，为推动行业的技术创新能力和水平将起到积极的作用。

3. 面向企业的服务能力有所提升

目前，江西省已有8家大中型企业建设了专利专题数据库，分别为江钨集团股

份有限公司、新余钢铁厂、江西铜业股份有限公司、晶能光电有限公司、天施康药业公司、景德镇陶瓷股份有限公司、华意压缩机厂及泰豪科技股份有限公司。

4. 专利信息服务需求逐步增加

随着科技进步和企业发展的需要，省内用户迫切需要专利基础数据资源、深加工专利数据资源，以及能实现专利信息在线分析和预警等高端分析功能的专利信息综合应用平台；并且对重点产业/行业分析研究、区域内重大项目预警、专利发展战略制定、高端专利人才培养等专利服务需求逐步增加。

（二）存在的问题

目前，江西省的专利公共信息服务工作尚处在起步阶段，在专利信息公共服务的资源提供、深化加工、人才培养等方面都存在不足。

1. 专利信息资源利用率不足

目前，江西省虽然建立了部分政府和行业性的专利信息平台，但是平台之间的整合和连接度不够，缺乏全省性的功能完善和多样化的专业服务平台，在专利信息资源方面，还有很大的潜力可供挖掘。

2. 专利信息产品开发不够

现有专利信息服务平台提供的产品存在简单开发和产品结构单一的问题，在一定程度上造成管理成本的增加和公共服务资源的浪费，因此对专利信息的简单开发模式和服务方式亟待改变。

3. 专利信息服务能力严重缺乏

目前，江西省缺乏针对政府机构和企事业单位个性化需求的高端专利信息服务，对经济发展重点领域和重大项目的专利信息服务尚未实现经常化和全面化，专利信息服务供给不足，服务能力与用户需求不完全相适应。

4. 专利信息服务人才匮乏

目前专利信息服务政府部门、专利信息服务中介机构和企业都极度缺乏专利信息的专门人才，高层次人才更是专利信息服务中的稀缺资源，制约了专利信息战略的实施和专利信息产业的发展。

5. 专利信息服务模式亟待完善

合理、可行的专利信息服务模式是江西省专利公共信息服务的关键。目前，专利公共信息服务模式单一化、专利信息应用工具缺乏等问题仍是制约江西省专利公共信息服务发展的主要瓶颈。

二、指导思想、发展思路、发展目标和主要任务

（一）指导思想

为进一步贯彻实施《国家知识产权战略纲要》和《江西省知识产权战略纲

要》，以《全国专利信息公共服务体系建设规划》为指导，以服务全省经济发展和科技协同创新为主线，科学部署、统筹发展、面向需求、深化应用，着力于专利信息服务的高端领域和薄弱环节，探索专利信息公共服务发展的最佳路径，实现江西省专利公共信息服务"规模化、精品化、个性化"。

（二）发展思路

江西省专利公共信息服务平台是由江西省知识产权局组织建设的，利用国家知识产权局数据中心提供的专利信息资源，主导江西省内专利信息服务工作，并逐步实现专利信息服务的个性化、高端化服务的综合性服务平台。

（三）发展目标

到2015年，专利信息服务基本覆盖省内十大战略性新兴产业领域和重点行业，形成年服务10项重大项目和30家优势企业的服务能力，拥有专利信息服务专家库并培养一批专利信息服务的创新性人才和复合型人才。专利信息服务对江西省科技创新和经济发展有明显贡献度，全社会对专利信息服务的认知度和依赖度有所提升，最终形成服务体系布局合理、服务渠道逐步拓宽、服务方式手段多样、服务规章制度健全、服务人员数量及水平稳步增长的综合性服务平台。

（四）主要任务

1. **完善江西省知识产权局门户网站**

以增强网站宣传力度、提升公众获取专利信息的便利度为目的，科学设置江西省知识产权局门户网站栏目，采取主动推送和互动引导相结合的服务方式，分别针对政府、企业和社会公众等不同用户特点，优化专利信息网上服务的流程，增强用户互动性。

2. **建立江西省专利信息公共服务平台**

在国家知识产权局数据中心给予的数据资源的基础上，建设江西省专利信息公共服务平台。科学设计、合理构建专利信息公共服务平台的总体架构，有效提高平台数据和专利检索的吞吐量、可靠性和适应性，打造功能齐全的一站式服务平台。

3. **整合建设十大战略性新兴产业数据库**

以专利信息公共服务平台为依托，采用数据库整合、网络链接等多种方式整合江西省十大战略性新兴产业数据库，以整体的方式对外服务，扩大专利专题数据库的影响面和服务范围。

4. **促进企业专利专题数据库个性化建设**

基于产业和行业专利专题数据库的布局要求，有计划地为省内知识产权优势企业建立专利专题数据库，并根据不同企业的个性化需求，指导或帮助企业建设特定技术领域或产品领域的专利专题数据库。

5. 实现十大战略性新兴产业专利信息分析常态化

通过对十大战略性新兴产业的专利信息的追踪研究，逐步实现对十大战略性新兴产业的专利信息分析常态化，形成面向全省的全局性服务能力。定期发布十大战略性新兴产业专利信息分析报告，逐步建立专利预警应急机制。提供技术、专利及信息分析的专家支持，为政府机关和产业发展提供决策支持。

6. 提供重大投融资项目全程专利信息服务

围绕江西省重大投融资项目，提供全程专利信息服务。对省内重大投融资项目，进行专利分析、预警、跟踪和管理，提供从项目立项、实施、验收和后续工作的全程专利信息服务，加强对专利信息及相关信息的分析、利用，提升产业竞争力。

7. 开展专利信息应用的宣传推广活动

针对省内各类受众群体，就专利信息相关知识和服务功能，开展多种形式的宣传推广活动。针对某一专题、区域内的重大活动或者有影响的专利信息案例，组织专题研讨会。提供专利维权援助服务。

8. 加强专利信息利用培训工作

组织现有培训力量，采用远程学习、公益讲座、巡回研讨、技能培训、高级研讨等多种培训手段，针对不同层面的专利信息利用人员开展多层次、多方面的培训活动。加强专利信息利用培训教师的培养，完成专利信息人才库的建设工作。

9. 积极筹建"省级战略性新兴产业专利信息导航协同创新中心"

在以上8项工作的基础上，积极筹建"省级战略性新兴产业专利信息导航协同创新中心"。该中心通过加强专利信息资源利用和产业专利分析，把握产业链中关键领域的核心专利分布，以全球视野明晰产业竞争格局，确定产业发展定位。通过建立专利分析与产业运行决策深度融合、持续互动的产业决策机制，系统配置优势资源，提高产业创新能力，优化产业的专利创造和协同运用，增强竞争优势，不断发挥专利在产业发展中的导航作用。

三、保障措施

（一）机构保障

成立省专利公共信息服务协调小组，负责统筹、协调全省专利公共信息工作，协调小组下设办公室，设在省知识产权维权援助信息服务中心，负责全省专利公共信息服务具体落实工作。

（二）人员保障

充实人员队伍，加大专利信息人才培养力度。省知识产权维权援助信息服务中心进一步完善人才结构，整合全省专利信息人才资源，建设一支专门的专利公共信息服务队伍。

(三) 经费保障

省专利专项资金给予一定经费保障，并争取省财政给予专项支持。

四、体系之四：江西省专利代理中介服务体系建设规划

为深入贯彻实施《江西省知识产权战略纲要》，大力发展知识产权中介服务，促进江西省专利代理行业又好又快发展，结合江西省实际，制定本规划。

一、序言

专利代理是专利制度有效运转的重要支撑，是专利工作的重要内容，是知识产权中介服务体系的核心组成部分。

实现《江西省知识产权战略纲要》确定的发展知识产权中介服务的目标和任务，有效支撑市场主体专利创造、运用、保护和管理，必须不断提高专利代理服务的水平、不断拓展专利代理服务的领域、不断增强专利代理人服务能力，全面促进专利代理行业又好又快发展。

二、规划背景

近年来，江西省知识产权事业取得了长足的进步，专利代理行业健康发展，专利代理中介体系建设进一步健全和完善，通过加大专利代理执业培训力度、规范代理机构的服务行为、拓宽服务领域，江西省专业化的专利代理人才队伍和代理机构初步形成。

(一) 江西省专利代理行业概况

截至2013年，江西省有专利代理机构10家，省外代理机构驻赣办事处1家。从机构性质来看，属于全额拨款事业单位的1家，有限责任公司制性质的2家，合伙制的7家。从地域分布来看，南昌市6家（含省外代理机构驻赣办事处1家），鹰潭市1家，景德镇市1家，宜春市1家，萍乡市1家，赣州市1家。全省拥有专利代理资格证人员183人，执业人数42人，享受倾斜/试点扶持政策人数40人。从代理专利申请状况来看，2012年江西省专利申请量12458件，其中由专利代理机构代理的专利申请量5938件，占总量的47.7%。

(二) 江西省专利代理行业面临的问题

1. 专利代理服务机构数量少、规模小，地域分布不平衡，执业人员数量和质量有待提高

江西省专利代理机构总数占全国总数比例为1%，执业人数占全国0.5%，专利代理机构平均执业人数仅为4.2人，低于全国每家代理机构8.7人的平均水平，规模普遍

偏小，规模最大的省专利事务所也只有8名执业人员，而且目前尚无一家律师事务所开展专利代理业务。在江西省共11个设区市中，仍有5个设区市尚无专利代理中介服务机构，在地域上存在大面积的代理空白。执业代理人年龄老化现象严重，平均年龄达53岁，缺乏后继人才。执业代理人的专业知识结构不理想，与江西省十大战略性新型产业的所需知识结构脱节严重，无法满足高精尖领域专利代理等工作的客观需求，已成为制约江西省科技发展和创新活动的重要因素之一。具有专利代理人资格的后备人才数量少，具有专利代理资格人数占全国总量的1.2%，其年龄和专业结构问题同样突出。同时人才流失现象十分严重。

2. 专利代理率低，专利代理机构服务项目单一，业务范围狭窄

江西省专利代理率长期在50%以下徘徊，2012年为47.7%，而同期全国专利代理率为66.12%，差距明显。目前，江西省专利代理机构服务内容比较单一，主要业务范围仅限于专利申请文件的撰写、电子申请及代缴专利费用等，在专利纠纷诉讼代理、专利复审和无效代理、专利技术和产品的许可与贸易、无形资产评估、专利技术和产品的检索等方面很少涉及；而且服务主要集中在传统产业和领域的专利代理等，涉及新兴领域的相关专利中介服务业务难以胜任。

3. 专利代理机构服务意识不强，竞争意识欠缺

一些专利代理机构市场定位不清晰、服务意识不强，既缺乏发展的长远规划，也缺乏站在发明人角度考虑问题的视野，不注重服务质量和打造服务品牌，往往只追求数量和短期利益。缺乏主动出击、上门服务的意识，采取等、靠、要的工作方式，参与市场竞争的意识和能力都亟待提高。部分专利代理机构内部管理松弛，质量控制流于形式，有些代理人责任感不强，各种失误时有发生，个别代理机构诚信度不高，这些状况既损害了发明人的利益，也影响了江西省代理行业的整体形象。

4. 政府监管机制不健全，行业自律机制亟须建立

没有制订全省性的专利代理行业发展规划，省专利代理惩戒委员会职能没有很好地发挥，各设区市知识产权局受机构等条件限制，对专利代理工作疏于管理。专利代理的地方性行业协会尚未建立，行业自律监督缺失。"黑代理"现象还比较严重、非正常专利申请代理现象在一定范围内还存在，严重干扰了正常代理工作的开展，也严重制约了江西省专利申请质量的提升。

三、指导思想、基本原则、发展目标和主要任务
（一）指导思想

以邓小平理论、"三个代表"重要思想为指导，全面落实科学发展观，按照有效管理、规范服务、诚信自律、科学发展的方针，加强专利代理管理，强化行业自律，促进专利代理服务有效融入知识产权创造、运用、保护和管理各个环节，着力提高专利代理行业的服务能力和水平，着力推动专利代理行业朝着专业化、规范化、规模化、

集约化方向发展，为实施江西省知识产权战略，建设创新型江西，实现江西省科学发展、进位赶超、绿色崛起提供强有力的支撑和保障。

（二）基本原则

促进专利代理行业又好又快发展，要坚持以下原则。

1. 政府引导与市场主导相结合。既要充分发挥政府的组织协调和公共服务功能，加大政府投入和政策引导，努力营造有利于专利代理行业健康发展的法律政策环境和市场竞争环境，也要尊重市场规律，突出市场机制在专利代理行业发展资源配置方面的基础性作用。

2. 政府监管与行业自律相结合。既要加强政府对专利代理行业的监管，也要进一步明确专利代理行业协会的自律职责，加强专利代理行业诚信建设，实现行业自我约束、自我管理。

3. 全面推进与重点发展相结合。既要提高全省各地区的专利代理服务质量，不断提高专利代理的能力和水平，也要积极引导专利代理机构开展企业专利战略研究、专利运用与保护、专利信息分析、企业维权及专利预警等工作，努力拓展专利代理服务空间，走服务内容专业化道路，增强专利代理机构专利中介服务的专业对接能力。

4. 人才培养与机构建设相结合。既要注重专利代理人才队伍建设，突出重点，培养出一批品行兼优的复合型专利代理人才，也要健全规章制度，严格服务标准，不断加强专利代理机构建设。

5. 规范服务与特色服务相结合。既要不断严格规范专利代理服务标准，推动专利代理机构按照专利代理行业服务指导标准开展服务工作，也要鼓励专利代理机构突出特色，发挥优势与特长，因地制宜开拓特色服务。

（三）发展目标

到"十二五"末，全省专利代理行业要实现以下目标。

1. 专利代理服务的能力和水平有较大幅度提高。确保专利代理能力适应全省专利申请量增长的需求，确保专利代理服务水平适应全省自主创新能力不断提高的需求，确保专利代理服务范围适应全省市场主体运用专利参与市场竞争的需求。

2. 专利代理人才队伍规模大幅度增加，素质进一步提高。力争执业专利代理人数达到80人以上，专利代理行业从业人员达到200人以上；不断培养或引进熟练掌握专业技术、熟悉法律和贸易的高素质、复合型专利代理人才；不断优化全省专利代理人队伍的年龄结构和知识结构。

3. 专利代理机构发展水平大幅度提升。全省专利代理机构数量增加到20家以上；专利代理行业规模进一步扩大，力争培育营业额超过1000万元的代理机构；逐步实现全省专利代理机构服务规范、诚实守信、特色突出、专业水平明显提高的目标；鼓励有条件代理机构设立分支机构，省内专利代理机构发展区域分布不断均衡化。

4. 专利代理行业管理体系建设更加完善。出台规范专利代理行业发展的专利代理执业优质服务规范，不断健全专利代理行业发展行政监管与行业自律相结合的管理体系；力争成立江西省专利代理人协会。

（四）主要任务

1. 促进专利代理机构的培育和发展

（1）鼓励成立专利代理机构

加大力度培育新的专利代理服务机构，扶持和指导一批代理机构逐步形成自己的特色，做到专业求精、特色求强、优势互补，大力扶持发展规模大、实力强、信誉好的专利代理机构，对新设立的专利代理机构给予一定的支持。到2015年，实现具有独立法人资格的专利代理机构遍布全省各设区市的目标；适度引入国内知名的专利代理机构到省内设立分支机构，促进其与本地代理机构的竞争、合作与交流，构建科学布局、区域平衡、结构合理的专利代理机构体系，促进全省专利代理行业又好又快发展。

（2）促进专利代理机构提高业务能力和水平

定期组织召开专利代理机构或专利代理人工作（座谈）会，及时通报相关政策，学习有关管理制度和业务规范；加强业务指导，引导代理机构完善内部管理制度，建立内部质量和风险控制体系，建立健全分配激励机制，提高业务能力和经营管理水平。

组织专利代理人专题业务培训，制定和完善江西省执业专利代理人业务能力轮训制度，切实提升专利代理人的执业能力和水平；适时组织专利代理机构管理者参加经营管理、市场开发等方面的专题培训；组织专利代理机构管理者到专利代理行业发达地区观摩学习，学习借鉴专利代理行业先进企业的好经验、好做法，切实帮助专利代理机构管理者提高经营管理能力和市场开拓能力。

（3）建立专利代理优质服务评价制度

研究建立专利代理优质服务评价制度，探索全省专利代理优质服务体系建设，尽快研究组织制定全省专利代理执业优质服务规范。组织开展全省年度"优秀专利代理机构"和"优秀专利代理人"评比和表彰活动，激励代理机构和专利代理人提高服务能力和水平。

2. 改进对专利代理行业的管理与服务

（1）加强对专利代理市场的管理

规范市场秩序，制止压价竞争、商业贿赂、无证（资格）代理等不正当竞争行为，努力营造有利于专利代理人才创新创业，有利于专利代理机构发展壮大的市场氛围和社会环境，建立政府调控、行业自律、市场调节、社会监督四位一体的专利代理监管模式。筹建江西省专利代理人协会，开展行业自律管理、业务指导、行业维权等工作。建立专利代理行业诚信管理制度和专利代理行业信息公开制度，形成专利代理行业的社会监督机制。严禁代理机构代理非正常专利申请的行为，对为骗取资质、资助代理提交非正常专利申请的代理机构和代理人依照有关规定，严加处理。

（2）完善专利代理惩戒制度

完善江西省专利惩戒委员会工作职责，规范江西省专利惩戒委员会履行职责的工作流程。建立江西省专利惩戒委员会定期会议制度，将定期对专利代理服务机构的业绩、服务水平与质量、信誉度等进行考核、评比，优秀的专利代理服务机构给予表彰和奖励，并在资金、项目、人才培养、涉外交流等方面予以政策上的倾斜。

（3）建立和完善信息报送等相关制度

各专利代理机构要建立健全专利申请与授权、专利申请视撤视放、非正常申请、代办资助、落实全省知识产权重点工作情况等信息报送制度；要依照有关规定，及时完善落实机构变更、人员聘用等方面的信息报送备案制度。建立专利代理行业统计调查工作制度。

（4）加强对专利代理机构的业务指导和工作支持

加强专利代理工作调研，了解专利代理机构的经营管理现状，帮助专利代理机构解决遇到的难题。加强对专利代理机构的业务指导，向专利代理机构传达相关业务的新要求，上门指导专利代理机构开展专利信息分析、企业维权及专利预警等业务工作，指导专利代理机构贯彻落实《专利代理服务指导标准》等有关专利代理服务的规定。

（5）加强对专利代理行业的宣传和推介

加大对专利代理工作的宣传力度，增进社会民众对专利代理中介服务事业的认知与认同，引导社会各界尤其是创新主体真正了解、认同专利代理中介服务，重视其在创新中的巨大功能和作用，并自觉借助其力量促进自身创新成果的运用和转化。在江西省知识产权局门户网站设立专利代理服务平台专栏，提高申请人对专利代理服务和专利代理人价值的认知度，培养社会寻求知识产权专业化服务的理念，提高专利代理行业的信誉，树立专利代理行业良好的社会形象。

3. 发挥专利代理行业在实施知识产权战略中的重要作用

（1）鼓励、支持专利代理机构拓展业务范围

支持专利代理服务机构以专利代理服务为主，围绕知识产权代理服务、信息服务、法律服务、商用化服务、咨询服务、培训服务等方面，开展全省十大战略性新兴产业及高新企业在重大技术领域和重大技术创新项目中的专利预警分析、诉讼、无形资产评估、专利权质押融资、专利信息咨询和检索、专利技术交易转让和许可、知识产权（专利）战略研究、专利分析、人员培训、涉外专利事务代理等业务，全面拓展服务范围，推动专利代理机构向专业化、多元化方向发展。支持专利代理服务机构与律师事务所、资产评估公司、专利技术交易机构、生产力促进中心、担保公司和金融机构等建立战略合作关系。

（2）鼓励专利代理服务机构为园区、中小企业和微型企业开展知识产权托管服务

建立和完善有利于省内专利代理机构服务园区、企业的相关制度。支持专利代理服务机构入驻高新区、经济技术开发区、特色产业园区、大学科技园等园区，鼓励有条件的专利代理机构设立办事处或与相关机构联合组建知识产权服务机构，为园区企业提供代理、咨询、检索分析等知识产权全方位的"一站式"服务。

4. 加快专利服务人才队伍建设步伐

（1）加大专利代理服务人才培养力度

有针对性地开展对现有专利代理机构从业人员的教育、培训，广辟培训渠道，创新培训载体，丰富培训内容，拓展培训方式，加强实践锻炼，为全省专利代理行业可持续发展提供人才保障。既要积极争取国家知识产权局、全国专利代理人协会支持，组织开展有针对性的培训活动，又可以引导社会力量进行专利代理人的培养、培训。

（2）做好专利代理人资格考试相关工作

争取自2014年起每年在江西省设置全国专利代理人资格考试考点。深入组织宣传专利代理人考试制度，鼓励符合条件的社会各界人士参加专利代理人资格考试。积极做好考前培训和考务工作，出台奖励政策，努力使江西省成为专利代理人才培训与产出基地。

（3）鼓励专利代理机构多形式、多渠道培养和引进江西省急需的专利代理人才

支持鼓励专利代理机构以多种形式和渠道引进急需专利代理人才，重点引进江西省十大战略新型产业所需高级专利代理人才以及其他学历高、外语好、能胜任知识产权（专利）战略研究和预警机制研究分析或诉讼服务、涉外服务等复合型专利人才。对引进的专利代理人才建立激励机制，设立专利代理行业高级人才专项基金。建立优秀专利代理人数据库，充分发挥专利代理人在专利申请、项目评审、诉讼维权、课题研究等方面作用。研究制定专利代理特派员制度和专利代理人助理制度，完善专利代理人助理的招聘、使用和培养等方面的制度建设。

5. 加强专利代理领域对外合作

积极开展专利代理领域对外合作与交流。制订专利代理行业对外合作与发展计划，鼓励专利代理机构引进和借鉴国外专利中介服务的先进经验和运作模式，通过"引进来、走出去"的方法，充分、有效提升专利代理机构办理涉外专利申请代理、处理涉外知识产权纠纷的能力，促进江西省专利代理中介机构健康发展。

四、保障措施

（一）组织领导

加强组织领导，明确责任，根据规划确定的发展目标和主要任务，制定具体的工作方案、实施意见和配套政策，推进各项任务的落实。

（二）管理协调

建立指导规划实施的组织协调机制，充分发挥各设区市知识产权局、专利代理行业协会、专利代理机构和专利代理人等各方面的积极性，共同推动本规划的组织实施。

（三）经费投入

设立专利代理中介服务发展专项资金，加大专利代理机构的培育，加大专利代理人才的培养。专利代理行业组织要根据规划部署的任务，多渠道筹措配套资金。鼓励专利代理机构配备落实规划的必要资金，共同保障各项任务的落实。

第五章　智力支持
——江西省知识产权两支专员队伍建设

一、队伍建设之一：江西省知识产权特派员工作方案

为深入实施《江西省知识产权战略纲要》和《中共江西省委江西省人民政府关于大力推进科技协同创新的决定》及《江西省人民政府关于进一步加强协同创新提升企业创新能力的实施意见》，充分发挥知识产权对经济发展的支撑作用，促进江西省产业加快转型升级和经济社会发展升级步伐，提升园区和企业核心竞争力，更好发挥知识产权在创新型江西建设中的支撑作用，特制定本方案。

一、建立知识产权特派员制度意义

为了充分发挥知识产权制度在科技、经济发展中的作用，增强江西省企业自主创新能力，有效规避知识产权风险，提升企业知识产权创造、运用、保护和管理能力，实现经济社会又好又快发展，江西省知识产权局将开展知识产权特派员工作。

建立知识产权特派员制度，旨在促进园区、企业提高知识产权意识和运用知识产权制度能力，为企业在知识产权创造、运用、保护和管理提供一站式服务，同时，通过实施知识产权特派员制度，为企业培养和引进高层次知识产权管理人才，推动重点产业和重点行业形成一批具有自主知识产权的产业核心、关键及共性技术，提升企业的核心技术研发能力和产业竞争力。

二、指导思想

以邓小平理论、"三个代表"重要思想和科学发展观为指导，以机制创新为动力，全面贯彻落实党的十八大、十八届三中全会和省委十三届七次、八次会议精神，围绕新形势下江西省"发展升级、小康提速、绿色崛起、实干兴赣"的要求，推进知识产权战略实施，积极探索建立以市场为导向、企业为主体、科研机构、高校和知识产权中介服务机构为依托的产学研中介结合长效机制，推动广大知识产权人才深入企业提供智力服务，不断提高企业的自主创新能力和产业核心竞争力，促进全省经济又好又快发展。

三、基本原则

1. 政府推动，市场导向。各设区市知识产权部门要做好统筹规划、搞好宏观指导、制定政策措施、推动贯彻落实。要按市场经济规律办事，尊重企业创新选择，结合企业知识产权发展目标与阶段，使高校和科研机构的高级知识产权人才与技术专家资源、知识产权中介服务机构的专业服务资源与企业的知识产权发展需求实现有效对接。

2. 立足需求，双方自愿。针对企业的知识产权需求，在各设区市知识产权部门的组织推动下，科研机构、高校和知识产权中介服务机构与企业以自愿为原则，自由协商，双向选择。

3. 大胆探索，形式多样。知识产权特派员在开展工作中，以提高企业创新水平、促进企业知识产权运用能力的提升为根本，根据实际情况，探索知识产权指导、知识产权咨询、知识产权服务承包、知识产权托管等多种形式的工作方式，以形成企业知识产权特派员工作方式的多样化，保障知识产权特派员工作的长效和活力。

4. 双向互动，合作共赢。以知识产权特派员为桥梁，强化企业与高校、科研机构和知识产权中介服务机构开展合作，推动企业技术进步，提高企业知识产权运用水平。高校、科研机构和知识产权中介服务机构贴近市场，开展知识产权教学、科研与中介服务，培养和锻炼知识产权人才，提升高校、科研机构和知识产权中介服务机构知识产权人才培养与服务的整体水平和服务经济社会发展的能力。

四、总体目标

通过开展知识产权特派员工作，引导帮助园区、企业运用知识产权提升核心竞争力，培育一批拥有自主知识产权和知名品牌、具有核心竞争力的企业，助推产业结构升级，加快经济发展方式转变。

五、知识产权特派员的主要任务

1. 帮助制定企业知识产权战略。开展知识产权和自主创新政策宣讲，指导企业制定和实施符合自身发展需要的企业知识产权战略，提高企业对知识产权制度的综合运用能力。提高企业运用知识产权法律、国际规则解决知识产权纠纷能力。

2. 深入企业开展知识产权服务。为企业提供知识产权指导和咨询，进一步推进技术创新成果的知识产权化、商品化和产业化，为企业知识产权纠纷提供咨询和法律援助服务。

3. 提高企业知识产权管理水平。指导企业建立健全知识产权管理制度，针对企业需求，对企业的管理、科研和知识产权工作人员进行普及培训。

4. 促进企业专利运用与产业化。促进重大项目中具有核心竞争力的发明专利技术和产品的产业化，为企业开展知识产权质押融资提供政策指导和法律服务。

5. 开展专利信息服务。结合企业自身发展特点，帮助企业建立本领域专利信息数据库，提高企业研发水平。结合企业重大项目，开展专利预警与分析服务，规避市场风险。

六、知识产权特派员的选派

（一）知识产权特派员选派形式。知识产权特派员小组由省知识产权局组建。小组成员包括知识产权法律工作者、高校或科研单位知识产权专家、专利代理人、专利信息分析专家。

（二）知识产权特派员选派条件。选派的知识产权特派员应具备以下基本条件。

1. 热心基层工作，志愿到生产一线从事知识产权服务。
2. 有一定的知识产权服务经验和实际工作能力。
3. 身体健康，作风踏实。

（三）知识产权特派员选派包括以下步骤。

第一步：组织发动

1. 各设区市知识产权局制定本区域知识产权特派员工作实施方案。
2. 通过多种方式向社会进行广泛宣传动员。

第二步：征集需求

由各设区市知识产权局组织有关单位，根据本区域发展需要，对企业存在的知识产权需求进行调查摸底。

第三步：人员选聘

1. 以分片的形式组成4个服务小组，省知识产权局根据各设区市知识产权局需求提供专家人选。
2. 知识产权特派员确定后，由省知识产权局与知识产权特派员签订合同，并颁发聘书。

七、进度安排

（一）筹划阶段（2014年3月）。制定知识产权特派员实施方案。

（二）选派阶段（2014年4月）。在征集知识产权需求、组建特派员小组的基础上，派出首批知识产权特派员到园区、企业服务。

（三）实施阶段（2014年5月~2014年11月）。在省知识产权局的指导下，各设区市知识产权局具体配合开展知识产权服务。

（四）总结阶段（2014年11月~2014年12月）。在全面考核、绩效评估的基础上，总结经验，表彰先进。

八、保障措施

1. 加强对知识产权特派员工作的领导。省知识产权局对知识产权特派员在工作实施过程中遇到的重大问题进行协调。

2. 切实保障知识产权特派员工作的经费投入。省知识产权局将安排必要的经费支持知识产权特派员工作，各级知识产权部门也要安排必要的知识产权特派员经费，保障知识产权特派员行动计划的顺利实施。

二、队伍建设之二：企业知识产权专员工作职责

为促进江西省产业发展升级和创新升级，提高企业核心竞争力，充分发挥知识产权在社会经济发展中的支撑作用，江西省将着力培养1000名骨干知识产权专员，建立全省知识产权专员队伍。通过企业知识产权专员与特派员的有效对接，建立和完善企业知识产权制度，促进企业知识产权意识提升和能力提高。企业知识产权专员的主要工作内容如下。

一、专利管理事务

1. 制定企业知识产权管理制度。
2. 组织开展企业内部知识产权知识宣传和培训活动，每年不少于1次。
3. 挖掘企业专利，组织专利申请。
4. 建立企业知识产权数据库，定期进行更新，维护。
5. 根据企业实际，积极贯彻《企业知识产权管理规范》。
6. 管理企业知识产权方面的合同，检查执行落实情况并反馈主管领导。
7. 规范专利文档的管理并定期归档，包含但不限于专利申请书、受理通知书、审查通知书、审查答复意见、缴费通知书、授权通知书、授权证书。
8. 制定与知识产权有关的奖励及处罚制度，执行并管理公司与知识产权有关的奖励及处罚决定。
9. 及时缴纳专利年费或申请维持费，维持专利有效；根据相关政策，办理专利申请费用的减免手续。
10. 密切与其他职能部门间的工作配合，协助落实国家及地方对知识产权的扶持政策。
11. 对拟在法定期限届满前放弃或终止的专利，组织论证确认，经批准后放弃或终止，同时对该专利建立档案。
12. 制定企业保密制度，界定涉密人员和岗位；对于侵犯企业商业秘密的行为，进行综合分析，制定应对措施。
13. 制定企业知识产权发展战略或规划。

二、积极开展专利分析和研发咨询

1. 对企业的技术来源进行分析，每年度组织对企业核心技术进行评估及论证。

2. 为避免重复研究，组织对企业的技术创新活动预立项项目进行国内外专利文献检索，通过国内和国外专利申请人分布状况以及专利技术分布状况的分析，了解目前该技术的专利分布情况和整体发展水平，以及确定是否有进一步研发的必要。

3. 通过专利技术分析，了解他人在该技术上的研发方向以及各主要专利的技术内容，为研发工作提供技术指导和设计启发。

4. 通过研发立项前的现有技术专利检索及专业分析，为后续的项目展开提供了充分的技术和法律支持。

三、科学合理地进行专利布局

1. 提出企业专利保护策略，制定阶段性专利申请方案。

2. 建立企业专利档案。

3. 对于开发完成的技术创新成果，经过论证不适于申请专利的，应将其纳入公司商业秘密保护范围，并形成保护方案，定期对保护的有效性进行检查监督。

四、积极参与专利许可谈判等

1. 组织对公司拟转让或许可的专利技术进行评估，提出转让或许可的范围及措施。

2. 组织对公司拟被许可或受让的专利技术进行合理评估，提出可行性方案。

3. 组织专利评估、申请、登记、注册、评估、转让、受让、许可等知识产权事务。

4. 组织技术贸易、技术开发、技术转让及其他相关合同和协议中知识产权条款的起草、审议和洽谈。

五、建立企业专利分析和预警机制

1. 成形的技术创新成果申请专利，专利申请后方可进行成果鉴定、科技评价、评估、评奖、产品展览与销售等会导致技术发明公开丧失新颖性的活动。

2. 主导或委托合作方对公司专利情况进行调查分析，监测市场状况，掌握本行业专利申请及授权情况。

3. 在产品出口或海外参展前，组织对拟出口或参展的国家或地区进行侵权防御性检索和风险评估，对于存在侵权风险的，应当或考虑规避设计方案，或寻求获得合理授权许可，或无效相关障碍专利，以避免出口或参展的侵权风险。

4. 研究分析公司拟引进技术、设备的国外专利信息，提出风险应对方案。

六、积极开展专利维权

1. 对竞争对手和潜在竞争对手进行评估，分析其销售的产品和拟开发的产品是否侵犯企业知识产权，并提出应对策略，每年不少于1次。

2. 对竞争对手和潜在竞争对手涉嫌侵犯本企业专利权的行为，制定应对策略。

第六章 资金配套
——江西省知识产权七大专项资金建设

一、典型企业、典型园区资金支持

企业和园区是知识产权入园强企"十百千万"工程的根本，也是知识产权入园强企"十百千万"工程资金支持的重要主体。因此，在江西省知识产权入园强企"十百千万"工程实施过程中，江西省知识产权局加大对企业和园区的资金支持力度，选取在知识产权工作上具有代表性的优势企业、示范企业和试点园区，给予一定的资金支持，以期起到示范引领作用，并达成辐射带动效应。

具体举措包括了以下几个方面。

1. 制定《江西省知识产权优势示范企业评定管理办法》

（1）目的：积极引导企业充分运用知识产权培育竞争优势，提高企业运用知识产权制度的水平，增强企业的自主创新能力和核心竞争力，深入推进江西省知识产权入园强企"十百千万"工程。

（2）对象：企业。

（3）扶持政策：

①经费扶持。省知识产权局对企业一次性给予3万～10万元的扶持经费，专项用于企业拓展知识产权工作及提升核心竞争力。各设区市、县（区）也应配套相应的扶持资金。

②省知识产权局优先支持优势和示范企业承担"专利技术产业化示范专项计划"，并建立重点联系机制，明确一名局领导、明确一个部门、明确一名专人负责联系，协调解决和帮助处理企业知识产权工作中的实际问题。

③省知识产权局建立优势和示范企业服务绿色通道，提供知识产权维权援助、专利信息导航产业、人才培训培养、专利申请加快、费用减免及资助等专项服务。

④根据试点示范园区的工作需求，免费安排知识产权特派员进企业开展员工培训、制度建设、专利发掘等相应服务，每年不少于2次。

2. 制定《江西省知识产权试点示范园区评定管理办法（试行）》

（1）目的：积极引导工业园区培育竞争优势，促进知识产权优势集聚，提升园区核心竞争力，深入推进江西省知识产权入园强企"十百千万"工程。

（2）对象：国家级高新区、国家级经济技术开发区、国家级农业科技园区和省级工业园区。

（3）扶持政策：

①经费支持。省知识产权局对试点示范园区一次性给予5万~20万元的扶持经费，专项用于园区拓展知识产权工作及提升核心竞争力。各设区市、县（区）应配套相应的扶持资金。

②省知识产权局优先支持试点示范园区承担"知识产权富民强县（区）示范建设专项计划"，并建立园区联系机制，明确一名局领导、明确一个部门、明确一名专人负责联系，协调解决和帮助处理园区知识产权工作中的实际问题。

③省知识产权局建立试点示范园区服务绿色通道，提供知识产权维权援助、专利信息导航产业、人才培训培养、专利申请加快、费用减免及资助等专项服务。

④根据试点示范园区的工作需求，安排知识产权特派团（员）进园区开展相应对接服务和帮助。

二、产业示范、专利实施资金支持

知识产权入园强企"十百千万"工程实施的终极目标为利用知识产权充分支撑社会经济发展和创新驱动发展，要达成这一终极目标关键在于知识产权成果的转化、产业化、市场化。因此，瞄准战略新型产业和具有市场潜力的专利成果，通过资金支持，激励其进行专利产业化、专利市场化、专利效益化等专利实施行为，来实现知识产权对创新驱动发展和社会经济发展的强有力支撑效应。

具体举措包括了以下两方面。

1. 制定《江西省战略性新兴产业专利技术研发引导与产业化示范专项资金项目和资金管理暂行办法》

（1）目的：加快经济发展方式转变，促进专利技术成果转化为现实生产力，在江西省战略性新兴产业领域培育和扶持一批拥有核心专利技术的创新成果形成产业化，发挥示范和引导作用，带动更多企业自觉依靠专利制度，调整和优化产业结构，提高核心竞争力，推动战略性新兴产业发展壮大。

（2）对象：战略性新兴产业领域事业单位和企业。

（3）扶持政策：对经批复实施的项目，由省财政厅会同省知识产权局按预算级次下达资金预算。

2. 制定《江西省专利实施资助项目管理暂行办法》

（1）目的：促进专利技术成果转化为现实生产力，加快有市场前景的专利技术成果产业化步伐，提升专利创造、运用、保护、管理能力和产业竞争力，为江西省经济发展提供强有力的科技支撑。

（2）对象：江西省范围内实施的专利技术成果，包括专利技术成果的孵化、产业化及推广应用。

（3）扶持政策：批准立项项目的项目经费的拨付，按照省财政资金拨付的有关要求办理，项目资金分两次拨付，资助计划下达时拨付70%，剩余部分在项目验收合格后拨付。

三、专利申请、优质专利资金支持

知识产权入园强企"十百千万"工程实施的首要任务是提高江西省的专利拥有量，让企业拥有更多的专利是前提，也是企业专利实施、专利产业化的基础，是整个工程的基石性工作。通过专利资助政策来提升专利申请主体的积极性，才能实现量的积累，继而进一步通过专利奖励政策来激励高质量专利的产生，实现专利量质并提的目标。

具体举措包括了以下两方面。

1. 制定《江西省专利费资助暂行办法》

（1）目的：鼓励本省单位和个人将发明创造申请专利，取得知识产权保护，有效支撑自主知识产权的创造与保护，提高江西省自主创新能力和综合竞争力，促进江西省科学技术进步和经济社会发展。

（2）对象：申请中国发明专利或被授予国外、中国香港和中国澳门发明专利权的，且第一专利（申请）权人的地址在江西省的单位或者个人。

（3）扶持政策：

①已申请中国发明专利的，每件资助人民币500元。

②已被授予中国发明专利权的，每件资助人民币2500元。

③已被授予国外发明专利权的，每件只资助一个国家的发明专利权，资助人民币8000元。

④已授权的中国香港和中国澳门发明专利，每件资助人民币3000元。

⑤专项费用。专项费用是指已被授予中国实用新型专利权或中国外观设计专利权的专项资助。专项费用资助额度为：已被授予中国实用新型专利权的，每件资助

人民币 600 元；已被授予中国外观设计专利权的，每件资助人民币 300 元。

2. 制定《江西省专利奖励办法》

（1）目的：为奖励在自主创新活动中作出突出贡献的专利权人和发明人、设计人，鼓励发明创造成果取得专利权，增强自主创新能力，促进专利成果的转移转化，提升江西省产业核心竞争力，加快建设创新型江西。

（2）对象：优质专利。

（3）扶持政策：省专利奖每次奖励 10 项，每项奖励 10 万元。

四、富民强县、县域发展资金支持

知识产权入园强企"十百千万"工程的实施绝不仅仅是省级层面和地市级层面的工作，还必须深入区域社会经济发展的基础单元即县（市、区）域当中去。通过资金支持，让县域知识产权拥有足够财力和物力，方能使县域成立知识产权行政管理机构和设置知识产权专门管理人员，继而推动县域知识产权工作的开展。通过激励县域知识产权工作积极性带动地市级知识产权工作的进展，继而带动全省知识产权工作的积极性和主动性，形成良好知识产权氛围和态势。

具体举措为：制定《江西省知识产权富民强县示范县建设专项资金项目和资金管理暂行办法》。

（1）目的：鼓励全民发明创造和创新创业，提升县域知识产权创造、运用、保护和管理水平，以知识产权促进县域经济壮大、城乡居民收入增加和地方财政增长。

（2）对象：县（市、区）。

（3）扶持政策：示范县申报立项后，经批复，列入省级项目，分两次下拨项目资金——立项后下达省财政补助资金的 70%，一年后中期检查进展顺利后下达剩余的 30%。

第三篇　实效篇

知识产权入园强企"十百千万"工程实施所带来的实效是多方位的,具体包括:带动整个区域知识产权发展的良好态势,取得知识产权关键工作的重大突破、激发企业产业和园区知识产权创新新动力,涌现一批市县基层知识产权工作典型。知识产权入园强企"十百千万"工程实施的效益也是多层次的,知识产权创造、运用、保护和管理能力均得到大幅提升,包括专利申请量与授权量、万人发明专利拥有量、专利奖数量、专利综合实力、企业创新能力、企业园区专利产业化实施、知识产权行政保护、知识产权制度建设、知识产权人才培育、知识产权文化建设、市县知识产权工作进展等。

第七章 整体态势与重大突破

一、领导批示与指示

1. 2016年，省委书记鹿心社、代省长刘奇等领导对知识产权工作作出重要批示和指示

2016年7月，省委书记鹿心社，省委副书记、代省长刘奇，省委常委、南昌市委书记龚建华，副省长谢茹分别在江西省知识产权局呈报的关于上半年知识产权工作进展的汇报及有关分析专报上作出重要批示。

鹿心社在江西省知识产权局汇报材料上，批示肯定了江西省"上半年专利申请、授权增幅分别位列全国第一名、第三名"。

刘奇批示，"做好知识产权工作，既是实现创新发展的重要支撑，也是营造良好发展环境的重要内容。要借（特色型知识产权强省建设）'试点'之机，坚持以问题为导向，统筹协调，主动作为，努力提升江西省知识产权工作水平"。

龚建华批示，"感谢省知识产权局对南昌市知识产权工作的关心、指导和支持。我市须乘势而进，珍惜荣誉，努力在运营服务上创造新的业绩"。

谢茹批示，"上半年，全省专利申请授权实现量质并进，专利申请增幅列全国第一名，成绩可喜可贺。望再接再厉，继续突出企业主体，抓好知识产权质押融资、专利费减政策落实等服务实体经济的重要工作，更好发挥知识产权支撑发展升级的重要作用"。

2016年7月21日，省知识产权局召开局务会，专题学习贯彻省领导重要批示，研究布置下半年及今后一个时期全省知识产权工作。熊绍员局长提出了4点贯彻落实意见：一是省领导重要批示，充分体现了省委、省政府对科技创新和知识产权工作的高度重视和大力支持，我们要认真领会、倍加珍惜。二是省领导重要批示，是对全省知识产权工作的激励和鞭策。尽管江西省增幅列全国第一，总量上升5位到了第16位，达到全国中位数，但发明专利占比低、知识产权转化不畅、金融服务薄弱等工作差距仍较大，我们要清醒认识、戒骄戒躁。三是省领导重要批示，指出

了知识产权工作的努力方向，全局和全省知识产权系统要以此为契机，积极谋划下半年和今后一个时期的工作，努力在知识产权特色强省和科技创新"5511"工程建设中积累经验、走在前列。四是学习贯彻省领导重要批示，要结合学习贯彻习近平总书记"七一"讲话精神和"两学一做"学习教育，全面加强党的建设和作风建设，努力锻造一支适应科技创新和知识产权形势发展的高素质干部队伍。要始终保持蓬勃朝气、昂扬锐气，始终做到不忘初心、继续前进。

2. 2015 年，时任省委书记强卫、时任省长鹿心社等领导对知识产权工作作出重要批示和指示

2015 年，时任省委书记强卫，时任省委副书记、省长鹿心社，省委常委、常务副省长莫建成，副省长谢茹等省领导分别在江西省知识产权局呈报的关于 2014 年知识产权主要工作情况汇报上作出了重要批示。

强卫批示：工作成效显著，望继续努力。

鹿心社批示：可喜可贺！继续努力。

莫建成批示：专利多少，反映一个地区发展水平和创新能力。近年来江西省受理专利和授权发明专利均有较大幅度增长，说明江西省经济社会以及科技创新向好，处于一个较快发展时期。希望科技部门（知识产权部门）抓住机遇，乘势而为，乘势而上，加大宣传，突出重点、特色，加强体系建设，研究具体政策，激励企业、科研院所创新。为五年决战小康多作贡献。

谢茹批示：成绩可圈可点，值得充分肯定。望总结经验，以务实有效的举措，保持发展好势头。

省委书记强卫、省长鹿心社等省领导对知识产权工作作出批示，肯定知识产权工作成效并提出进一步加快事业发展的要求，给予知识产权部门极大的鼓舞和鞭策。接到批示后，省知识产权局按科技厅主要领导的指示，在局务会上作了专门传达学习，提出要结合贯彻省领导重要批示精神，认真谋划好 2015 年各项工作，积极研究具体落实措施，在更高起点上推进改革创新，进一步抓好新常态下知识产权创造、运用、保护、管理和服务等各项目标任务，融入科技协同创新，谋划知识产权强省建设路径，支撑产业转型和发展升级。

二、专利量质整体态势

1. 2014 年江西省专利申请突破两万件，专利申请与授权增幅均居全国第一

2014 年在全国专利申请量和授权量负增长的大环境下，江西省专利工作取得了可喜的成果，创新升级进一步加快。全省专利申请 25591 件，增幅 51.1%，授权

13831件，授权38.7%，申请量、授权量增幅双双名列全国第一。2014年全年申请总量为2012年的2.05倍，完成了省委十三届七次全会以来确定了专利申请"两年倍增"的既定目标（参见图7-1）。

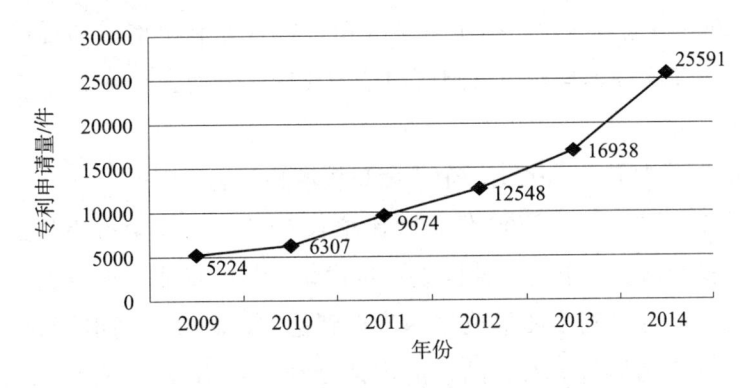

图7-1　2009~2014年江西省专利申请走势图

（1）全年申请量突破两万件，外观设计专利增幅明显

据国家知识产权局权威数据显示，2014年全国专利申请量和授权量分别下降了1.1%和1.5%，江西省逆势上扬，增幅明显。在中部六省排名中，申请量和授权量均超过山西省，摆脱了中部地区末位的帽子。从申请专利的类型上看，全省申请发明专利4689件，同比增长19.3%；实用新型专利11596件，同比增长48.3%；外观设计专利9309件，同比增长79.3%，高于全国平均水平（参见图7-2）。

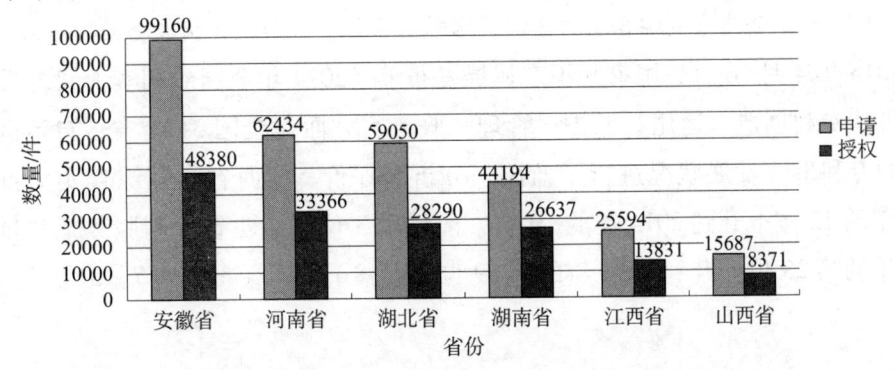

图7-2　2014年中部六省专利申请授权状况图

（2）设区市发展迅猛，鹰潭市、宜春市实现申请量翻番

2014年各设区市在目标的完成中，作出了积极努力，鹰潭市以申请量增幅127.6%、授权量增幅174.5%位居增幅榜第一。宜春市2014年申请量较之2013年同比增长了104.6%。

设区市专利申请状况发展不平衡，从数量上来看，南昌市申请7451件，授权4411件，在数量上排名全省第一。南昌市申请数量全省占比为29.2%，相较于其他省会城市，南昌市的比重偏小，省会龙头作用亟待增强。

在全省县级区域中，42个县实现专利申请量翻番，其中增幅前3位的分别是横峰县（612.5%）、宜黄县（415.4%）和浮梁县（400.0%）。赣州市南康区以申请838件、授权668件连续3年占据全省县（市、区）专利申请量和授权量榜首。新余市渝水区申请833件，宜春市袁州区申请804件，分列全省县（区、市）专利申请第二名、第三名。

（3）申请人结构进一步优化，企业和高校增势显著

2014年全省职务申请15750件，同比增长64.8%，占全省申请总量61.5%，职务申请占比稳定增长。申请人结构进一步优化，其中企业申请专利12180件，同比增长62.8%，企业创新主体地位进一步得到稳固；高校专利申请3063件，同比增长76.0%。从申请质量上看，高校的申请专利中发明占比39.5%，远远高于全省平均水平，成为优化专利质量的主力军。

（4）万人发明拥有量持续提升

截至2014年年底，全省有效发明专利4091件，同比增长22.0%，全省万人发明专利拥有量为0.91件，较之2013年上升了0.16件。南昌市以4.21件的万人发明拥有量遥遥领先其他设区市。超过1件的还有景德镇市（1.42件）和新余市（1.21件）。其他8个设区市均低于全省平均水平。排名最末两位的吉安市和上饶市万人发明拥有量分别仅为0.28件和0.21件，亟须发力追赶。

2. 2014年江西省专利综合实力全国排名前移3位，专利服务指数全国排名前移6位

2015年4月26日，国家知识产权局发布了《2014年全国专利实力状况报告》。该报告从专利创造、运用、保护、管理、服务5方面对全国31个省、自治区、直辖市的专利事业发展状况进行了监测、分析和评价。江西省专利综合实力排名从2013年的22位上升到2014年的19位，前移了3位。江西省专利服务指数排名从2013年的第25位上升到2014年的第19位，前移了6位（参见图7-3）。

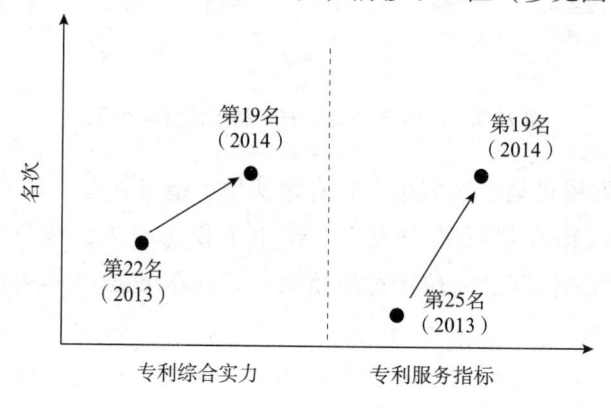

图7-3 江西省2014年全国专利综合实力与服务实力比较图

2014年，江西省知识产权局围绕省委、省政府中心工作，按照国家知识产权局和省科技厅整体工作部署，服务科技协同创新，支撑科技综合实力前移，提出了"力争两年翻番，加大两个专项，长抓四大体系，强攻十百千万"的工作总基调，全面提升江西省知识产权创造、运用、保护、管理和服务水平，多项工作取得突破。

（1）积极出台政策创新举措

江西省委、省政府将知识产权工作提到了前所未有的高度，2014年在市县党委政府综合目标考评中，增加了万人发明专利拥有量考核指标，所占分值由原来的1分增加到1.5分，专利分值权重进一步加大。省科技厅、省知识产权局出台了一系列制度规范，促进知识产权事业进一步向法治化、制度化方向发展。

按照省委全面深化改革工作的要求，目前已代拟江西省人民政府《关于进一步深化知识产权事业改革、促进创新升级的实施意见》、省科技厅等部门《关于强化科技创新管理知识产权导向的意见》等重要文件。

（2）基础能力提升，四大体系建设规划落实到位

在2013年体系建设年的基础上，2014年全省新增专利代理机构5家，同比增长50%，在多年来10家的基础上，总数达15家。专利代理人两年增长了120%，并率先在全国开展了知识产权服务机构入册登记与管理工作，已登记入册30家知识产权中介服务机构。新认定一批推进《企业知识产权管理规范》国家标准（以下简称"贯标"）服务机构，分3批将26家贯标试点企业材料报送至中知（北京）认证有限公司进行评审，14家企业通过《企业知识产权管理规范》国家标准认证审核。

2014年，省知识产权局还积极引导服务机构开展知识产权分析预警、专利导航产业、小微企业托管、质押融资服务等试点示范业务。新增1家国家级知识产权服务品牌培育机构。建立了一批省级战略性新兴产业专利数据库和市县知识产权信息平台。开通了网上资助申报系统、项目网上评审系统和网上专利技术交易转化一站式服务平台。5772家规模以上企业通过"江西省企业专利状况调查"系统参与企业专利状况调查，形成了《江西省企业专利状况调查与分析报告》《江西省高新技术企业专利状况调查报告》、十大战略性新兴产业调查报告及11个设区市企业专利状况调查报告共22份。四大体系规划建设见成效。

（3）专利技术研发引导和产业化示范工作再创新成效

2014年，省知识产权局在省科技厅、省财政厅的支持下，专利技术研发引导与产业化示范专项工作进展顺利，下达专利研发引导与产业化示范专项立项168项，项目经费1200万元，其中产业化79项、研发引导42项、软科学32项、平台建设15项。2015年度江西省发明专利产业化示范专项计划组织申报工作已结束，共受理128项，现进入初审阶段。同时，为实施好知识产权入园强企"十百千万"工

程,省知识产权局在 2014 年上半年、下半年各召开了启动大会和现场推进会,并启动了"优势示范企业"和"试点示范园区"评定工作。首批评定江西省知识产权示范园区 3 家、试点园区 10 家、示范企业 10 家、优势企业 30 家、优势培育企业 42 家,给予引导资金支持。

2014 年,江西省企业专利申请 12180 件,占全省总申请量的 47.6%,同比增长 62.8%,高于全省平均增幅(51.1%)近 12 个百分点;全省企业专利授权 6350 件,占全省总授权量的 45.9%,同比增长 48.2%,高于全省平均增幅(38.7%)近 10 个百分点。

(4)专利申请授权量实现新跨越

2014 年全省共申请受理专利 25594 件(首次超过 2 万件),同比增长 51.1%;授权专利 13831 件(首次超过 1 万件),同比增长 38.7%;两个增幅均位列全国第一。江西省专利申请受理量从 1985 年开始 164 件到 2012 年 1.2 万件,上 1 万件用了 28 年;2013 年 1.69 万件,2014 年达到 2.56 万件,上 2 万件用了两年,达到两年前的 2.06 倍,如期实现"两年倍增"的既定目标。

(5)专利服务工作取得重大进展

2014 年,江西省知识产权局在 2013 体系建设年基础上,全面推进知识产权管理执法、代理服务、公共信息、交易转化四大体系建设,进一步强化知识产权服务能力建设,全省知识产权服务水平达到了新高度。全省新增专利代理机构 7 家,在多年 10 家的基础上,总数达 15 家。专利代理人两年增长了 120%。率先在全国开展了知识产权服务机构入册登记与管理工作,已登记入册 30 家知识产权中介服务机构。新增 1 家国家知识产权服务品牌培育机构。建立了一批省级战略性新兴产业专利数据库和市县知识产权信息平台。知识产权代办业务增长迅速,全省共受理专利申请 26232 件,收费合计 1381 万元,同比分别增长 43.4% 和 30.2%。电子申请率逐月提高到 87.46%,全年受理、收费等保持了零差错率。全省开展各类知识产权培训 261 期,培训 19924 人次,同比增长 93.42%,为进一步全面深入开展知识产权服务工作奠定了坚实基础。

3. 2015 年江西省前三季度专利申请、授权增幅分别位列全国第四名和第三名,专利申请增幅位列中部第一

据国家知识产权局发布数据统计,2015 年 1~9 月,江西省专利申请达 23995 件,同比增长 52.3%,增幅位列全国第四名。授权 16224 件,同比增长 65.5%,增幅位列全国第三名。其中,发明专利申请累计 3899 件,增幅 24.5%;授权 1087 件,增幅 41.9%。实用新型专利申请累计 12652 件,同比增长 73.5%;授权 9125 件,同比增长 82.8%。外观设计专利申请 7443 件,同比增长 39.7%;授权 6011

件，同比增长 48.7%。全省万人发明专利拥有量达到 1.08 件，较 2014 年同期增长了 0.21 件。

从申请地区来看，南昌市以专利申请 6750 件、授权 4342 件占据数量榜第一。在 11 个设区市中，上饶市与鹰潭市申请同比增长均为 107.2%，分别位列增幅榜第一名与第二名；萍乡市等 9 个设区市专利授权量增幅超过 50%，其中萍乡市、抚州市和上饶市 3 个设区市专利授权量增幅翻番，分别为 163.8%、110.1% 和 106.5%（参见图 7-4）。

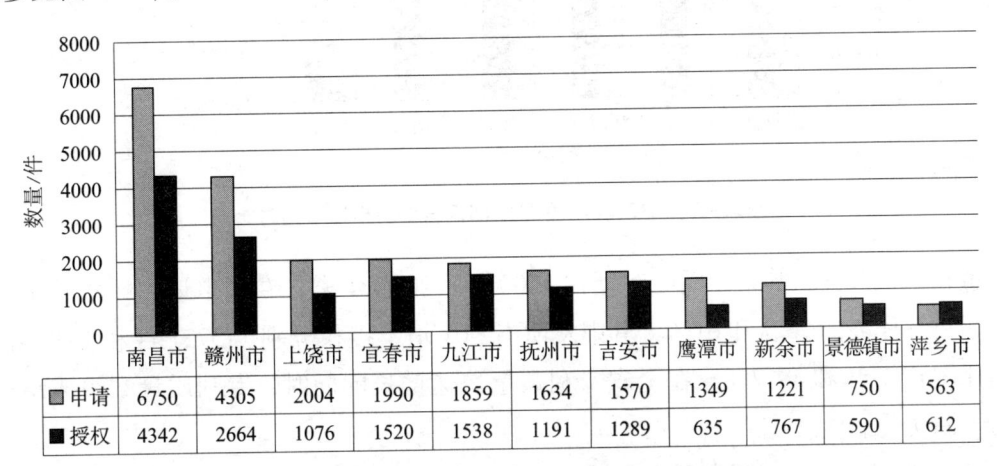

	南昌市	赣州市	上饶市	宜春市	九江市	抚州市	吉安市	鹰潭市	新余市	景德镇市	萍乡市
申请	6750	4305	2004	1990	1859	1634	1570	1349	1221	750	563
授权	4342	2664	1076	1520	1538	1191	1289	635	767	590	612

图 7-4 江西省 2015 年 1~9 月份专利申请与授权情况

就申请类别而言，全省职务申请 14510 件，同比增长 58.0%，占全省申请总量 60.5%。专利申请人结构优化，其中企业专利申请量为 11158 件，占申请总量比重 46.5%，占比较之 2014 年同期上升了 3.5 个百分点。

就中部地区申请对比，截至 2015 年 9 月，江西省已累计专利申请 23995 件，同比增长 52.3%，获授权专利 16224 件，同比增长 65.5%，增幅均列中部地区首位。继 2014 年末完成了省委、省政府下达的全省专利数量两年倍增的计划任务后，江西省专利工作的强劲发展态势依然不减，仍保持了 50% 以上的高速增长，显示了一系列利好政策的缓释作用，"万众创新"的社会氛围正在逐渐形成（参见图 7-5）。

4. 2015 年全省专利申请增幅位列全国第四名，授权增幅位列全国第二

2015 年，江西省专利工作多措并举，稳步推进，全年全省共申请专利 36936 件，同比增长 44.3%，增幅位列全国第四；获授权专利 24161 件，同比增长 74.7%，增幅位列全国第二。"江西速度"令世人瞩目。江西省专利申请授权呈现出以下特点。

专利数量增幅与质量稳定并进。2015 年初，省知识产权局制定了年度专利数量"3615"的工作目标，即全年专利申请 3 万件，其中发明专利申请 6000 件，年度专

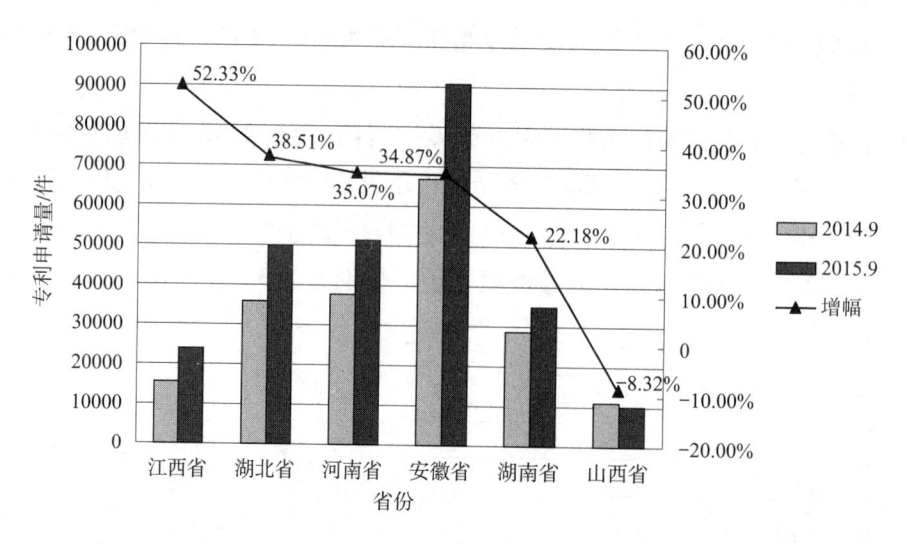

图 7-5　2015 年 1~9 月中部六省专利申请增幅对比

利授权 1.5 万件，其中发明专利授权 1500 件。2015 年末，专利申请和授权数量分别超目标任务的 23% 和 61%，其中发明专利申请、授权分别为 5721 件和 1639 件，同比增长 22% 和 58.7%。在全省专利数量快速增长的同时，专利质量和组成结构也不断优化。

2015 年 6 月，江西省万人发明专利拥有量首次突破 1 件，年末达到 1.18 件，较 2014 年同期增长了 0.27 件。万人发明专利拥有量是"十二五"国民经济发展计划的重要指标，江西省长期以来人口基数大，工作底子薄弱，"十一五"末，江西省万人发明专利拥有量仅为 0.3 件，2013 年以来，省委、省政府将万人发明专利拥有量纳入各级政府考核指标，极大地推动了江西省各类创新主体的创新积极性。

全省 11 个设区市专利申请首次全部超过 1000 件。其中，南昌市申请 9602 件，逼近万件大关，11 个设区市年申请量首次全部超过 1000 件；7 个设区市申请增幅超过 50%，其中上饶市申请同比增长 81.4%，占据首位；萍乡市等 10 个设区市专利授权量增幅超过 50%，其中萍乡市、上饶市、鹰潭市和赣州市 4 个设区市专利授权量增幅翻番，分别为 125.4%、119.4%、104.6% 和 101.2%（参见图 7-6）。

2015 年是"十二五"的收官之年，在省委、省政府和省科技厅的大力支持下，江西省知识产权系统坚持"四以三化"（以数量布局、以质量占优、以效益取胜、以服务支撑，推动创新成果产权化、知识产权产业化、专利资源资本股本化）的总思路，继续加大"两个专项"（知识产权富民强县专项、专利产业化专项），持续推动知识产权入园强企"十百千万"工程，开展知识产权"企业升级年"活动，加大专利保护力度，专利案件量突破 400 件，获批中国景德镇（陶瓷）知识产权快速维权中心（全国第八家、中部地区第一家），以专利申请量和授权量大幅增长为代表的工作亮点频现,为全省创新支撑引领、产业结构优化、转变经济发展方式作出了积极贡献。

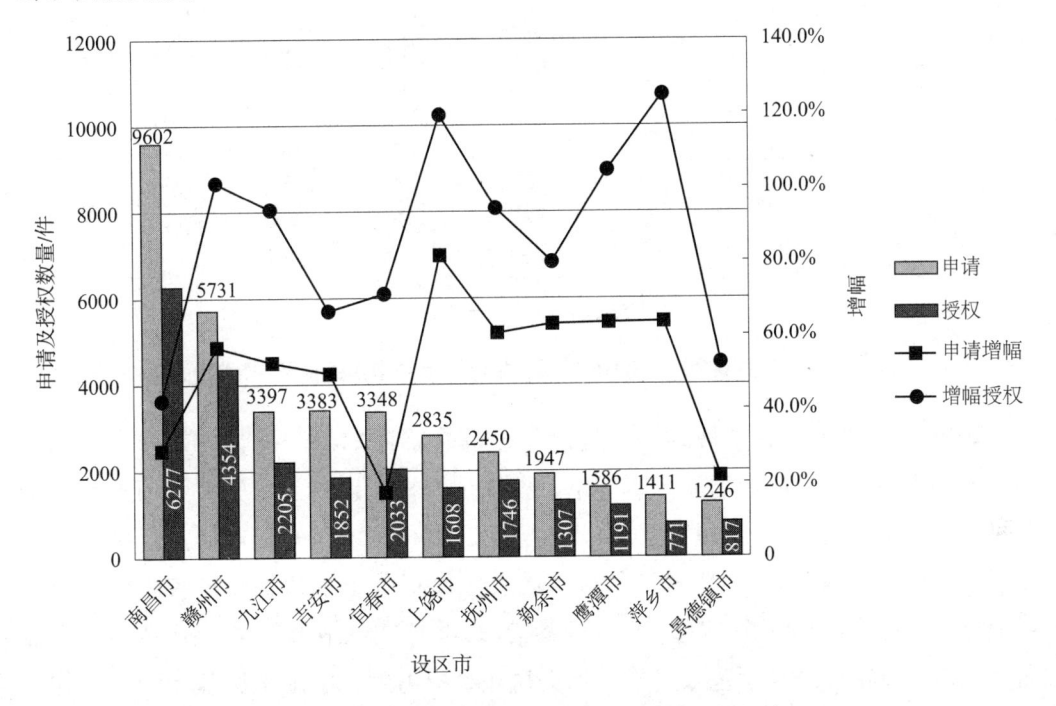

图7-6 2015年江西省各设区市专利申请及授权情况

5. 2016年上半年全省专利申请增幅全国第一

2016年1~6月,江西省抓住列为全国5个建设特色型知识产权强省之一的契机,积极推动专利工作提速增效。全省专利申请受理量达25459件,同比增长74.9%,增幅位居全国第一、总量第16位;专利授权12450件,同比增长23.8%,增幅位居全国第三、总量第17位。发明专利申请受理3213件,增幅34.8%,授权1026件,增幅40.5%;万人发明专利拥有量1.37件,较2015年同期增长了0.34件。上半年江西省专利工作呈现以下特点。

全省专利申请、授权量质并进。上半年全省专利申请量已超2012年全年的两倍,增幅重回全国首位(2014年第一名,2015年第四名),达全国平均增幅的3倍(参见图7-7)。预计全省2016年专利申请受理量有望达6万件,将一举突破4万件、5万件、6万件大关,授权量有望达3万件,万人发明专利拥有量有望超1.6件。在全省专利数量快速增长的同时,质量进一步提升、结构进一步优化。

企业专利申请量、授权量占比实现双过半。上半年全省企业专利申请、授权分别为13484件和6775件,占全省专利申请、授权总量的53%和54.4%,实现占比双过半。全省企业专利申请同比增长112.8%,授权同比增长26.4%,创新主体地位显现。

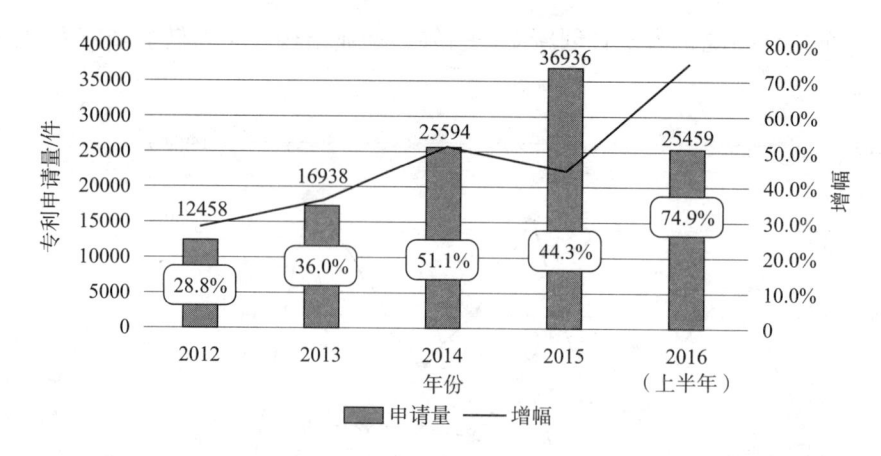

图 7-7 江西省 2012~2016 年（上半年）专利申请数量及增幅情况

2016 年是"十三五"规划的开局之年，也是特色知识产权强省建设的启动之年，上半年在省委、省政府坚强领导下，省知识产权局以深入实施"六项工程"为抓手，强化顶层设计，出台特色强省建设方案，获批国家级知识产权运营平台（重点产业专利运营基金）；拟定贯彻《国务院关于新形势下加快知识产权强国建设的若干意见》（国发〔2015〕71 号）的政策措施；加快十大战略性新兴产业专利产业化、知识产权富民强县示范县建设；加大执法维权力度，中国景德镇（陶瓷）知识产权快速维权中心投入运行。专利的持续快速增长，为全省推进大众创业万众创新、供给侧结构性改革、经济增长提质增效和发展升级作出积极贡献。

三、专利工作重大突破

1. 万人发明专利拥有量达到 1 件

据国家知识产权局统计数据，截至 2015 年 6 月底，江西省万人发明专利拥有量达到 1.03 件，比 2014 年同期增长 24.1%。截至 2015 年 5 月底，江西省万人发明专利拥有量达到 1 件，比 2014 年同期增长 15.4%。

万人发明专利拥有量，是指每万人拥有经国内外知识产权行政部门授权且在有效期内的发明专利件数，是衡量一个国家或地区科研产出质量和市场应用水平的综合性指标。在 3 种专利类型中，发明专利的技术含量最高、创新价值最大、核心竞争力最强，保护期也最长，达到 20 年。发明专利最能体现一个地区自主创新能力，它既是一种无形的知识财产，又能通过工业生产和制造转化成现实财富，是国家和地方经济发展的重要助推力量。

长期以来，江西省万人发明专利拥有量指标在全国处于落后形势，2013 年以来，江西省大力加强专利申请，尤其是发明专利申请的支持力度，面向全省开展

"专利产业化"专项和"知识产权富民强县"专项,确立了"四以三化"(以数量布局、以质量占优、以效益取胜、以服务支撑、推动创新成果产权化、知识产权产业化、专利资源资本化)的工作思路,并在2014年底圆满完成了专利申请量"两年倍增"的阶段性目标,各类创新主体的自主创新能力得到充分调动,企业、高校专利申请量连续翻番,为江西省万人发明专利拥有量快速增长奠定了良好的基础。

2. 中国专利金奖零突破

2014年第十六届中国专利奖评选结果揭晓,南昌欧菲光显示技术有限公司的发明专利"图形化的柔性透明导电薄膜及其制法"荣获十六届中国专利金奖,这是自1989年中国专利奖设立以来,江西省首次获得中国专利金奖。该奖项由国家知识产权局和世界知识产权组织共同授予。

另外,中国瑞林工程技术有限公司等3家企业的专利项目获中国专利优秀奖,江铃汽车股份有限公司的"汽车(SUV)"获得中国外观设计优秀奖,江西省知识产权局获得最佳组织奖。

五年来,江西省已有16个项目获中国专利奖,2014年获奖数量是历届中国专利奖江西省获奖项目之最,并实现了江西省中国专利金奖"零突破"。近年来,江西省积极推进企业提升知识产权创造和运用水平,加强政策引导,强化服务手段,启动了"专利产业化""知识产权富民强县"建设两个专项、知识产权入园强企"十百千万"工程,大大地激发了企业和园区申请、转化、应用专利的积极性,企业知识产权意识不断增强,专利产业和运用水平不断提高(参见表7-1、图7-8)。

表7-1 2010~2014年中国专利奖江西获奖情况表

奖项名称	获奖项目数量/个				
	2010年第十二届中国专利奖	2011年第十三届中国专利奖	2012年第十四届中国专利奖	2013年第十五届中国专利奖	2014年第十六届中国专利奖
专利金奖	—	—	—	—	1
专利优秀奖	4	2	1	4	3
外观设计优秀奖	—	—	—	—	1
合计	4	2	1	4	5

3. 获批国家知识产权培训(江西)基地

2014年3月,国家知识产权局正式批复同意在华东交通大学成立国家知识产权培训(江西)基地,这是在江西省设立的首个国家级的知识产权培训基地,也是全国依托包括中国科技大学、同济大学、大连理工大学等著名高校在内设立的第21家国家知识产权培训基地。

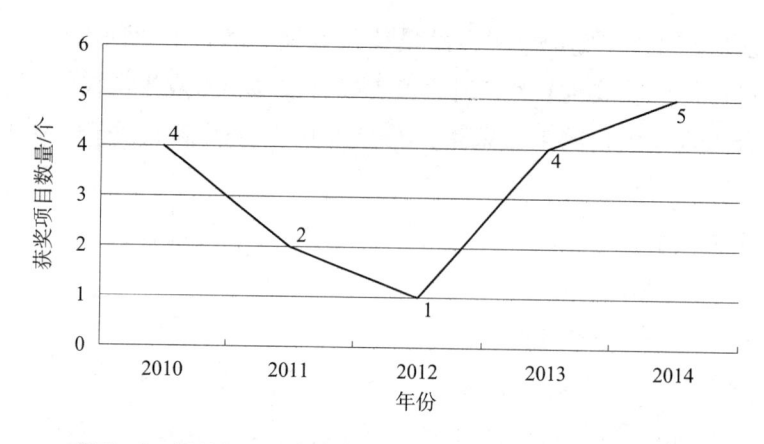

图 7-8　2010~2014 年中国专利奖江西获奖情况总量走势图

华东交通大学是一所省部共建的综合性大学，学科门类齐全，办学特色鲜明，是江西省较早开展知识产权教学和研究的单位。该校率先在全国工科高校开设"专利法"公共选修课，开设了知识产权方向双学位、知识产权法学硕士和知识产权管理硕士学历教育；与江西省知识产权局合作共建了"江西省知识产权培训中心"，开设了面向政府知识产权管理人员、企业知识产权管理人员、知识产权中介服务人员等系列培训。华东交通大学是全国首批与中国知识产权培训中心合作开设《知识产权法律基础》网络课程远程教育的高校，依托网络教程，为社会培养了各类符合时代要求、多层次、复合型知识产权专业人才，同时该校是江西省 4 个法学一级学科单位之一，是江西省 5 个卓越法律人才培养基地之一，具有丰富的知识产权教学、科研和培训经验。

国家知识产权培训基地经过一系列严格申报、评审、实地考核，正式落户江西省，是国家知识产权局为贯彻《国家知识产权战略纲要》《国家中长期人才发展规划纲要（2010~2020 年）》及《知识产权人才"十二五"规划》，加强知识产权人才队伍建设而采取的重要举措。国家知识产权培训（江西）基地成立将有助于充分发挥既有的资源优势，在加强培训基地管理、完善培训基地设施、强化师资队伍建设、大力提高培训水平和质量的基础上，承担国家级和省级知识产权人才培养任务，同时在知识产权研究、社会咨询等方面发挥重要职能作用，为加快江西省知识产权人才队伍建设作出应有贡献。

4. 获批中国景德镇（陶瓷）知识产权快速维权中心

2015 年 12 月 15 日，国家知识产权局批复同意设立"中国景德镇（陶瓷）知识产权快速维权中心"。这是全国第八家，也是中部地区第一家获批成立的知识产权快速维权中心。

成立之后的景德镇快速维权中心将围绕景德镇陶瓷产业，通过建立陶瓷知识产权（专利）快速授权、确权、维权通道，为景德镇陶瓷产业创新发展营造更健康的知识产权保护环境。快速授权，即陶瓷专利申请可在景德镇本地申请、审批，获授权时间将大大缩短，如外观设计类专利的授权时间将由现在的平均 3 个月缩短到 3~5 个工作日；快速确权，即在发生专利纠纷时，景德镇（陶瓷）快速维权中心能够通过连接国家知识产权局的内网系统，以最快的速度对纠纷所涉及的专利是否具有新颖性、创造性、实用性予以确认；快速维权，即对陶瓷产业知识产权纠纷，快速维权中心能够快速立案、快速调解，达到快速维权的目的。

支持景德镇申报陶瓷知识产权快速维权中心，是省知识产权局 2015 年的重点工作之一。从筹备之初，局班子便高度重视，多位局领导和相关处室负责同志多次前往景德镇亲自调研督促，指导景德镇市有关部门形成申报工作方案，积极与国家知识产权局相关司局沟通，汇报筹备工作情况，并从省专利专项经费中给予筹备工作经费支持。

截至目前，国家知识产权局批复的 8 家快速维权中心，都是围绕特色产业和创新能力强、知识产权纠纷普遍、知识产权保护诉求强的产业集聚区建立。景德镇（陶瓷）知识产权快速维权中心的获批设立，表明景德镇陶瓷产业的知识产权聚集效应已经得到了国家层面的认可和支持，快速维权中心正式运行后，将从根本上转变景德镇陶瓷产业知识产权保护的模式，推动全省知识产权保护工作水平迈上新台阶。

5. 获得国家技术发明一等奖

2016 年 1 月 8 日，一个载入江西史册的日子，在人民大会堂隆重召开的国家科学技术奖励大会上传来重大喜讯，江西省获得国家技术发明奖一等奖，分量之重，前所未有！习总书记亲自为国家技术发明奖一等奖获得者南昌大学江风益教授颁奖，荣誉之高，前所未有！

南昌大学江风益教授等完成的"硅衬底高光效 GaN 基蓝色发光二极管"获奖项目是 2015 年国家技术发明奖获奖项目中唯一的一等奖，也是江西省自主创新成果首次荣获国家技术发明奖一等奖，实现了江西省历史性突破。这标志着江西省科技创新能力有了重大提升，江西省科技发展实现重大历史性跨越，凸显近年来省委、省政府大力实施创新驱动发展战略取得的显著成效。

LED 照明具有重大节能减排价值，是国内外重点发展的战略性新兴产业。现有的三条 LED 照明技术路线，分别是蓝宝石、碳化硅和硅衬底 GaN 基 LED 技术路线。其中，前两条路线分别是以日本和美国为主发展起来的，主要贡献者分别获得日美两国最高科技奖，第一条路线的 3 位主要发明人还获得了 2014 年度诺贝尔物理学奖,第三条路线是由我国发展起来的,即江风益教授及其团队的发明成果。

"硅衬底高光效 GaN 基蓝色发光二极管"项目经过近 10 年的技术攻关和生产实践,发明和不断完善了第三条 LED 照明技术路线,具有完整的自主知识产权,冲破了国外的专利束缚,产品在市场上形成独特的优势,有力地提升了我国 LED 技术在国际上的地位。

在硅衬底上制备 GaN 基 LED 一直是业界梦寐以求的事情。然而由于硅和 GaN 这两种材料巨大的晶格失配和热失配导致的外延膜龟裂、晶体质量差,以及衬底不透明导致的出光效率低等问题长期未能解决,致使业界普遍认为,在硅衬底上制备高光效 GaN 基 LED 是不可能的。该项目组经过 3000 多次实验,攻克了这一世界难题,发明了在材料生长和芯片制造过程中克服巨大张应力的方法、结构和工艺技术,在国际上率先研制成功高内量子效率硅衬底蓝光 LED 外延材料和高取光效率高可靠性单面出光蓝光 LED 芯片,并率先实现了产业化,获授权发明专利 68 项,其中美国发明专利 19 项。基于本项目成果,关联企业推出了 30 多种产品,形成了硅衬底 LED 上、中、下游产业链,产品在国内外通用照明和特种照明中得到推广应用,节电 40%~80%。

第八章 优势企业与新型产业

一、知识产权力促"降成本优环境"

1. "降成本优环境"专项行动政策解读

2016年4月,江西省省委、省政府发布《中共江西省委 江西省人民政府关于开展降低企业成本优化发展环境专项行动的通知》(以下简称"'降成本优环境'专项行动"),并发布《关于降低企业成本优化发展环境的若干意见》(以下简称《降成本优环境若干意见》)和《降低企业成本优化发展环境专项行动重点任务分工表》。"降成本优环境"专项行动以"深入推进供给侧结构性改革,切实降低企业成本,优化企业发展环境,提升企业盈利能力,促进全省经济持续健康发展,确保实现'十三五'良好开局"为基本目标,旨在"帮助企业减轻负担,增强盈利能力,保持竞争优势,助推转型升级,为全省经济持续稳定增长增添新动力"。

"降成本优环境"专项行动从"切实降低成本"和"着力优化环境"两个维度共计80项政策措施来帮助企业降压减负。《降成本优环境若干意见》80项相关政策措施瞄准江西省实体经济发展困境和症结,紧紧抓住企业这一市场主体,以实实在在的政策优惠和红利来解决企业发展的关键问题,支撑江西省经济平稳较快增长。

80项政策措施中涉及知识产权的政策共计5项:①第18项关于银行业金融机构融资服务创新政策中规定,引导银行业金融机构探索创新专利权新型质押方式,支持民营企业采用知识产权质押融资;②第66项关于加强知识产权保护与降低维权成本政策中规定,加强知识产权保护,保持打击侵犯知识产权和制售假冒伪劣产品的高压态势,严厉查处伪造和冒用厂名厂址、国家地理标志保护产品等违法行为,保护专利、知名品牌免受非法侵害,降低企业自身的维权成本;③第3项关于企业研发费加计扣除政策中规定,对符合条件的纳税人提供技术转让、技术开发和与之相关的技术咨询、技术服务免征增值税;④第30项关于企业人才优惠政策中规定,对个人以技术等非货币性资产投资取得股权,一次性缴纳个人所得税有困难的，可按规定分期缴纳；⑤第71项关于"互联网＋"信息技术引导政策中规定，完善支持企业转型和技术创新的政策措施，加大降成本技术的推广力度，引导企业提高生产效率（参见表8－1）。

表8－1 江西省"降成本优环境"专项行动政策解读

两大维度	12个层面	80项政策措施（关键词解读）
切实降低成本	（一）落实税收优惠政策	1.营改增税收试点政策；2.高企税收优惠政策；3.企业研发费加计扣除政策（★）；4.固定资产加速折旧所得税政策及研发设备优惠政策；5.企业兼并重组税收优惠政策；6.小微企业税收优惠政策；7.国有企业改制税收优惠政策；8.二手设备税费优惠政策；9.房地产企业土地增值税优惠政策；10.困难企业税费缓收政策
	（二）大幅度降低涉企收费	11.清理规范行政事业性收费和涉企经营服务性收费；12.政府性基金清理政策；13.清理规范社会团体及行业协会商会收费；14.三年内免收探矿权使用费；15.国有企业改制土地出让金优惠政策
	（三）有效降低企业融资成本	16.财政资金与信贷资金优惠政策；17.银行业金融机构企业贷款流程优化政策；18.银行业金融机构融资服务创新政策（★★）；19.财园信贷通、财政惠农信贷通优惠政策；20.小微企业、"三农"信贷支持政策；21.基层金融机构市场准入和小微企业融资优惠政策；22.民间融资机构政策；23.融资工具创新政策；24.众筹融资和私募基金政策；25.融资担保政策；26.清理银行业收费
	（四）合理降低企业人工成本	27.降低社会保险费政策；28.困难企业五险费用优惠政策；29.职工教育培训经费优惠政策；30.企业人才优惠政策（★）；31.失业保险优惠政策
	（五）适度降低企业用能用地成本	32.工商用户及农业加工用电优惠政策；33.购电交易政策；34.电价市场化改革政策；35.电价季节性改革；36.新增工商业电力用户优惠政策；37.工业用地出让优惠政策；38.土地开发使用政策；39.土地优化利用优惠政策；40.企业用地用房创新政策
	（六）进一步降低企业物流成本	41.物流企业"一照多址"及税收优惠政策；42."互联网＋货物运输服务税收管理"政策；43.省内货车年审及保险费优惠政策；44.物流运输创新政策；45.物流信息及平台优化政策；46.物流标准化行动；47.城市配送成本优化政策；48.公路计重收费优化政策；49.交通执法规范化政策；50.港口机场铁路经营性收费规范及优惠政策；51.海关规范高效政策
	（七）积极降低企业财务成本	52.专项转贷基金与存量资源证券金融创新政策；53.转贷债券政策；54.装备产品投保优惠政策；55.出口退（税）优惠政策；56.银行票据业务规范化政策；57.工程建设保证金规范政策；58.矿山企业保证金优惠政策；59.土地使用权及采（探）矿权有偿处置优惠政策；60.采矿权价款滞纳金优惠政策

续表

两大维度	12个层面	80项政策措施（关键词解读）
着力优化环境	（一）提高行政服务效率	61. 行政服务标准化和高效化政策；62. 行政服务中心完善和高校政策；63. 公共资源交易平台体系化和规范化政策；64. 行政审批中介服务优化政策
	（二）完善市场监管体系	65. 综合执法体制改革政策；66. 加强知识产权保护与降低维权成本政策（★★）；67. 涉及定价的市场公平竞争政策；68. 信用环境优化政策
	（三）支持企业内部挖潜	69. 两化融合优化政策；70. 产业集群平台及资金优惠政策；71. "互联网+"信息技术引导政策（★）；72. 国有企业社会职能转移政策
	（四）帮助企业开拓市场	73. 政府（企事业）采购鼓励政策；74. 龙头企业支持小微企业鼓励政策；75. "一带一路"国际合作优惠政策；76. 企业参展及国际化优惠政策
	（五）打造良好营商环境	77. 招商引资优惠政策梳理处理政策；78. 涉企费用督查检查政策；79. 企业负担投诉举报快速反应受理机制构建；80. 企业发展环境监督机制构建

注："★"代表与知识产权的关联度。

2. 知识产权力促企业"降成本优环境"的实践成效

（1）整体情况

省知识产权局按照省委、省政府关于开展"降成本优环境"专项行动的统一部署，多措并举抓好落实，在降低企业知识产权活动成本方面做了大量工作并取得了初步成效。

一是着力降低企业知识产权创造成本。安排省级专利资助专项资金用于资助授权发明专利和PCT专利申请，预计全年全省各级政府将为企业节约知识产权创造成本逾3000万元；并通过简化专利资助网上申报审批流程，提高服务效能；实行专利费用减缓新政策，一年可为专利申请人节约成本5000万元。二是着力降低企业知识产权融资成本。与中国邮储银行江西省分行等6家银行签订了《知识产权质押融资战略合作协议》，为企业搭建知识产权融资平台，上半年全省知识产权质押融资突破2.4亿元，同比增长700%，为企业优秀专利的成果转化提供了资金支持。三是着力降低企业知识产权维权成本。加大对企业知识产权维权援助力度，为企业知识产权纠纷和案件提供智力和资金支持；中国景德镇（陶瓷）知识产权快速维权中心投入运行，景德镇地区的陶瓷外观设计专利的授权时间由原来的3个月缩短至一周。四是着力降低企业知识产权服务成本。探索专利运营运作模式，南昌市被确定为重点产业知识产权运营服务试点城市，获得国家财政4000万元支持，力争以此为母基金建立2亿～3亿元市场化基金池，有效促进企业知识产权转化运用，推动重点产业科技创新、结构调整和转型升级。五是着力加强知识产权行政保护。强化制度设计，制定出台了《关于进一步加强知识产权（专利）执法维权工作的意见》，加大知识产权侵权、假冒行为惩治力度。通过与南昌华南城等9家首批电商知识产权保护合作单位签订了《电商知识产权保护合作备忘录》，探索电商新业态领域保护新模式。

（2）知识产权质押融资助推企业降成本

近年来，在省委、省政府的高度重视和正确领导下，省知识产权局致力于解决科技型中小微企业知识产权融资难题，鼓励金融创新，加强知识产权资源与金融资源的有机结合，推进双创四众健康发展。2015年全省实现知识产权质押融资1.09亿元，同比增长4.5倍，2016年1~6月全省知识产权质押融资达2.4亿元，是2015年全年融资额度的220%，同比增长700%，开局良好、成绩喜人。

2016年3月，召开了全省知识产权金融服务推进会暨政银企对接会，省知识产权局与北京银行等6家银行签订了知识产权战略合作协议，6家银行将提供55亿元的融资授信，促进了银行资本与知识产权资源的有效结合。为推进知识产权融资工作的深入开展，江西省还培育了一批知识产权质押融资试点单位。九江市经济技术开发区被列为国家知识产权质押融资试点，九江市、赣州市、新余市和共青城市知识产权局被列为全省首批知识产权质押融资试点单位。通过一年试点工作的开展，各试点单位结合本地实际，积极推动知识产权资本化与产业化，为辖区的经济和社会发展提供知识产权支撑。

（3）专利费减政策帮助企业年减负5000万元

2015年末，国务院印发《国务院关于新形势下加快知识产权强国建设的若干意见》（国发〔2015〕71号），该若干意见第30条"加大财税和金融支持力度"中明确规定，要制定专利收费的减缴办法，合理降低专利申请维持费用。

同日，国家知识产权局专利局印发《关于专利年费减缴期限延长至授予专利权当年起前六年的通知》，明确自2016年1月1日起，延长专利年费减缴时限，由现行的授予专利权当年起前三年延长为前六年。专利费用减缓政策的落实，对降低企业专利申请维持费用具有显著的现实意义。目前，费减前一件发明专利申请费为900元，实质审查费为2500元，一件发明专利前三年每年年费为900元，而江西省许多重点企业平均每年因费减政策少缴纳的专利费用就有几十万元。

以江西省2015年度全年专利申请量36936件、授权量24161件为依据进行测算，按照国家专利费减政策，可以减缓缴纳申请费2600万元、年费1200万元，考虑历年授权专利缴纳年费情况，预计2016年可为企业减负5000万元以上。

不忘初心，继续前进，省知识产权局将以国家知识产权局专利费用减缴电子备案系统上线工作为契机，持续做好国家专利费用减缓政策的宣传和贯彻，做优各项服务工作，切实减轻企业负担，降低企业生产成本，优化经济发展环境，促进江西特色知识产权强省建设。

二、知识产权强化企业转型升级

1.2014 年江西省企业专利申请、授权十强公布，引领示范作用明显

2014 年江西省企业专利发展迅猛，2014 年 1~12 月全省企业专利申请 12180 件，占全省专利申请总数的 47.6%，同比增幅 62.8%；授权 6350 件，占全省专利授权总数 45.9%，增幅 48.2%。据《2014 年江西知识产权年报》发布，江西省 2014 年企业专利申请授权十强揭晓，江西洪都航空工业集团有限责任公司以全年申请量 360 件位居 2014 年全省企业专利申请榜第一名，南昌欧菲光科技有限公司名列申请第二名、授权第一名（参见表 8-2、表 8-3）。

表 8-2　2014 年江西省企业专利申请十强　　单位：件

企业名称	发明	实用新型	外观设计	总计	排名
江西洪都航空工业集团有限责任公司	153	204	3	360	1
南昌欧菲光科技有限公司	93	141	0	234	2
江西稀有金属钨业控股集团有限公司	69	61	0	130	3
南昌欧菲生物识别技术有限公司	73	53	0	126	4
江西铜业股份有限公司	8	105	0	113	5
江西雄鹰铝业股份有限公司	3	30	73	106	6
江铃汽车股份有限公司	23	72	10	105	7
江西九华药业有限公司	10	20	70	100	8
江西合力泰科技股份有限公司	24	45	0	69	9
新余钢铁集团有限公司	34	32	0	66	10

表 8-3　2014 年江西省企业专利授权十强　　单位：件

企业名称	发明	实用新型	外观设计	总计	排名
南昌欧菲光科技有限公司	16	161	0	177	1
江西铜业股份有限公司	6	134	0	140	2
江西洪都航空工业集团有限责任公司	12	103	0	115	3
江西雄鹰铝业股份有限公司	0	45	47	92	4
江铃汽车股份有限公司	3	59	5	67	5
吉安长江生物药业有限公司	0	0	63	63	6
江西稀有金属钨业控股集团有限公司	25	37	0	62	7
中国瑞林工程技术有限公司	15	46	0	61	8
江西合力泰科技股份有限公司	0	54	0	54	9
南昌欧菲生物识别技术有限公司	0	48	0	48	10

2014年在江西省知识产权局知识产权入园强企"十百千万"工程的强力推动下，在两年倍增及"四以三化"（以数量布局、以质量占优、以效益取胜、以服务支撑，推动创新成果产权化、知识产权产业化、专利资源资本化）的工作思路指导下，企业的自主创新能力得到充分调动，创新主体地位得到进一步巩固。

2. 2014年江西省首家专利申请过千件企业诞生，全年共5家企业专利过千件，专利过千件的工业园区达到4个

2014年4月24日，世界知识产权日前夕，江西铜业股份有限公司专利申请量达到1032件，成为江西省首个专利申请过千件的企业。

据了解，江西铜业股份有限公司专利申请量从2006年的8件起到2014年4月突破千件，增长超过了100倍，专利获授权量从8件增长到725件，增长了90多倍，年均复合增长率达到102%。

专利申请量、授权量持续有力增长，得益于江西铜业股份有限公司加大科技创新，以自主知识产权强力支撑企业超常规高速发展，以及近年江西省专利产业化专项和知识产权入园强企"十百千万"工程，对江西铜业股份有限公司的政策激励效应逐步显现。8年来，江西铜业股份有限公司从专利无人问津到成立专门的知识产权部，开展知识产权战略推进，制定《江西铜业股份有限公司知识产权管理办法》《江西铜业股份有限公司职工发明创造和专利申报审查暂行规定》等系列规范制度，建立起从创造到保护的知识产权管理规范体系。大力激励发明创造，江西铜业股份有限公司加强自主研发平台建设，成功创建"国家铜冶炼及加工工程技术研究中心""江西铜业股份有限公司技术中心""江西铜业股份有限公司院士工作站""江西铜业股份有限公司博士后工作站"4个科研平台，知识产权创造能力大幅提升，成立至今共获省部级以上科技进步奖励166项，其中国家科技进步一等奖1项，二等奖3项。

通过加大对自主发明专利的转化实施，江西铜业股份有限公司知识产权运用水平不断提高。其中，发明专利"一种钼焙砂处理工艺"获得省政府授予的"江西省第二届专利奖"。发明专利"一种废渣选铜尾矿处理方法"获得世界知识产权组织、国家知识产权局授予的第十五届中国专利奖优秀奖。除知识产权的申请及维护外，加强专利分析、风险防范与产业导航，江西铜业股份有限公司还建立起包含50万条国内外专利文献信息的专利专题数据库。2013年7月，江西铜业股份有限公司知识产权管理规范试点工作顺利通过"江西省企业知识产权管理规范试点验收小组"评审验收，成为贯彻《企业知识产权管理规范》国家标准达标单位。

另外，2014年，江西省专利过千件的工业园区达到4个，江西铜业股份有限公

司、江西洪都航空工业集团有限责任公司、南昌欧菲光科技有限公司、泰豪科技股份有限公司、江铃汽车股份有限公司5家企业的专利超千件，企业专利占比逐月提升。知识产权优势企业引领、示范、辐射作用显著。

3. 2014年，江西省企业知识产权"贯标"、省级知识产权优势示范企业评选、省级知识产权园区评选工作迅速开展

(1) 2014年，江西省14家企业获知识产权管理体系认证

2014年12月，江西省江铃汽车股份有限公司等14家企业通过《企业知识产权管理规范》（GB/T 29490—2013）标准认证审核，获得了由中知（北京）认证有限公司颁发的认证证书。据悉，首批通过知识产权管理体系审核认证的企业共145家。

《企业知识产权管理规范》国家标准为不同规模、不同领域、不同发展阶段的企业提供了一种基于过程方法的企业知识产权管理模型，指导和规范企业完善知识产权管理体系。江西省作为首批"贯标"工作的6个试点省份之一，于2012年在全省范围内开展了企业"贯标"工作。通过政策引导、服务指导、宣传培训，现已有300多家企业申报开展"贯标"工作，形成了500余人的企业知识产权管理体系管控师队伍。江西省首批"贯标"的14家企业将发挥示范带动作用，形成标准运行的长效机制，健康持续发展。江西省知识产权局将继续全面推行知识产权"贯标"工作，加强与横向部门协调和纵向各级联动，完善"贯标"工作的支持工作，推动咨询服务机构能力建设，扎实推进"贯标"工作与省级知识产权示范、优势企业和优势企业培育紧密结合，形成全面提高企业知识产权管理水平的工作体系。

(2) 江西省开展省级企业知识产权优势示范工作

为贯彻实施《国家知识产权战略纲要》和《江西省知识产权战略纲要》，深入推进全省知识产权入园强企"十百千万"工程，加快形成一批拥有自主知识产权和知名品牌、国际竞争力较强的企业，根据《江西省知识产权优势示范企业评定管理办法（试行）》的有关要求，2014年江西省知识产权局组织了首批知识产权示范、优势企业及优势培育企业的申报工作，在有关部门和各地方的推荐下，经评审，确定江西稀有金属钨业集团控股有限公司等10家企业为首批江西省知识产权示范企业；仁和（集团）发展有限公司等30家企业为优势企业；蓝星化工新材料股份有限公司、江西星火有机硅厂等42家企业为优势培育企业。知识产权优势、示范企业工作期限3年，优势培育企业培育期限为1年。

开展企业知识产权示范、优势及优势培育工作将着力于引导企业充分运用知识产权培育竞争优势，提高企业运用知识产权制度的水平，增强企业自主创新能力和

核心竞争力。省知识产权局及各设区市知识产权局将加强组织引导，帮助示范、优势及优势培育企业做好知识产权工作，建立服务绿色通道，提供知识产权维权援助、专利信息导航产业、人才培训培养、专利申请加快、费用减免及资助等专项服务。

（3）江西启动省级园区知识产权试点示范工作

为扎实推进全省知识产权入园强企"十百千万"工程，积极引导园区和企业充分运用知识产权培育竞争优势，提升园区和企业核心竞争力，使知识产权成为江西省创新升级和发展升级的重要支撑，2014年，根据《江西省知识产权试点示范园区评定管理办法（试行）》有关要求，经评审，确定南昌高新区、萍乡经济技术开发区、新余高新区3家园区为首批省级知识产权示范园区，九江经济技术开发区、景德镇陶瓷工业园区、鹰潭高新区、赣州经济技术开发区、江西南康经济开发区、宜春经济技术开发区、樟树工业园区、丰城高新技术产业园区、井冈山农业科技园及东乡经济开发区10家园区为首批省级知识产权试点园区。

首批省级知识产权试点示范园区将着力于建立和完善园区的知识产权创造、管理、保护和服务工作机制，推动园区自主创新成果的知识产权化、商品化和产业化，培育一批拥有自主知识产权、带动力强、市场竞争力突出的企业和企业集团。江西省知识产权局将充分发挥好首批省级知识产权试点示范园区的重要作用，探索知识产权工作与园区的技术创新、产业发展和招商引资有机结合的新途径和新方法，促进园区增长方式转变，建立园区知识产权统计制度，及时、准确掌握园区知识产权现状，形成园区知识产权试点示范工作新鲜经验。

4. 2015年上半年江西省企业专利授权量占全省总量过半

2015年1~6月，江西省企业专利工作快速发展，取得了显著成果。江西省企业申请专利6337件，占申请总量比重43.5%；授权5361件，占比53.3%，比重较之2014年同期上升了4.2个和9.5个百分点。专利申请授权分别增幅63.2%和116.0%，均高于全省平均水平。企业专利授权量占比过半，标志着随着经济发展方式的加快转变，江西省企业创新主体地位牢固确立。在企业专利总量中，技术含量最高、代表企业核心竞争力的发明专利增幅平稳。2015年1~6月，企业发明申请928件，同比增长16.3%，占全省发明专利申请量的38.9%；企业发明专利授权367件，增幅44.5%，占总量50.3%。

企业直接参与市场竞争，对新技术、新产品最敏感。可以说，企业的创新能力，很大程度上决定了江西省经济和产业格局的发展前景。2014年江西省知识产权局正式启动了全省知识产权"企业升级年"活动，并在2015年得到全面纵深开展。活动鼓励企业加大专利申请力度，优化专利申请结构，建立知识产权管理工作体系，全面提升企业自主创新能力，促进江西省产业加快转型升级，充分发挥知识产权在创新驱动发展中的重要支撑作用。2015年上半年省知识产权局公开表彰了一批专利申请过千件的园区和企业，取得了良好的示范推动作用。

5. 2015年，江西省累计培育出3家国家级知识产权示范企业，24家国家级知识产权优势企业，30家省级知识产权示范企业，42家省级知识产权优势企业；且园区工作取得突破性进展

为加快形成一批拥有自主知识产权和国际竞争力较强的骨干企业，国家知识产权局近日公布了2015年度国家知识产权示范企业和优势企业名单。江西稀有金属钨业控股集团有限公司被评为国家知识产权示范企业，江铃汽车股份有限公司、江西江中制药（集团）有限责任公司等14家企业被评为国家知识产权优势企业。

近年来，江西省知识产权局大力开展知识产权优势示范企业培育工作，共培育出3家国家级知识产权示范企业，24家国家级知识产权优势企业，30家省级知识产权示范企业，42家省级知识产权优势企业。通过知识产权优势示范企业培育工作，江西省企业知识产权意识普遍得到强化，知识产权综合能力进一步提升，知识产权逐渐成为企业参与市场竞争的有力武器。

另外，2015年赣州高新技术产业园升级为国家高新技术产业开发区。国务院2015年发文，正式批复同意赣州高新技术产业园区升级为国家高新技术产业开发区，定名为赣州高新技术产业开发区，这是赣州市的第一个国家高新技术产业开发区。赣州高新技术产业园区位于赣县，始建于2001年。2013年2月1日，经省政府批准，更名为江西赣州高新技术产业园区。经过10多年的努力，赣州高新技术产业园区已取得长足发展，先后获科技部批复为赣州国家钨和稀土新材料高新技术产业化基地，环保部、商务部、科技部联合批复同意建设国家生态工业示范园区等。赣州高新技术产业园区的经济总量和质量稳居全市县级园区前列，已成为赣州市项目集聚、产业集群的主阵地。赣州高新技术产业园区所在县——赣县2014年专利申请量412件，同比增长142.3%；专利授权量258件，同比增长138.9%，被评为"2014年度全省专利十强县"。

6. 2015年全省企业专利授权量同比增长99.5%

2015年全省专利申请总量为36936件，同比增长44.3%；全省专利授权总量为24161件，同比增长74.7%。其中，企业专利申请量18197件，占全省专利申请总量的49.3%，同比增长49.4%，高出全省平均增幅5个百分点；企业专利授权量12671件，占全省专利授权总量的52.4%，同比增长99.5%，高出全省平均增幅24.8个百分点，呈现出快速增长的态势。

2015年,省知识产权局以开展知识产权入园强企"十百千万"工程和知识产权"企业升级年"活动为契机,以全省专利申请授权"3615"工程为总目标,以知识产权特派员和知识产权专员两支队伍建设为抓手,以国家专利奖和省专利奖为风向标,不断深化园区和企业知识产权工作,全省企业的知识产权意识和专利工作水平有了显著提升,企业的科技创新能力有了明显的进步,企业自主创新的主体地位日益强化。

7. 2016年上半年全省企业专利申请量、授权量占比双双过半

在知识产权入园强企"十百千万"工程的强力助推下,江西省企业专利持续呈现稳步发展的态势。2016年上半年,全省企业专利申请量、授权量占比均超50%,表明企业的自主创新能力得到有效激发,知识产权创造主体地位更加突显。

2016年上半年,全省累计专利申请量达25459件,同比增长74.9%;全省累计专利授权量为12450件,同比增长23.8%。其中,企业专利申请量为13484件,占全省专利申请总量的53.0%(比上年度增加9.5个百分点),同比增长112.8%,上半年企业专利申请量实现翻番;企业专利授权量为6775件,同比增长26.4%,占全省专利授权总量的54.4%,占比与上年同期基本持平。

三、知识产权助推新兴产业发展

1. 十大战略性新兴产业专利情况

2014年,江西省发改委发布修编后的《江西省十大战略性新兴产业发展规划(2013~2017年)》,确定将节能环保、新能源、新材料、生物和新医药、航空产业、先进装备制造、新一代信息技术、锂电及电动汽车、文化暨创意、绿色食品这十大产业作为重点培育和发展的战略性新兴产业。省知识产权局在分析2014年度授权发明专利和实用新型专利的基础上,通过专利IPC国际分类表与十大战略产业比照分类的方法,简要分析了江西省十大战略性新兴产业情况。江西省2014年战略性新兴产业授权专利显现出以下特点。

(1) 十大战略性新兴产业创新力量活跃

据统计,2014年,江西省十大战略性新兴产业发明专利授权715件,实用新型专利授权2178件,分别占全省发明专利和实用新型专利授权总量的69.2%和28.5%。

(2) 新材料、绿色食品与生物和新医药产业占据主要地位

如图8-1显示,新材料、生物和新医药与绿色食品产业总体授权数量大,三者发明专利数量总和超过总量的一半。

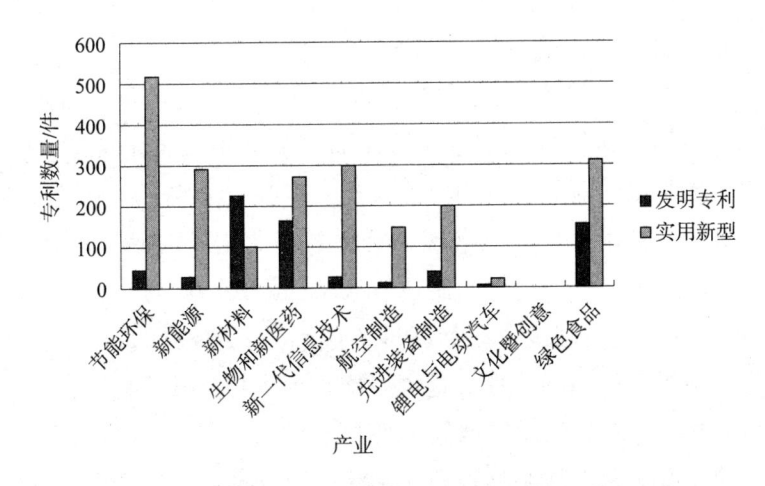

图 8-1 江西省十大战略新兴产业专利申请量与授权量

(3) 战略性新兴产业专利授权与地区经济发展相适应

在 2014 年江西省十大战略性新兴产业专利授权中，南昌市、赣州市、宜春市的新兴产业专利授权量所占比重较大，占到了全省战略性新兴产业专利的 64%。从数量上看，战略性新兴产业专利数量分布与该地区专利申请量、授权总量以及 2014 年度的 GDP 总量均相适应，战略性新兴产业对地区创新的推动作用明显（参见图 8-2）。

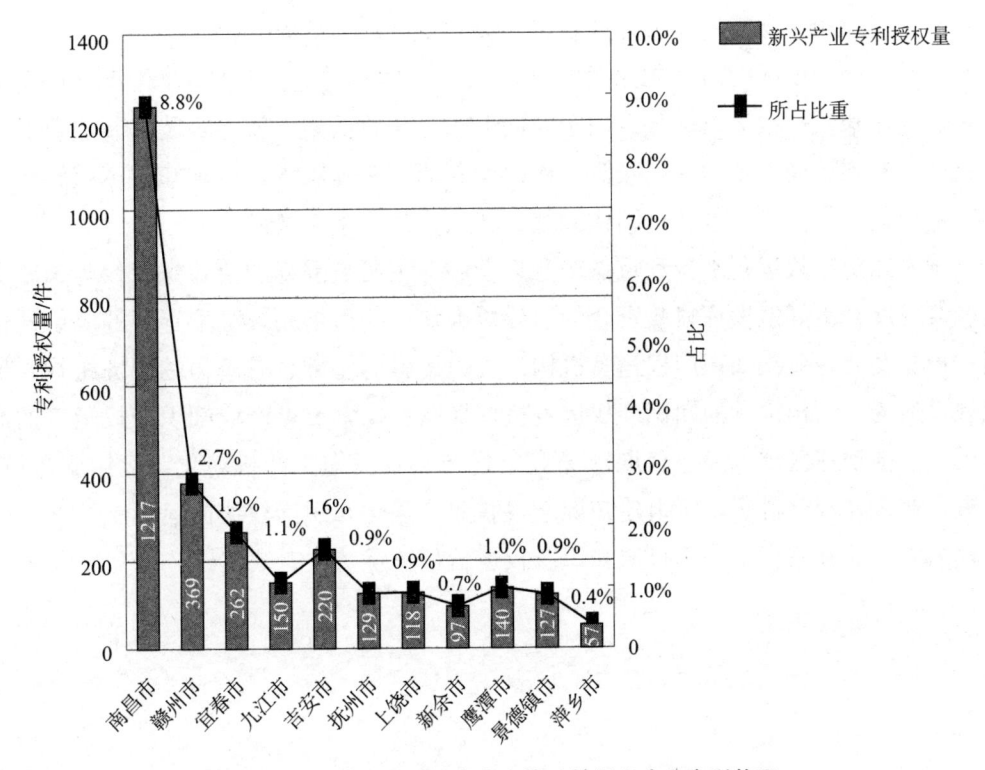

图 8-2 江西省各设区市十大战略性新兴产业专利状况

(4) 十大战略性新兴产业专利含金量较高

2015年,江西省政府第50次常务会议审定通过江西青峰药业有限公司的"穿心莲内酯磺化衍生物及其药物组合物"等10件专利获第二届江西省专利奖。

省专利奖属于省级政府奖,每两年评一次。本次奖励项目代表了江西省相关产业的领先技术和核心技术,且全部实现了转化和产业化。该10件专利围绕培育发展生物医药、金属新材料、绿色食品制造等战略性新兴产业的就有8件,10件专利共实现销售收入83亿元,创造企业利润近7亿元,上缴税款5.62亿元,创汇2.3亿美元。其中缴纳税款最多的"穿心莲内酯磺化衍生物及其药物组合物"项目,实施5年来共缴纳税款2.6亿元;江西铜业股份有限公司的"一种钼焙砂处理工艺"项目,成功解决了我国稀缺战略型资源钼和铼的回收难题,生产全过程实现无废排放,有力推动了本行业的科技进步和可持续发展。

2. 南昌市被确定为全国重点产业知识产权运营服务试点城市

2016年国家知识产权局将江西省列入全国"1+2+20+N"的知识产权运营平台体系,江西省筹建20个国家级区域知识产权转化交易平台中的一个。日前,南昌市与重庆市、广州市等10个知识产权资源聚集、产业需求大、基础条件好的城市,被列入全国重点产业知识产权运营服务试点城市。根据《财政部关于下达2016年服务业发展专项资金的通知》(财建〔2016〕402号),财政部已下达4000万元专项资金用于支持南昌市开展重点产业知识产权运营服务工作。

江西省计划依托南昌"国家大学科技城",以财政资金为母基金,建立市场化的重点产业知识产权运营基金,用于开展LED、生物医药、航空等装备制造业的专利收储、专利布局、组建专利联盟、构建专利池等运营服务,促进知识产权转化运用,推动重点产业科技创新、结构调整、转型升级、做大做强。

国家知识产权运营平台和重点产业运营服务主要是围绕加快知识产权与金融深度融合发展,更好地发挥财政资金的引导放大作用和市场在资源配置中的决定性作用;积极发展专业化知识产权运营机构,大力培育有基础、有潜力的服务机构,形成规模适度、结构优良的知识产权运营机构梯队;探索重点产业知识产权运营的商业模式,推动地区重点产业获取市场竞争优势,打通知识产权转化、运用服务链;推进企业、高校、科研院所组建知识产权联盟,强化知识产权协同运用,开展知识产权风险预警和联合保护,打造知识产权运营群体优势,有效支撑产业升级发展。

第九章　地市动态与县域发展

一、地市知识产权动态

1. 南昌市成为江西省首个国家知识产权示范城市

2015年4月13日,在国家知识产权局确定的第三批国家知识产权示范城市名单里,南昌市名列其中,成为江西省首个获此殊荣的城市。

近年来,南昌市全市上下大力实施知识产权战略,取得了显著成效。一是专利申请数量和质量明显提高。仅2014年全市专利申请量为7451件,同比增长20.4%;专利授权量4411件,同比增长30.5%;其中发明专利申请量2284件,同比增长11.8%;万人发明专利拥有量为4.13件,是江西省唯一一个提前完成国家"十二五"规划3.3件目标任务的城市。南昌欧菲光科技有限公司荣获中国专利金奖,实现了江西省零的突破。二是专利行政执法能力大幅提升。2014年度办结假冒专利案件121件,调处专利侵权纠纷案件11件,同比增长53.5%。三是知识产权质押融资试点工作成效显著。2009年以来,南昌市知识产权局作为全国首批6家知识产权质押融资试点单位之一,实施知识产权质押融资项目11个,共放贷总额1.85亿元,为企业技术改造和高新技术产业化创造融资条件,极大地推动了高新技术产业的发展。

国家知识产权示范城市示范期为3年,该市将以此为契机,进一步完善南昌市国家知识产权局的示范城市建设工作方案,继续加大知识产权工作资金投入,2015年起市本级财政用于扶持专利资金不少于1600万元。逐步健全专业市场知识产权保护协调机制,加强专利、工商、版权、公安、海关等知识产权管理部门的沟通联系,强化行政、司法保护协调机制。全面提升知识产权创造、运用、保护和管理能力。力争在3年内,围绕重点产业加强专利布局,确保年专利申请量增长20%以上,发明专利申请量占比超过30%,2017年底,万人发明专利拥有量超过10件。

结合南昌市近年来的知识产权相关工作,其相关经验可以为江西省其他各设区市提供参考和借鉴。

(1) 强化知识产权保护，营造良好的投资环境

为进一步提升知识产权保护能力，南昌市进一步强化知识产权行政执法机构建设，配备符合法定要求的行政执法人员，加强专利行政执法力度，改善执法装备，提高知识产权案件审理效率，在全市开展保护知识产权"雷雨""天网""护航"等专项行动。在大型商场、商品批发市场等重点区域开展联合执法，从严查处假冒专利行为，规范市场秩序；着力推进知识产权维权援助中心制度建设和能力建设，大力实施"5·26"工程，用好"12330"公益热线，推进知识产权维权援助工作，有效维护专利权人的合法权利。同时，市知识产权局还积极引导市场主体加强知识产权自我保护，使企业增强知识产权保护意识，主动应对侵权事件，维护自身合法权益。

据统计，2014年以来，南昌市共出动执法人员1800余人次，检查销售企业200余家，共检查商品10万余种，其中标注专利标识的有480种，查处假冒专利案件121件，发出处罚前告知书121份，受理专利侵权纠纷11起。根据国家知识产权局2015年4月1日公布的专利行政执法工作绩效考核结果，2014年度南昌市专利行政执法在全国134个城市中由2013年的第83位上升到第31位，排名上升了52位。

(2) 深化知识产权运用，有效支撑产业转型升级

创新驱动发展的本质是通过创新促进经济社会的发展，核心是科技成果和知识产权的高水平大规模创造与有效转化运用。近年来，南昌市进一步强化知识产权优势，加强示范企业培育。开展企业知识产权"贯标"工作，组织实施知识产权优势企业培育计划，培育一批具有国内或国际影响力的知识产权优势企业。近年来，培育国家知识产权示范企业2家，国家知识产权优势企业6家；省级知识产权示范企业5家，省级知识产权优势企业5家和优势培育企业3家；同时还认定了15家南昌市知识产权优势企业、示范企业，并给予110万元专利专项资金支持试点、示范企业。

同时，突出财政资金的知识产权导向，优先支持自主知识产权产业化，积极探索知识产权运营模式。通过进一步完善知识产权质押融资相关政策措施，创新工作机制，引导和支持专业化专利运营机构，帮助企业建立和完善专利运营制度，发挥专利资产在企业经营中的作用，实现专利技术价值。通过政策扶持和强化服务，2009~2014年，南昌市引导江西联创光电科技股份有限公司等13家企业利用知识产权进行质押融资，放贷总额总计1.85亿元，为企业自主知识产权转化提供了金融支持，推动了高新技术产业的发展，加速专利成果转化和产业专

业化。

2015年1~5月份,南昌市专利申请量达3520件,同比增长19%;专利授权量2122件,同比增长29.8%;其中发明专利申请量1024件,同比增长32.68%;发明专利授权量为291件,同比增长为34.1%;万人发明专利拥有量4.52件,同比增长20.21%。

(3)提升知识产权创造水平,全面提高自主创新能力

没有创新就没有核心竞争力。为进一步提升知识产权创造水平,2015年4月,南昌市政府出台了《稳增长促发展的若干政策措施》,进一步加大了对知识产权工作的支持力度,除保留对获得发明专利授权的单位和个人,每件授予5000元奖励之外,新增了如下措施:①企业首件授权发明专利给予3000元奖励;②企业累计拥有国内外有效发明专利20件、50件、100件以上的,分别给予10万元、20万元、50万元的一次性奖励;③对上年度代理本市专利申请量在1200件以上的,且代理发明专利申请量超过300件以上的专利代理机构,给予20万元的一次性奖励。

在政策的扶持下,近年来,南昌市着力加强高价值专利培育,强化专利的质量导向,加快形成以质量为导向的专利创造绩效考核指标体系,将专利申请量、授权量、万人发明专利拥有量指标纳入县区政府考核指标体系;鼓励企事业单位强化创新激励,建立新型分配制度,促进科技人员创造高质量专利,加强创新过程专利管理。

同时,充分发挥企业自主创新主体作用。积极推动知识产权创新要素向企业集聚,加大对高新技术企业、创新型企业的政策引导和资源投入。充分发挥各类企业工程(技术)研究中心、重点实验室、博士后科研工作站等研发机构的创新孵化功能,加快提升自主知识产权培育创造的规模化水平;南昌市还全面推进专利、商标、版权战略新发展。实施专利、商标、版权战略推进计划,以自主知识产权创造和运用为导向,引导形成与产业格局有效匹配的专利布局。

近年来,南昌市企业在中国专利奖评选中,成绩斐然。2014年,南昌欧菲光显示技术有限公司的发明专利"图形化的柔性透明导电薄膜及其制法"荣获中国专利金奖;江西洪都航空工业集团有限责任公司、中国瑞林工程技术有限公司、江西金达莱环保股份有限公司获中国专利优秀奖;江铃汽车股份有限公司获中国外观设计专利优秀奖。

(4)加大宣传培训力度,激发企业创新活力

南昌市充分利用各种宣传方式和宣传途径,宣传专利知识和热点事件,激发公众创新意识和保护意识,为知识产权工作的发展营造有利的舆论环境。充分利用新

闻媒介、网络开展宣传活动，做好对重大、有典型意义案例、事件的宣传报道，扩大宣传范围和领域；不断探索为园区、企业、科研院所、高校的知识产权保护、信息利用、专利转化实施等服务；同时，加大培训工作力度，抓好知识产权教育培训工作，采取培训班、报告会等多种形式，进一步提高企事业单位运用知识产权制度的水平和创新能力。

此外，在世界知识产权日期间，南昌市知识产权局联合其他单位每年4月开展为期1个月的大型宣传活动，发放宣传资料16200余册；并全面推进送知识产权知识进县（区）、进园区、进企业、进科研院所及高校的"四进"活动，邀请专家针对国家干部、科技人员、企业管理者及有关人员就专利基础知识、企业技术创新过程中的专利挖掘、《专利法》及其实施细则等相关内容开展培训，就有关知识产权维权的问题召开座谈会进行咨询和讨论，提升企业的知识产权发展和保护能力。截至目前，开展大型和培训活动43次，深入企业开展点对点培训180余次。

2. 各设区市专利申请、授权量取得长足进步

（1）2014年全省11个设区市专利申请增幅较大，专利授权量增幅明显

在专利申请方面，截至2014年12月，江西省全省11个设区市专利申请量分别为：鹰潭市972件、宜春市2856件、新余市1194件、景德镇市1025件、抚州市1526件、九江市2225件、上饶市1563件、赣州市1563件、吉安市2264件、萍乡市863件、南昌市7451件。截至2014年12月，江西省全省11个设区市专利申请量同比增长幅度分别为：鹰潭市增长了127.6%、宜春市增长了104.6%、新余市增长了77.2%、景德镇市增长了75.5%、抚州市增长了71.1%、九江市增长了69.8%、上饶市增长了61.3%、赣州市增长了53.3%、吉安市增长了49.8%、萍乡市增长了45.5%、南昌市增长了20.4%（参见表9-1）。

在专利授权方面，截至2014年12月，江西省全省11个设区市专利授权量分别为：鹰潭市582件、宜春市2856件、新余市727件、景德镇市535件、抚州市899件、九江市1137件、上饶市733件、赣州市2164件、吉安市1111件、萍乡市342件、南昌市4411件。截至2014年12月，江西省全省11个设区市专利授权量同比增长幅度分别为：鹰潭市增长了174.5%、宜春市增长了37.3%、新余市增长了96%、景德镇市增长了35.1%、抚州市增长了63.5%、九江市增长了29.2%、上饶市增长了30%、赣州市增长了27.4%、吉安市增长了68.6%、萍乡市增长了-13.4%、南昌市增长了30.5%（参见表9-1）。

表 9-1　2014 年江西省各设区市专利数据增幅表

设区市	申请量				设区市	授权量			
	当年累计/件	去年同期/件	同比增长	增幅排名		当年累计/件	去年同期/件	同比增长	增幅排名
鹰潭市	972	427	127.6%	1	鹰潭市	582	212	174.5%	1
宜春市	2856	1396	104.6%	2	新余市	727	371	96.0%	2
新余市	1194	674	77.2%	3	吉安市	1111	659	68.6%	3
景德镇市	1025	584	75.5%	4	抚州市	899	550	63.5%	4
抚州市	1526	892	71.1%	5	宜春市	1187	864	37.3%	5
九江市	2225	1310	69.8%	6	景德镇市	535	396	35.1%	6
上饶市	1563	969	61.3%	7	南昌市	4411	3380	30.5%	7
赣州市	3652	2383	53.3%	8	上饶市	733	564	30.0%	8
吉安市	2264	1520	48.9%	9	九江市	1137	880	29.2%	9
萍乡市	863	593	45.5%	10	赣州市	2164	1699	27.4%	10
南昌市	7451	6190	20.4%	11	萍乡市	342	395	-13.4%	11
合计	25591	16938	51.1%		合计	13828	9970	38.7%	

综观 2014 年江西省 11 个设区市专利申请情况，我们发现，鹰潭市、宜春市、新余市、景德镇市、抚州市等地全年专利申请量同比增长幅度均超过 70%，且所有设区市 2014 年专利申请总量均高于 2013 年专利申请量。综观 2014 年江西省 11 个设区市专利授权情况，鹰潭市、新余市、吉安市、抚州市等地专利授权量同比增长幅度均高于 60%，且鹰潭市的专利授权量同比增长幅度达到 174.5%，且除了萍乡市外其他 10 个设区市 2014 年专利授权量均高于 2013 年授权量（参见图 9-1、图 9-2）。

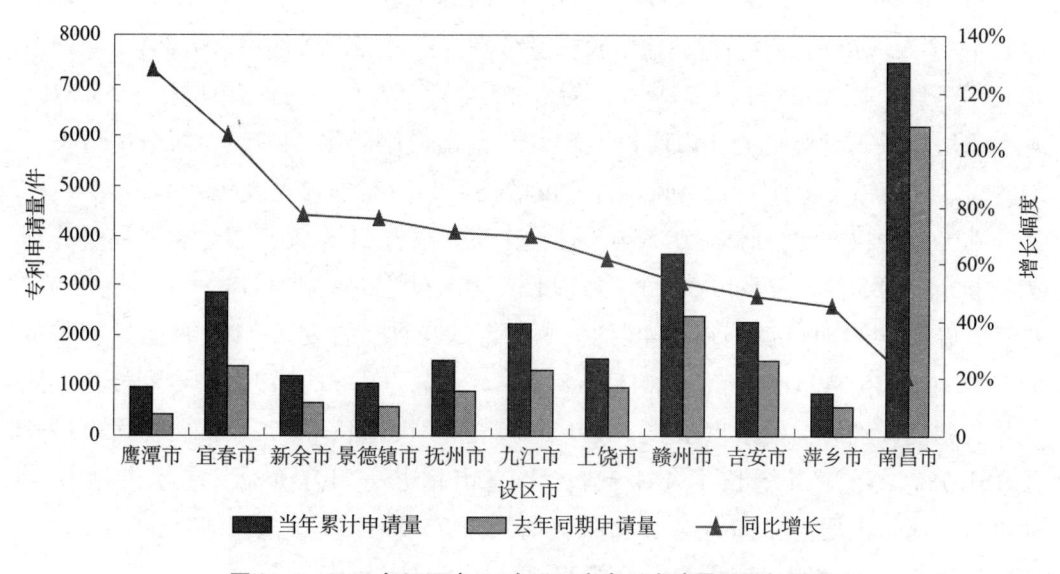

图 9-1　2014 年江西省 11 个设区市专利申请量及增长幅度

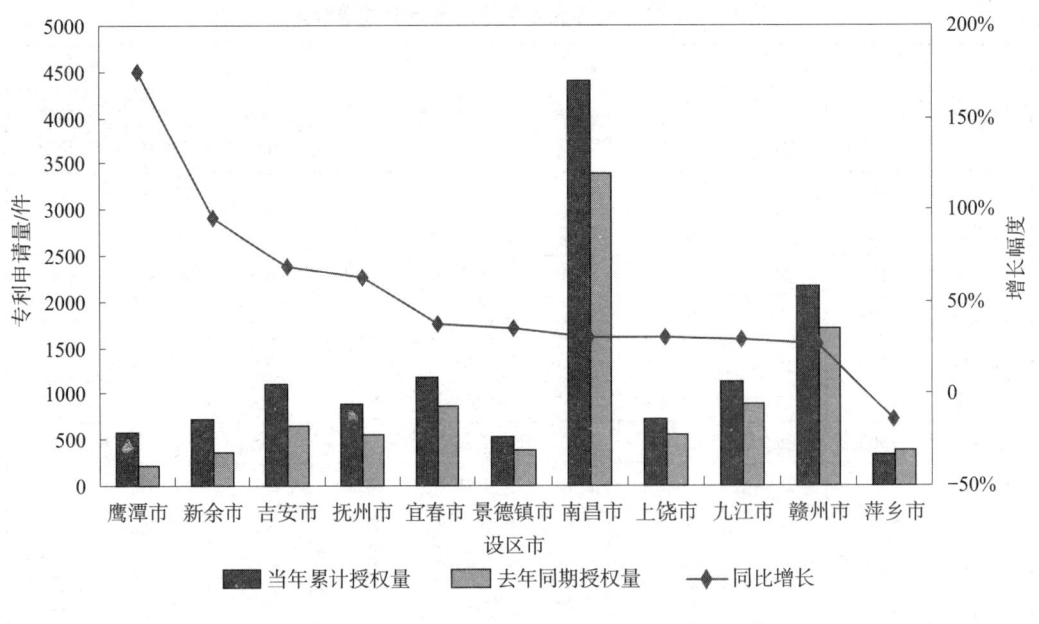

图 9-2　2014 年江西省 11 个设区市专利授权量及增长幅度

（2）2015 年 1~8 月，全省 11 个设区市专利申请增幅较大，专利授权量增幅明显

2015 年是江西省知识产权入园强企"十百千万"工程实施的关键年份和节点年份，统计数据截至 2015 年 8 月份。在专利申请方面，截至 2015 年 8 月，江西省全省 11 个设区市专利申请量分别为：上饶市 1747 件、赣州市 3803 件、鹰潭市 984 件、宜春市 1795 件、抚州市 1409 件、萍乡市 495 件、九江市 1579 件、南昌市 5928 件、新余市 998 件、景德镇市 631 件、吉安市 1339 件。截至 2014 年 12 月，江西省全省 11 个设区市专利申请量同比增长幅度分别为：上饶市增长了 104.8%、赣州市增长了 77%、鹰潭市增长了 74.5%、宜春市增长了 67.1%、抚州市增长了 65.8%、萍乡市增长了 52.3%、九江市增长了 51%、南昌市增长了 34.7%、新余市增长了 24.9%、景德镇市增长了 17.1%、吉安市增长了 14.1%（参见表 9-2）。

在专利授权方面，截至 2015 年 8 月，江西省全省 11 个设区市专利授权量分别为：新余市 685 件、萍乡市 580 件、抚州市 1105 件、九江市 1418 件、上饶市 912 件、宜春市 1434 件、赣州市 2448 件、鹰潭市 559 件、吉安市 1168 件、景德镇市 557 件、南昌市 3493 件。截至 2015 年 8 月，江西省全省 11 个设区市专利授权量同比增长幅度分别为：新余市增长了 191.5%、萍乡市增长了 177.5%、抚州市增长了 131.7%、九江市增长了 104.3%、上饶市增长了 101.8%、宜春市增长了 98.1%、赣州市增长了 88.6%、鹰潭市增长了 75.2%、景德镇市增长了 48.9%、吉安市增长了 74.9%、南昌市增长了 37.2%（参见表 9-2）。

第九章 地市动态与县域发展

表9-2 2015年1~8月江西省各设区市专利数据增幅表

设区市	申请量				设区市	授权量			
	当年累计/件	去年同期/件	同比增长	增幅排名		当年累计/件	去年同期/件	同比增长	增幅排名
上饶市	1747	853	104.8%	1	新余市	685	235	191.5%	1
赣州市	3803	2149	77.0%	2	萍乡市	580	209	177.5%	2
鹰潭市	984	561	74.5%	3	抚州市	1105	477	131.7%	3
宜春市	1795	1074	67.1%	4	九江市	1418	694	104.3%	4
抚州市	1409	850	65.8%	5	上饶市	912	452	101.8%	5
萍乡市	495	325	52.3%	6	宜春市	1434	724	98.1%	6
九江市	1579	1046	51.0%	7	赣州市	2448	1298	88.6%	7
南昌市	5928	4401	34.7%	8	鹰潭市	559	319	75.2%	8
新余市	998	799	24.9%	9	吉安市	1168	668	74.9%	9
景德镇市	631	539	17.1%	10	景德镇市	557	374	48.9%	10
吉安市	1339	1174	14.1%	11	南昌市	3943	2874	37.2%	11
合计	20708	13771	50.4%		合计	14809	8324	77.9%	

综观2015年1~8月，江西省11个设区市专利申请情况，我们发现，鹰潭市、上饶市、赣州市等地专利申请量同比增长幅度均超过70%，且所有设区市2015年1~8月专利申请总量均高于2014年总体专利申请量。综观2015年1~8月，江西省11个设区市专利授权情况，有9个设区市专利授权量同比增长幅度均高于70%，且新余市、萍乡市、抚州市、九江市、上饶市5个市的专利授权量同比增长幅度均超过100%（参见图9-3、图9-4）。

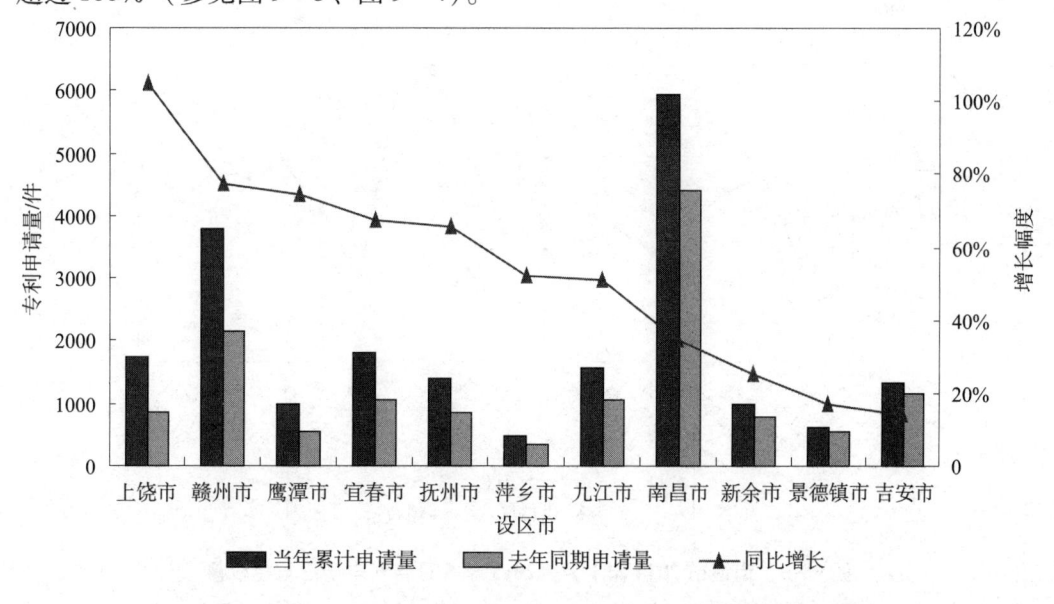

图9-3 2015年1~8月江西省11个设区市专利申请量及增长幅度

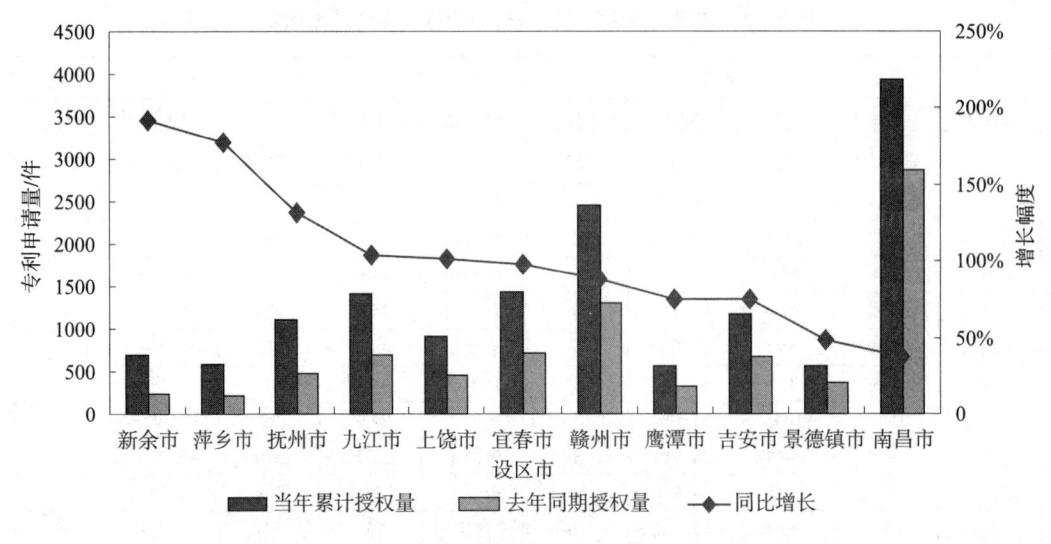

图 9-4　2015 年 1~8 月江西省 11 个设区市专利授权量及增长幅度

（3）部分设区市专利申请量与授权量呈现稳中有升状态，部分设区市专利申请量与授权量呈现井喷式增长

南昌市作为江西省专利申请和授权的"大户"，由于基数大的缘故，专利申请量和授权量的增长任务难度重，但综观 2014 年 1 月至 2015 年 8 月南昌市的专利申请量和授权量，南昌市无论在专利申请还是授权方面，均呈现稳中有升的基本态势，作为江西省专利申请和授权最多的设区市，南昌市专利方面的强劲势头为江西省专利事业的快步发展奠定了基础，也为其他设区市起到了引领示范作用（参见图 9-5）。

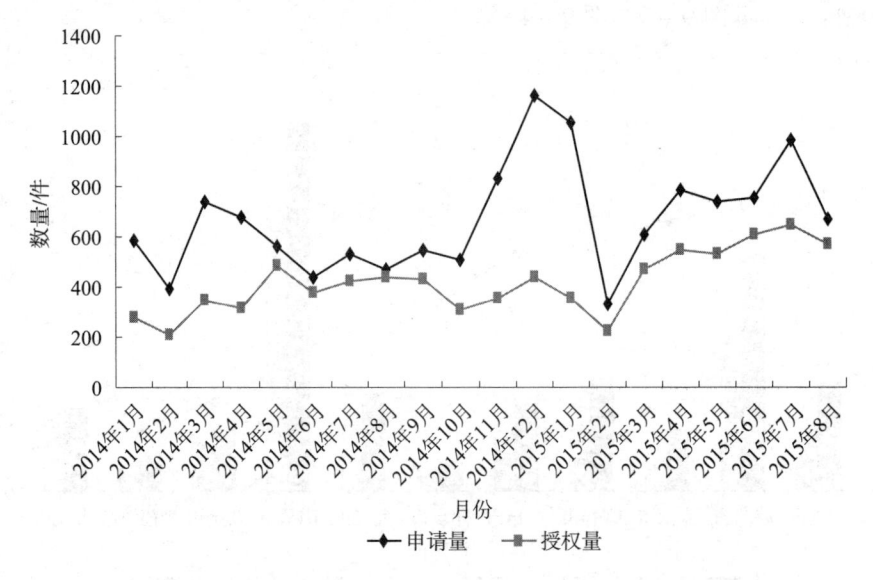

图 9-5　南昌市 2014 年 1 月~2015 年 8 月专利申请量与授权量

鹰潭市在2014年1~12月的专利申请量上呈现井喷式特征。从2014年1~12月，除了11月的专利申请量低于100%之外，其他11个月份的专利申请量同比增长幅度均超过100%，且1~6月的专利申请量同比增长幅度均超过200%。鹰潭市在专利申请方面的经验和成绩也为其他设区市提供了样板（参见图9-6）。

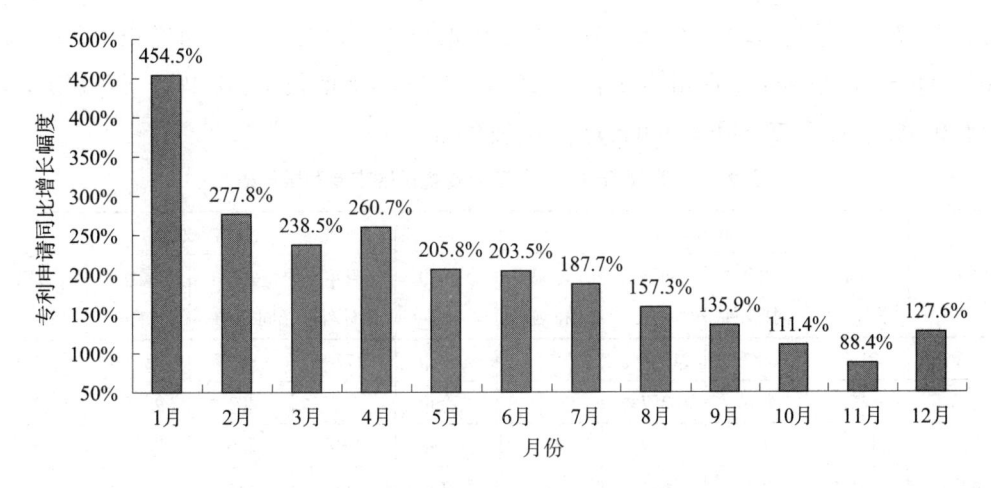

图9-6　鹰潭市2014年1~12月专利申请同比增长幅度

2015年江西省萍乡市、抚州市、上饶市、新余市、赣州市5个设区市专利授权量迎来快速增长。尤其在2015年4~8月，5个设区市的专利授权量同比增长幅度呈现互相赶超、良性竞争的态势，对江西省2015年专利授权增长起了极大的作用（参见图9-7）。

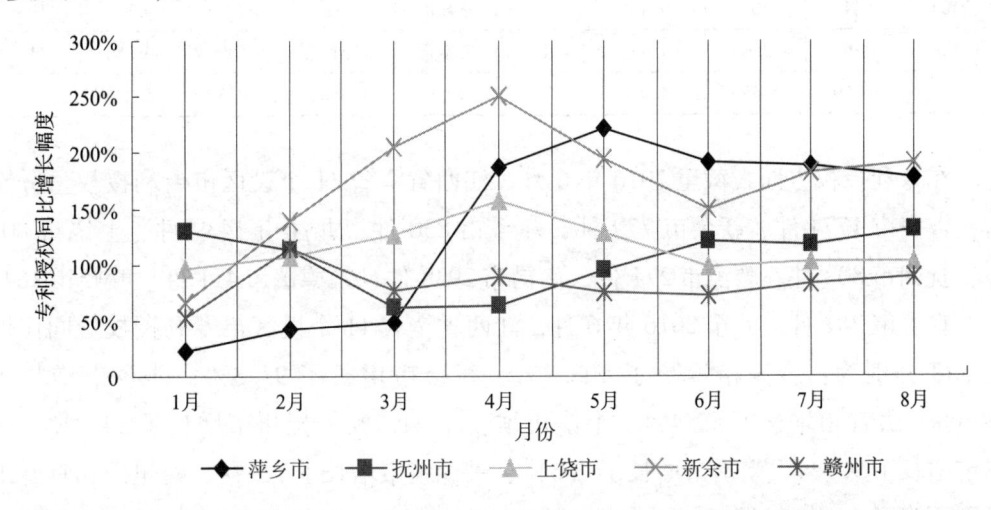

图9-7　2015年1~8月江西省萍乡市、抚州市、上饶市、新余市、赣州市专利授权同比增长幅度

（4）2016年1~6月，各设区市专利申请量与授权量表现优异

在专利申请方面，截至2016年6月，江西省全省11个设区市专利申请量分别

为：鹰潭市 2160 件、南昌市 8667 件、上饶市 1973 件、赣州市 4541 件、九江市 1935 件、吉安市 1782 件、新余市 884 件、抚州市 1227 件、宜春市 1417 件、景德镇市 534 件、萍乡市 339 件。截至 2016 年 6 月，江西省全省 11 个设区市专利申请量同比增长幅度分别为：鹰潭市增长了 214.4%、南昌市增长了 102.7%、上饶市增长了 79.7%、赣州市增长了 76.1%、九江市增长了 74.8%、吉安市增长了 73.5%、新余市增长了 29.8%、抚州市增长了 27.3%、宜春市增长了 10.4%、景德镇市增长了 6.4%、萍乡市下降了 4.8%（参见表 9-3）。

表 9-3　2016 年 1~6 月江西省各设区市专利数据表

设区市	申请量				设区市	授权量			
	当年累计/件	去年同期/件	同比增长	增幅排名		当年累计/件	去年同期/件	同比增长	增幅排名
鹰潭市	2160	687	214.4%	1	吉安市	1774	852	108.2%	1
南昌市	8667	4276	102.7%	2	新余市	779	403	93.3%	2
上饶市	1973	1098	79.7%	3	萍乡市	830	476	74.4%	3
赣州市	4541	2578	76.1%	4	九江市	1439	944	52.4%	4
九江市	1935	1107	74.8%	5	上饶市	801	608	31.7%	5
吉安市	1782	1027	73.5%	6	抚州市	808	648	24.7%	6
新余市	884	681	29.8%	7	鹰潭市	277	254	9.1%	7
抚州市	1227	964	27.3%	8	南昌市	2938	2730	7.6%	8
宜春市	1417	1283	10.4%	9	景德镇市	411	405	1.5%	9
景德镇市	534	502	6.4%	10	赣州市	1642	1655	-0.8%	10
萍乡市	339	356	-4.8%	11	宜春市	751	1078	-30.3%	11
合计	25459	14559	74.9%		合计	12450	10053	23.8%	

在专利授权方面，截至 2016 年 6 月，江西省全省 11 个设区市专利授权量分别为：吉安市 1774 件、新余市 779 件、萍乡市 830 件、九江市 1439 件、上饶市 801 件、抚州市 808 件、鹰潭市 277 件、南昌市 2938 件、景德镇市 411 件、赣州市 1642 件、宜春市 751 件。截至 2016 年 6 月，江西省全省 11 个设区市专利授权量同比增长幅度分别为：吉安市增长了 108.2%、新余市增长了 93.3%、萍乡市增长了 74.4%、九江市增长了 52.4%、上饶市增长了 31.7%、抚州市增长了 24.7%、鹰潭市增长了 9.1%、南昌市增长了 7.6%、景德镇市增长了 1.5%、赣州市和宜春市分别下降了 0.8% 和 30.3%（参见表 9-3）。

从全省的情况来看，2016 年上半年江西省全省专利申请量达 25459 件，同比增长 74.9%，增长幅度位居全国第一名；2016 年上半年江西省全省专利授权量达 12450 件，同比增长 23.8%，增长幅度位居全国第三名。

二、县域知识产权发展

1. 高度重视知识产权在县域经济发展中的促进作用，专利十强县和专利工作进步十强县涌现

（1）实施江西省知识产权富民强县专项工程

自江西省首批28个县（区）实施知识产权富民强县建设专项以来，各项目县（区）形成了知识产权创造、运用、保护和管理各项工作稳步推进、协调发展的良性格局。一是知识产权管理机制不断健全。二是知识产权创造水平显著提升。实施首批28个知识产权富民强县建设专项的县（区），2014年上半年专利申请量大幅增长，专利增幅是全省增幅的1.67倍。尤其是贵溪市、余江县、上饶市、分宜县、黎川县、永新县、于都县、铜鼓县等县（市）增幅超过100%。其中，黎川县增幅达到531.3%，于都县达到322%。三是知识产权政策措施不断强化。各项目县（区）积极制定了知识产权实施意见、专利资助等政策措施。四是知识产权运用能力显著增强。五是知识产权保护力度不断加强。六是知识产权服务意识逐步提高。七是知识产权企业工作明显加强。经评审、研究，省知识产权局确定了新建县、都昌县等32个县（区）开展实施第二批省级知识产权富民强县示范县建设，下发省级专项经费800万元。

江西省知识产权局局长熊绍员针对江西省知识产权富民强县工程作出了主要指示。一是强化知识产权工作体系建设的需要；二是专项顺利实施的需要；三是完成省委、省政府年初提出的目标任务的需要；四是加强知识产权服务体系和县（区）对接的需要；五是完善知识产权管理机制的需要。知识产权工作要建立完善三项机制。

（2）专利十强县和专利工作进步十强县评价目的

为进一步鼓励全省县级知识产权工作创先争优、发挥示范带动作用，促进全省知识产权事业发展升级，省知识产权工作领导小组办公室、省知识产权局开展了2013年度和2014年度"专利十强县"和"专利工作进步十强县"评估工作。

（3）专利十强县和专利工作进步十强县评价标准

专利十强县评价标准：专利综合实力按照100分制量化指标，主要从专利创造（60分）、管理（12分）、运用（10分）、保护（10分）、服务（8分）等方面进行综合评估，按照总分排序依次评出10个县（区）（参见表9-4）。

专利工作进步十强县评价标准：以国家知识产权局公布的年度专利申请、授权总量统计数据为准，次年度与上年度的排位相比较，依次评出前移位数多的10个

县（区）（参见表9-5）。

表9-4 江西省专利十强县评价标准

一级指标	二级指标
创造 (60分)	每万人口发明专利拥有量（件/万人）（8分）
	年度专利申请总量（14分）
	年度专利授权总量（20分）
	发明专利授权量（10分）
	专利申请量过100件的高新技术企业数（3分）
	专利申请量过10件的规模以上企业数（5分）
运用 (10分)	专利权转让数量（3分）
	专利质押融资数量（3分）
	扶持专利产业化项目数量（4分）
保护 (10分)	专利执法条件（人员、经费等）（2分）
	执法案件（2分）
	维权援助与举报投诉情况（5分）
	跨部门、跨地区执法协作数（1分）
管理 (12分)	县委、县政府重视情况（3分）
	知识产权工作经费（2分）
	机构建设情况（1分）
	知识产权规章、规划（2分）
	"贯标"企业数量（2分）
	承担国家级项目数量（2分）
服务 (8分)	电子申请率（%）（2分）
	知识产权宣传情况（4分）
	知识产权培训情况（2分）

表9-5 江西省专利工作进步十强县评价标准

县（区）专利申请、授权量位数		得 分
2013年度专利申请量全省排位数	2014年度专利申请量全省排位数	前移位次（2014年度与2013年度专利申请量全省排位数之差）×60%
2013年度专利授权量全省排位数	2014年度专利授权量全省排位数	前移位次（2014年度与2013年度专利授权量全省排位数）×40%

（4）县域知识产权工作成功丰硕

2013年，江西省共有71个县（区）成立了知识产权局，县（区）知识产权创造、运用、保护和管理能力不断提升，为全省知识产权工作体量做大做强作出了积极贡献。

2013年江西省专利十强县（区），分别为：南康市、南昌县、樟树市、赣州市章贡区、修水县、安义县、丰城市、高安市、分宜县、黎川县；2013年江西省专利工作进步十强县（区），分别为：南丰县、石城县、万年县、东乡县、吉水县、瑞金市、泰和县、共青城市、奉新县、萍乡市安源区。

2014年，江西省共有91个县（区）成立了知识产权局，县（区）知识产权创造、运用、保护、管理和服务能力不断提升，为全省知识产权工作支撑发展升级作出了积极贡献。

2014年江西省专利十强县（区），分别为：樟树市、南昌县、赣州市南康区、贵溪市、安义县、高安市、修水县、东乡县、奉新县、赣县；2014年江西省专利工作进步十强县，分别为：浮梁县、德兴市、南城县、信丰县、新建县、永丰县、崇仁县、铜鼓县、于都县、上饶县。

2. 各县域知识产权工作进展顺利、特色鲜明、成效显著

（1）典型县域之一：南昌县

2016年，南昌县坚持以"科技创新、精英创业"为宗旨，致力吸引高校院所、高端企业、高级人才"三高"入驻，强化创新、创业、创投、创客"四创"联动，全面增强创新、创业"驱动力"，有力地推动了"科技强县"的建设。南昌县先后荣获全国科技进步先进县、全国科普示范县、全省专利十强县三连冠等荣誉。截至2016年6月底，南昌县专利申请量达2291件（发明专利96件，实用新型专利2086件，外观设计专利109件），位居全省100个县（市、区）首位，超额完成年度目标任务116%。专利工作取得突破性进展，为上半年南昌市专利申请实现翻番和全省增幅位列全国第一作出了贡献，省市主管部门对南昌县取得的成绩分别表示祝贺和鼓励。南昌县知识产权工作成绩的取得主要得益于以下政策措施的实施。

第一，县委、县政府高度重视知识产权工作。为鼓励推动专利发明，2016年2月份印发了《南昌县（小蓝经开区）关于大力推进大众创业万众创新的实施意见》，持续加大专利专项资助力度，其中，资助发明专利10000元，实用新型专利2000元，外观设计600元。对当年专利申请量达到20件、50件、100件的企业，分别奖励1万元、3万元、5万元；对当年获得专利授权量达到20件、40件、60件的企业，分别奖励3万元、5万元、10万元；对专利实施产业化并列入国家知识产权示范企业的企业，给予一次性10万元奖励；对专利实施产业化并列入省、市知识产权示范优势企业的，分别给予一次性5万元、2万元奖励。

第二，相关职能部门大力开展知识产权宣传服务活动。

第三，县域企业自身发展对科技创新的要求不断提高。当前南昌县科技型企业

已达 300 余家，其中，拥有院士工作站的企业 4 家，工程技术研究中心 19 家，高新技术企业 52 家，2016 年上半年新增拟申报高新技术企业 46 家。

(2) 典型县域之二：安义县

①2015 年安义县确定首批县级知识产权优势企业

为深入贯彻实施《江西省知识产权战略》，扎实推进安义县知识产权入园强企"十百千万"工程，积极引导企业充分运用知识产权培育竞争优势，提高企业运用知识产权制度的水平，增强企业的自主创新能力和核心竞争力，安义县知识产权局开展了首批知识产权优势企业的申报工作。在企业自愿申报的基础上，安义县知识产权局进行了认真审核和评定，经研究，认定江西雄鹰铝业股份有限公司、江西锦鹏铝业有限公司、江西宏宇铝业有限公司、江西东胜铝业有限公司、江西鑫隆泰建材工业有限公司、江西巴菲特化工有限公司、南昌翊成化工有限公司、江西众和化工有限公司、南昌艾依家居用品有限公司、南昌鑫大金属材料有限公司等 10 家企业为 2015 年度安义县首批知识产权优势企业。

②2015 年安义县发布《关于推进知识产权战略的实施意见》

安义县是江西省第一个开展县级优势企业培育的县。其首批知识产权优势企业均达到：设立专利工作机构、专管人员和专利工作经费；建立知识产权管理制度、制订知识产权培训计划，当年拥有各类专利申请 10 件以上；重视专利成果转化，积极引进吸收、消化先进技术；实施专利产业化，专利产品销售额占企业销售总收入 30% 以上等基本要求。

2015 年，安义县人民政府发布《关于推进知识产权战略的实施意见》。这是安义县落实国家知识产权战略行动计划、提升自主创新能力的重要举措。该实施意见提出，要逐步健全知识产权管理体系，发展知识产权服务业，优化法制政策环境，充分发挥知识产权在促进经济发展方式转变和推进产业结构调整中的作用，并在知识产权创造、运用、保护、管理、服务等方面提出了目标。

近年来，安义县以科学发展观为指导，以实施知识产权富民强县示范县工程为契机，成立了知识产权工作领导小组，设立了专利申请资助专项资金，制定并完善了相应的资金使用管理办法，认真做好知识产权宣传、教育、培训及知识产权优势企业（区域）培育、专利行政执法、咨询服务等工作，鼓励企业加强自主创新，培育自主知识产权，进一步增强了全县尊重和保护知识产权意识，营造了保护知识产权的良好社会氛围，逐步使知识产权转化成为助推经济发展的新动力。

③2015 年安义县专利申请量实现任务过半

2015 年上半年，安义县专利申请量实现任务过半。截至 2015 年 6 月 31 日，全县专利申请总量完成 355 件，同比增长 810.3%，居全省第六位，完成全年目标任务的89%；专利授权总量215件，居全省第八位。

（3）典型县域之三：赣州市南康区

①县域知识产权工作之"南康模式"

20世纪90年代初，在广东省务工的部分南康人开始回乡创办家具企业。经过20余年的发展，南康家具这个"草根产业"实现了从无到有、从小到大的转变，成为我国"中部家具产业基地"。

尤其值得关注的是，南康区近两年知识产权发展业绩骄人：2013年至2014年上半年，南康区专利申请量与授权量均居全省县（区）首位，其中97%的专利来自家具产业。在南康区，知识产权已不仅仅是快速攀升的专利申请数据，更是促进家具产业转型升级和经济社会全面发展的"核动力"。

②谁重视知识产权就奖励谁

江西康乐轩家具有限公司（以下简称"康乐轩"）总经理康晓斌2013年才从个体户转为企业。他没想到，申报专利，政府会有奖励。

2014年7月底，赣州市南康区专门召开专利工作会议，对该区622件专利进行奖励资助，康乐轩因20余件外观设计专利获得两万元奖金。更意外的是，康乐轩还被授予"专利工作先进企业"称号，成为10家先进企业中唯一的中小企业。"在企业的起步成长阶段，这种鼓励太重要了，我们产品创新的劲头也更足了。"康晓斌说。

在南康区，家具企业已达6000余家，产品出口到10多个国家和地区，2013年总产值近450亿元。随着《国务院关于支持赣南等原中央苏区振兴发展的若干意见》以及《南康家具转型升级规划》的出台，南康人要抒写一篇新的故事，站在转型升级的新起点上打造千亿元家具产业群。

谁重视知识产权就奖励谁。南康区《加快产业转型升级实施意见》《专利资助和奖励办法》等系列政策措施得到规范完善。区长何善锦表示，"推动产业实现转型升级，必须让这里的空气都弥漫创新的味道"。

利用知识产权拉动县域经济实现新跨越，在南康区红红火火地开展了起来：大批企业开始主动引进研发设计人才，加强与专业机构合作，建立企业研发中心，全区各工业企业已设立研发机构163个，其中家具企业有140余个，家具设计研究开发专业机构13家。

政府同时推动建立起家具科技研究院，从政府层面汇聚自主品牌建设智慧，给家具贴上"南康创造"标签。如今，南康区95%以上的授权专利已在国内外市场中广泛运用，相当一部分专利产品已成为品牌拳头优势产品。

③一站式服务打造知识产权高地

南康区对创新的重视，促使维平创业家具实业有限公司（以下简称"维平家具"）把设在广东省佛山市顺德区的研发中心搬到了南康区的公司总部。

可是，维平家具在申请专利方面又犯了难：以往，研发中心在顺德区，专利基本在深圳市申请。回到南康区，由于当地没有专利中介服务机构，申请专利必须返回深圳市。

南康区科技局、知识产权局为此加强专利代理行业人才培养，启动了专利代理人实务技能培训工作，并通过培养或柔性引进专利代理人，成立了3家专利中介服务机构。此外，坚持"重心下沉"，不断挖掘专利申请源的潜力，定期邀请省市专家前来，面对面帮助企业提升知识产权意识和运用能力。宣讲知识产权已开展了一系列的培训、讲座活动，受众人数约有1000余人次。

维平家具总经理刘维平对南康区知识产权服务大加赞赏："现在不用出门，知识产权部门和中介机构会主动上门帮助申请，每件专利的申报费用也比深圳便宜10%。"2014年以来，维平家具已成功申请实用新型和外观专利70余件。

走进凯东知识产权代理有限公司，制板墙上的公开项目清晰醒目，企业想要获取知识产权的信息，尽可信手拈来。总经理曾永冲说，这里几乎囊括了知识产权部门面对企业的所有工作内容，企业政策咨询、申请专利、寻求科研合作等均实现了一站式服务。

眼下，南康区专利申请量和授权量呈"井喷"趋势，2014年有望突破一千件大关。全区家具行业产品获国家驰名商标3件、省著名商标45件、省名牌产品8件。

④首家县级"维权援助工作站"化纠纷

2014年4月，因为4款畅销的外观设计专利被侵权仿冒，江西景晨家具有限公司总经理黎明云很是烦恼。她打算将侵权企业诉至法院之际，得知省知识产权维权援助中心在南康区设立了首个县级工作站。

本是一条漫长的知识产权维权诉讼之路，由于工作站执法人员的介入，一个月便见到了曙光。最终，侵权企业与景晨家具有限公司签订停止侵权协议并赔偿损失。

随着南康区家具产业的发展和专利授权量增加，未来南康家具产生纠纷最多的领域将是知识产权。2013年6月，南康区成立了知识产权保护协调办公室；同年11月，成立省知识产权维权援助中心南康工作站。工作站负责人王功全表示，相对于诉讼途径，知识产权维权援助有效率高、维权成本低、节约司法资源等优点。工作站聚集了一批高水平的知识产权专家服务团队，有专业的执法车，执法人员上岗前须经过严格的选聘、培训以及考核。双方达成一致的调解协议，可申请法院进行司法确认，保障了调解结果的强制执行性。据统计，一年多来，接受各类侵权案件100余件，成功执法17起，调解成功75起。

目前，南康区在全省县（区）中率先设立了"12330"知识产权举报投诉公益热线，开通"12330"维权网站。2014年5月，因为南康区这张开展知识产权纠纷调解工作的"特色牌"，江西省与上海市、江苏省一道被国家知识产权局列为全国仅有的3个"知识产权纠纷调解"试点省市。

鼓励创新、强化服务、维权援助。2014年上半年，南康区家具产业实现总产值303.4亿元，远超2013年同期水平。走好家具产业的转型升级路，南康区迈出了更为坚定的一步。

⑤2015年10月南康区专利申请破千件

据江西省知识产权局公布的最新消息，截至2015年10月底，南康区专利申请破千件，达1028件，授权815件，同比分别增长52%和40%。申请量与授权量分列全省县（市）级第三名和第二名。

(4) 典型县域之四：德兴市

截至2015年9月底，江西省德兴市万人发明专利拥有量达到1件，比去年同期增长25%，实现了历史性突破。

近几年来，德兴市大力实施创新驱动发展战略，先后出台了《关于推动科技创新、加快创新型德兴建设的决定》《德兴市科技创新奖励办法》等政策文件，大力扶持专利申请、大力加强专利知识培训、大力维护专利权人权益，充分调动了企业科技创新的积极性，专利申请量连续两年翻番，为万人发明专利拥有量快速增长奠定了良好的基础。

(5) 典型县域之五：信丰县

赣州市信丰县2015年前3季度专利申请量与授权量超去年全年总量。2015年以来，信丰县不断加大专利工作力度，相继出台了《关于资助申请国家专利及奖励授权专利的管理办法（试行）》《关于加大对小微企业帮扶力度加快非公有制经济发展的工作意见》等一系列促进知识产权发展的政策文件，知识产权工作成效显著，信丰县被列为省级知识产权富民强县工程建设示范县。2015年前3季度信丰县专利申请量与授权量均已超过2014年全年总量，2015年1~9月，申请专利606件（2014年申请专利205件），同比增长了276.4%，全省排名第六名；授权专利208件（2014年授权专利109件），同比增长了241.0%，全省排名第14名。

(6) 典型县域之六：贵溪市

贵溪市1~9月专利申请量超过2014年总数。截至2015年9月底，贵溪市

2015年专利申请累计达613件，同比增长109.9%，超过去年441件的年专利申请数，排在全省县（市、区）的第五名。

（7）典型县域之七：新干县

在全省知识产权入园强企"十百千万"工程启动以来，新干县科技局结合党的群众路线教育实践活动和"三严三实"专题教育活动，积极转变工作作风，克服坐、等、庸、懒思想，主动走出去，变"等企业找上门"为"把服务送上门"。先后邀请国家知识产权局专利复审委员会行政诉讼处副处长盛昭等10人，省专利事务所所长李柯专程到新干县举办了专利知识讲座及交流座谈会，还多次邀请省市专利事务所工作人员一同主动下到企业提供专利申请服务，围绕该县重点产业盐卤药化、机械机电、灯饰照明、箱包皮具、粮油食品产业的江西新瑞丰生化有限公司、中盐新干盐化有限公司、中盐江西兰太化工有限公司、江西盐通科技有限公司、江西金佳谷物有限公司新干分公司、江西天宇化工有限公司、江西双佳科技发展有限公司、江西吉安大和机械有限公司、江西新星树脂砂轮有限公司、新干华兴箱包有限公司、新干良豪米业有限公司、新干益智实业有限公司等30余家企业，有针对性地帮助企业发掘出更多的专利申请，培养它们的知识产权意识，提高专利申请量和授权量，已收集专利申报信息60多件。2014年1~7月，该县共申请国家专利57件，其中已授权37件。通过省市科技成果鉴定、新产品鉴定3个，获得省市科技进步奖2个。加强专利代理人培养，2014年瑞丰生化公司已有2人通过资格考试获得专利代理人员资格证，提前实现了该县消除专利代理人员为零的现象。

同时，该县认真组织实施省知识产权富民强县项目"盐卤药化关键技术集成及产业化"、发明专利产业化项目"赤霉素膜过滤浓缩工艺应用产业化"，通过江西新瑞丰生化有限公司和江西双佳科技发展有限公司等知识产权优势企业龙头的带动作用，辐射带动其他企业全面贯彻落实《国家知识产权战略纲要》和《江西省知识产权战略纲要》，实施创新驱动发展和知识产权战略，加强知识产权管理体系建设，注重专利技术的创造和转化应用，鼓励引进或购买专利技术，争创名牌产品和著名商标，提升企业核心竞争力，使企业做大做强做优，促进全民创新创业，实现富民强县。2015年，江西双佳科技发展有限公司正式购买了井冈山大学的两项国家发明专利"一种腐植酸/聚乙烯醇共混改性可降解固态地膜"和"一种腐植酸/EVA树脂共混改性可降解固态地膜"的申请权，正在抓紧进行产品小试实验和产品生产批量生产前期准备工作，公司对购买的专利产品市场前景信心满满，必将为企业转型升级快速发展带来契机。

（8）典型县域之八：都昌县

都昌县2015年1~8月专利授权量快速增长已超2014年全年总量。2015年以来，都昌县知识产权工作按照"激励创造、有效运用、依法保护、科学管理"的方针，加快经济发展方式转变，加速创新型都昌建设，全面提升都昌县知识产权的自主创造能力、转化应用能力、依法保护能力、科学管理能力。

专利授权量实现高速增长，2015年1～8月，都昌县专利授权74件，超过2014年全年授权总量，同比增长48%。知识产权工作成效显著，都昌县还被列为国家知识产权强县工程试点县和省级知识产权富民强县工程建设示范县。

都昌县高度重视知识产权工作，2015年初县政府出台《都昌县知识产权战略纲要》，结合都昌县实际，提出了到2020年，知识产权创造、运用、保护和管理水平得到显著提升，知识产权体系建设比较健全，知识产权工作在加快全县经济发展、转变经济发展方式、调整产业结构、推动文化繁荣和社会进步等方面的促进作用充分显现，主要知识产权指标走在九江市前列。都昌县委《在关于贯彻落实中央和省委市委精神全面深化改革的若干意见》中提出了要加强知识产权运用保护，推进国家知识产权强县工程试点县建设。在县政府议事协调机构清理调整工作中专门保留了知识产权工作领导小组。

(9) 典型县域之九：分宜县

2015年1～7月，分宜县全县专利授权量累计42件，同比增长250%。分宜县知识产权局开展了"四进四联"活动延伸科技服务。为深入推进"四进四联"活动打造"连心"工程品牌，分宜县知识产权局开展企业知识产权"大走访"活动，以企业作为重点联系和服务对象，提升科技服务水平，取得良好社会效果。

近日，分宜县知识产权局从分宜城西工业园区走到城东工业园区，依次走访了江西江锂新材料科技有限公司、江西国燕高新材料科技有限公司、江西恩达家纺有限公司、江西盛泰光学有限公司和江西省辛记食品有限公司等多家企业，面对面与企业职工交流，了解职工的工作、生活及企业知识产权工作，与企业负责人进行座谈交流，对企业在专利申报、企业"贯标"等方面取得的成绩给予充分肯定，鼓励企业积极申报专利，并对下一步扎实开展知识产权工作给予意见和建议。

分宜县知识产权局以这次"四进四联"活动为契机打造"连心"工程品牌，开展企业知识产权"大走访"活动延伸科技服务，提高企业的科技创新能力和知识产权保护意识。

(10) 典型县域之十：东乡县

东乡县重奖科技创新企业。2015年中共东乡县委、东乡县人民政府发文通报：2014年度，对回音必集团（江西）东亚制药有限公司等6家企业获得"高新技术企业"称号给予30万元奖励；对江西荣成机械制造有限公司等8家企业12个产品获得江西省新产品证书给予24万元奖励；对江西科伦药业有限公司等18家企业

127件专利给予135万元奖励。

东乡县县委、县政府为了进一步优化工业产业布局，明确主导产业定位，为加快园区发展步伐，实现园区的科学发展、集约发展、集群发展，打造工业航母工程，深入推进工业强县战略，于2011年出台了《关于大力优化工业产业布局推进园区发展和加快形成主导产业的实施意见（试行）》（东发201126号）文件，其中，设立企业科技进步奖：对于当年获得"高新技术企业"认定并授牌的企业奖励5万元；企业当年开发的新产品获得"国家新产品""江西省新产品"证书，按每个新产品奖励3万元、2万元；对获得国家发明专利技术的产品，每件奖励5万元，对获得国家实用新型专利产品或外观设计专利产品，每件奖励1万元。

2013年，该县专利申请量132件，同比增长277.1%；专利授权量66件，同比增长65.0%，被评为2013年度江西省"专利工作进步十强县"。2014年，该县专利申请量301件，同比增长128.0%；专利授权量160件，同比增长142.4%，被评为2014年度江西省"专利十强县"。

（11）典型县域之十一：泰和县

2015年7月16日泰和县企业——江西合力泰科技有限公司与宁波华智知识产权代理有限公司正式签订了贯彻《企业知识产权管理规范》国家标准合作协议，同时该企业的"贯标"工作开始启动。由此，该县和该企业也正式成为吉安市首个启动企业知识产权"贯标"工作的县（区）和首个启动知识产权"贯标"工作的企业。

该县非常重视本地企业知识产权管理制度建设。2013年，江西合力泰科技有限公司和江西龙展机械制造有限公司就被定为本县首批启动知识产权"贯标"企业。这两家企业还各自选派一名知识产权管理人员赴省培训，并均获得企业知识产权管控师资格认定。

江西合力泰科技有限公司是泰和县最早获得认定的省级高新技术企业，也是吉安市首个省级知识产权优势企业，并于近期向有关部门报送国家知识产权优势企业申请资料。该公司是泰和县最具有知识产权"贯标"基础的企业。

该公司是吉安市和泰和县唯一年专利申请量（2014年专利申请量达129件）过百件企业。2013~2014年，该企业申请量和授权量分别保持在全省企业前9名优势地位。该公司拥有的液晶显示和触控专利技术在全省乃到全国同行业均保持领先地位。

该县坚持通过抓好本地企业的知识产权"贯标"工作，建立良好的企业知识产权管理制度，全面提升知识创造、运用、保护和管理水平，快速抢占技术和市场制高点，为企业产业转型升级和知识产权驱动县域经济飞速发展奠定坚实基础。

(12) 典型县域之十二：奉新县

奉新县知识产权局自2013年6月成立以来，在县委、县政府的高度重视下，专门召开常委会研究知识产权相关问题两次，制定了《奉新县科技创新奖励办法》，县委、县政府制定了《关于大力实施四大战役加快建成小康社会的决定》（奉发〔2013〕8号），把知识产权专利化作为提升创新水平重要指标。为提升专利申请量、授权量，县政府给予人、财、物大力扶持，同时，将知识产权工作纳入县政府重要议事日程内容。切实做到"六个一"，即一个办公室、一块牌子、一枚章子、一支队伍、一笔经费、一套制度。

2013年，全县专利申请量达152件，增长123.5%，列全省第13位；授权量达74件，增长34.5%，列全省第17位；获全省"专利工作进步十强县"，同时还承担全省知识产权富民强县项目。2014年全县专利申请量达329件，增长116.4%，列全省第15位；授权量达139件，增长86.5%，列全省第20位；获全省"专利十强县"。两年来，全县专利转化率达到85%以上，高新技术企业达到13家，承担国家级项目16项，争取扶助资金2388万元。江西大华云通玻纤有限公司和江西冠亿砂轮有限公司通过承担相关项目，专利数量突飞猛进，实施专利产业化计划，效益显著，通过高新技术企业认定，已申报省级工程技术研究中心。

奉新县知识产权拥有量和转化效益明显，经济效益显著。主要是结合园区实际，因地制宜。一是制定和完善知识产权措施；二是开展知识产权培训宣传；三是争取县政府专项资金支持；四是规模以上企业配备了知识产权专员。每年利用"4·26世界知识产权日"和"保护知识产权宣传周"期间，在县城中心华林广场开展大型的现场咨询，形成尊重和保护知识产权良好的社会氛围。县政府分管领导亲临现场，县电视台等媒体专题宣传，发放《专利法》、"知识产权管理条例"等相关宣传资料3000余份，解答问卷200余份。每年邀请省内、省外专家在工业园区举办知识产权培训班2～4期，不断提高知识产权管理水平和自主创新能力，有效提升全社会知识产权意识。

奉新县紧紧围绕"工业强县"战略的思路，2014年奉新工业园成立了知识产权办公室，并指定一名副职具体分管，以推动技术创新和体制创新为目标，加大对江西大华玻纤集团公司、江西新卡奔科技股份有限公司、江西申田碳素有限公司、江西宁新新材料股份有限公司、江西泰明光伏有限公司等为代表的非金属新材料重点优势企业的培育，提升自主创新能力和市场竞争能力，预计有望2014年非金属新材料生产值突破30亿元。

(13) 典型县域之十三：武宁县

近年来，武宁县以建设知识产权强县为目标，以增强自主创新能力和综合竞争力为核心，大力培育以专利为主的自主知识产权，促进知识产权产业化。2015年1~8月，专利申请量和授权量均呈大幅提升的良好势头，专利申请量62件，同比增长107.1%；专利授权量73件，同比增长65.9%。

一是加强专利知识宣传。以知识产权宣传日和科技活动周为依托，以知识产权入园强企"十百千万"工程为载体，开展专利知识宣传，发放宣传资料5000余份，到企业走访宣传30多次，开展知识产权培训3期，培训企业管理和技术人员500人次。

二是制定知识产权规划。以县政府名义出台《武宁县知识产权战略纲要》，明确知识产权工作的战略目标、重点工作和保障措施，确定近3年专利申请量、授权量、发明专利申请量、企业专利申请量年均增长20%以上的目标。

三是实施专利申请奖励。为了鼓励武宁县企业、组织和公民开展发明创造，进一步优化创新环境，发展知识产权事业，促进专利技术的申请、实施与产业化，出台了《武宁县专利专项奖励资金管理办法》，2015年首批发放了专利奖励资金67500元，有效调动了企业、组织和公民专利申请的积极性。

四是注重科技项目引领。突出企业在知识产权创造中的主体作用，以科技项目和高新技术企业申报为抓手，引领企业进行专利培育和挖掘，培育九江世明玻璃有限公司、江西昂泰制药有限公司、江西千磁电线电缆有限公司等一批专利优势企业成为武宁县专利和知识产权发明创造的主力军。

第四篇 展望篇

  知识产权入园强企"十百千万"工程的实施为江西知识产权事业的发展奠定了坚实的基础。2016年，在知识产权强国建设大背景下，江西省获批特色型知识产权强省试点省份，正式拉开了继知识产权入园强企之后江西省知识产权事业发展的又一新征程。从特色强省实施方案规划、特色强省省部会商，到特色强省相关工程实施、特色强省与科技创新"5511"工程衔接、特色强省配套金融政策，再到特色强省的具体实施和知识产权入园强企的深入实施，赣鄱大地上正如火如荼地探索着一个又一个知识产权发展的新经验。从强企到强省，以强企撬强省，江西的知识产权事业正逐步走出一条具有鲜明特色的知识产权发展"江西模式"之路。

第十章 围绕特色型知识产权强省建设核心

江西省知识产权入园强企工程从 2014 年初开始实施，到 2016 年年底圆满完成。知识产权入园强企"十百千万"工程作为江西省的特色品牌工程，实施两年多来，取得了明显成效，产生了积极的社会反响，促进了江西省专利数量和质量的全面提升，实现了知识产权工作全面融入江西省经济社会发展升级大局。这一工程的实施也为江西省知识产权事业迈入新的台阶奠定了坚实的基础，尤其在知识产权强国建设背景下，江西省在 2016 年获得了全国首批特色型知识产权强省建设试点省份，知识产权入园强企"十百千万"工程的实施是先导、是基础，更为江西省知识产权事业的后续发展带来了深切的希望。

江西省人民政府关于加快特色型知识产权强省建设的实施意见

各市、县（区）人民政府，省政府各部门：

为贯彻落实《国务院关于新形势下加快知识产权强国建设的若干意见》（国发〔2015〕71 号）文件精神，深化知识产权领域改革，加快特色型知识产权强省建设，结合江西省实际，提出如下实施意见。

一、主要目标

围绕建设"特色型知识产权强省"，即：探索新常态下中西部地区知识产权引领支撑产业转型升级、经济跨越发展、国家生态文明先行示范区建设，大力发展航空制造、LED、新能源等知识产权密集型战略性新兴产业；加快发展自主知识产权农林生物技术和低碳生态产业；突出发展污染防控关键专利技术和环保产业，打造知识产权特色强省"江西样板"。

到 2020 年，知识产权管理执法、转化运用、公共信息和中介服务等四大体系基本完善；全省年专利申请量达到 10 万件，授权量达到 6 万件，有效发明专利拥有量达到 1 万件以上，PCT 国际专利年申请量达 100 件以上；全省拥有有效注册商标超过 15 万件，作品著作权登记数年均增长 30% 以上；授权发明专利产业化率提高 5 个百分点；培育 5 家国家级、10 家省级知识产权品牌服务机构，专利代理机构超过40家；知识产权年质押融资10亿元以上，专利运营、质押融资、专利许可合同等专利运用指标达到全国平均水平以上；全省专利行政执法和维权援助绩效指数达到全国专利保护实力指数中上水平。

二、加快知识产权领域改革，激发全社会创新活力

（一）探索知识产权综合管理改革

完善省知识产权工作部门联席会议制度。进一步完善市、县（区）知识产权管理职能，积极研究探索知识产权管理体制机制改革。逐步探索在赣江新区及赣州、南昌综合保税区和有条件的市县、园区，开展专利、商标、版权等知识产权管理"三合一"试点，提高知识产权管理效能。（省知识产权工作部门联席会议成员单位、省编办按职责分别负责）

（二）完善知识产权激励创新驱动的绩效评价机制

将知识产权产品逐步纳入国民经济核算，将知识产权指标纳入江西省国民经济和社会发展规划。在对党政领导班子和领导干部进行综合考核评价时，注重发明创造、执法维权、转化运用、创新环境等方面的成效。加大省科技奖、专利奖等奖励制度的知识产权评价权重。鼓励企事业单位科技人员创新成果知识产权化、知识产权产业化，对发明人或设计人予以奖励，并作为其业绩考核、职称评定和岗位聘任的重要条件之一。利用财政资金进行政府采购的，在同等条件下，优先使用自主知识产权产品。（省人社厅、省委组织部、省统计局、省科技厅、省发改委按职责分别负责）

（三）建立重大经济科技活动知识产权评议制度

加大知识产权分析评议示范机构培育力度，研究制定江西省重大科技经济活动知识产权评议工作指南，明确评议范围，规范评议程序，推进知识产权分析评议服务标准化。完善重大科研项目的知识产权全过程管理流程，围绕省级重大产业规划、高技术领域重大投资项目等开展知识产权评议，建立省级科技计划知识产权目标评估制度，积极探索重大科技活动知识产权评议试点，建立重点领域知识产权评议报告发布制度。引导企业自主开展知识产权评议工作，规避知识产权风险。按年度发布知识产权发展状况白皮书，及时公开江西省知识产权状况。（省科技厅、省发改委、省工信委按职责分别负责）

（四）创新知识产权服务业管理模式

推进"互联网+知识产权"创新服务模式，实现知识产权服务产品化，逐步提升行业服务质量、服务效率和用户体验。成立江西省专利代理协会（联盟），建立专利代理服务标准化体系和行业评价机制，完善专利代理人才培训机制，开展知识产权服务品牌机构培育评选工作。开展知识产权统计调查，逐步建立知识产权服

业统计公布制度。(省科技厅、省统计局负责)

(五)健全知识产权信用管理体系

建立与知识产权保护有关的信用标准和信用档案。构建知识产权长效保护机制,加大对知识产权侵权失信行为的惩戒力度,提高知识产权保护社会满意度水平。对重复知识产权侵权行为、假冒知识产权行政处罚等信息,及时纳入国家企业信用信息公示系统(江西)和省公共信用信息平台。建立知识产权服务诚信机制,完善专利代理执业信息披露制度,及时公开知识产权代理机构和从业人员信用评价等信息。建立财政资助项目形成的知识产权信息披露制度。(省发改委、省科技厅、省工商局、省新闻出版广电局负责)

三、强化知识产权创造运用,支撑重点产业转型升级

(六)实施知识产权入园强企"十百千万"升级工程

建立健全园区企业知识产权管理制度,完善科技特派员工作机制。鼓励企业制定实施符合自身特点的知识产权战略。深入推进企业贯彻知识产权管理规范国家标准。加强知识产权优势企业、示范企业培育。到2020年,培育核心竞争力强、知识产权制度健全、专利授权过千件的工业园区和大型企业各10家,培育授权专利过百件的高新技术企业100家、专利过10件的规模以上企业1000家、专利消零的中小微企业10000家。贯标验收企业数量达到100家,国家级知识产权示范企业达10家,省级知识产权示范企业100家、优势企业500家。全省企业专利申请量占比60%以上。(省科技厅、省国资委、省工信委负责)

(七)加快知识产权密集型产业培育工程

制定全省知识产权密集型产业目录和发展规划,推动知识产权密集型产业发展,培育认定10个知识产权密集型产业基地。鼓励和支持产业集聚区、行业和企业开展专利布局,争取国家对生物医药、节能环保、新能源汽车、航空制造等重点产业的核心发明专利开通快速审查确权绿色通道,尽快在新能源开发、污染治理、生态修复等关键技术领域和环保产业形成一批专利组合,储备一批支撑产业发展和提升企业核心竞争力的专利。鼓励知识产权密集型企业成立知识产权产业联盟。(省科技厅、省发改委、省工信委按职责分别负责)

(八)推进专利产业化工程

进一步支持鼓励企业自主创新,充分发挥战略性新兴产业专利技术研发与产业化示范专项的示范引领作用,大力推进发明专利产业化。加大对LED、生物医药、节能环保、新能源汽车、航空制造、智能装备等重点产业的扶持力度,每年择优选取20项核心专利予以产业化支持,逐步促进100项核心专利技术产业化,力争到2020年,全省授权发明专利产业化率提高5个百分点。(省科技厅负责)

(九) 实施发明专利量质提升工程

修订《江西省专利费资助暂行办法》，加大专利申请资助扶持力度，重点提高授权发明专利和PCT等高价值专利的资助力度，力争发明专利申请占比达25%以上，PCT国际专利申请年均增速20%以上。突出专利评价工作的申请质量导向，将万人发明专利拥有量指标纳入科学发展综合考核评价体系。到"十三五"期末有效发明专利拥有量达到1万件以上。（省科技厅、省委组织部、省人社厅按职责分别负责）

(十) 推进高校院所知识产权强化工程

推进高校、科研院所贯彻知识产权管理规范国家标准，力争2020年在江西省高校、省属独立科研院所全面推行知识产权贯标工作。依托南昌"大学科技城"搭建高校院所"互联网+知识产权转化交易"平台，开通江西省高校和科研院所知识产权转移转化服务网。按相关政策规定，建立健全财政资金支持形成的知识产权使用、处置和收益分配机制，用于奖励发明人（团队）的收益比例不低于60%。对未及时转化的职务发明，发明人（团队）可依法通过与单位签订协议的方式实施，并按照相关规定政策享有相应权益，促进知识产权商用化、产业化。到2020年，力争高等院校、科研机构和国有企业知识产权实施转化率达到30%左右。（省教育厅、省国资委、省科技厅按职责分别负责）

(十一) 开展知识产权惠农工程

搭建省级农业知识产权转化交易平台，开展涉农专利、品种权等农业知识产权展示推介、产学研对接。引导知识产权服务机构开展农业知识产权信息分析、价值评估、质押融资等增值服务。加快发展自主知识产权农林生物技术和低碳生态产业，发挥江西省在水稻、脐橙、油茶、生猪等领域的创新优势，每年筛选5~10项技术含量高、转化前景好的涉农专利技术和动植物新品种予以重点推广应用。（省农业厅、省林业厅、省科技厅按职责分别负责）

(十二) 推进知识产权品牌创建工程

支持企业利用商标和品牌开展兼并重组和连锁经营，推动生物医药、LED、生态农业等优势特色产业品牌建设。重点打造"四绿一红"茶叶，鄱阳湖品牌水产品，"赣南脐橙、南丰蜜桔"果业，"泰和乌鸡、崇仁麻鸡、宁都黄鸡"优质地方鸡等品牌，着力提升"生态鄱阳湖、绿色农产品"品牌形象和价值。规范和引导公共文化资源商标注册，有效保护江西历史文化遗产，促进文化产业可持续发展。推进版权示范创建工程，积极培育一批国家级和省级版权示范单位和版权示范园区（基地），带动版权产业发展。（省工商局、省质量技术监督局、省农业厅、省新闻出版广电局、省文化厅按职责分别负责）

四、加强知识产权保护，优化大众创业、万众创新环境

（十三）加大知识产权行政执法保护力度

进一步提升专利行政执法维权队伍能力和条件建设，积极探索推进知识产权综合行政执法。深入开展知识产权（专利）行政执法维权打假护航专项行动。建立重点产业和重点专业市场知识产权保护机制，实行知识产权重点案件挂牌督办制度。推进侵犯知识产权行政处罚案件信息公开。探索开展互联网、电子商务大数据等领域知识产权地方立法研究，出台推进江西省电子商务领域专利保护工作的指导意见。加大农业知识产权保护力度，重点维护好农产品老字号、"贡"字号和区域性公共品牌价值。（省打击侵犯知识产权和制售假冒伪劣商品工作领导小组成员单位按职责分别负责）

（十四）发挥知识产权司法保护作用

充分利用行政保护与司法保护两条途径优势互补、有机衔接的知识产权保护模式，对涉及民生、群众反映大的专利侵权行为，坚决依法予以打击。对涉嫌侵犯知识产权犯罪的案件，依法及时移送公安部门。探索实施惩罚性赔偿制度，加大侵权损害赔偿力度。推动建立知识产权专门法院或法庭，积极推进知识产权民事、刑事和行政审判"三合一"改革试点。（省打击侵犯知识产权和制售假冒伪劣商品工作领导小组成员单位按职责分别负责）

（十五）构建知识产权高效维权援助体系

加快中国景德镇（陶瓷）知识产权快速维权中心建设，加大对陶瓷等轻工业产业外观设计专利保护力度，打造知识产权保护快速维权"江西样板"。支持有条件的市、县（区）申报产业契合度高的国家级快速维权中心。完善江西省知识产权维权援助网络，构建"省中心、分中心、工作站"三级联动的知识产权维权援助、举报投诉工作网络。加大中小微企业知识产权维权力度，围绕"众创、众包、众扶、众筹"等中小微企业，制定相关知识产权保护制度，给予更多的政策和资金倾斜。（省科技厅、省发改委、省工信委负责）

五、提升知识产权服务能力，助推创新驱动绿色发展

（十六）推进现代知识产权服务业发展

制定《江西省专利代理行业发展中长期规划（2016—2025年）》，大力发展知识产权服务业，培育一批国家和省级知识产权服务业集聚发展试验区。加快培育知识产权品牌机构，系统构建知识产权代理、交易和融资等全链条服务体系。到2020年，建成南昌、九江、赣州等3个国家级园区为依托的知识产权服务业集聚区。培育5家熟悉国际规则、具备实务操作能力、竞争力较强的国家级高端服务品牌机构和10家省级服务品牌机构，力争江西省知识产权（专利）服务实力指数进入全国

中游行列。(省科技厅、省工商局、省新闻出版广电局按职责分别负责)

(十七) 全面实施专利导航工程

开展专利价值分析工作，建立专利导航产业发展工作机制，绘制重点产业发展的专利导航图，培育形成专利导航产业发展新模式。围绕节能环保、生物和新医药、新能源等十大战略性新兴产业，开展专利导航产业发展实验区建设，按照"1+N"模式，构建产业专利导航项目体系，即围绕一个重点产业宏观专利导航项目，实施N个微观专利导航项目，充分发挥专利信息资源对产业运行决策的引导力。(省科技厅、省工信委负责)

(十八) 完善专利金融服务体系

完善知识产权投融资政策，鼓励银行、证券、保险、信托等金融机构广泛参与知识产权金融服务，推动"互联网+知识产权金融"发展，为创新创业者提供知识产权资产证券化、专利保险等新型金融产品和服务。搭建和完善知识产权融资综合服务平台。开展知识产权质押融资试点工作。省级科技金融担保加大知识产权质押融资相关业务的支持力度，力争知识产权质押金额年增长20%以上，力争到2020年知识产权年质押融资10亿元以上。(省政府金融办、省财政厅、省科技厅按职责分别负责)

(十九) 加强知识产权运营平台建设

加快国家知识产权运营平台及国家专利技术（江西）展示交易中心、青年知识产权（专利）交易孵化中心建设。积极筹建江西省特色重点产业知识产权运营基金（平台），围绕生物医药、LED与节能环保、航空制造与智能装备等重点产业开展知识产权布局和运营。鼓励社会资本投资设立专业化知识产权运营公司，促进知识产权商业化运营。建立健全知识产权转化运用利益分享机制，激发知识产权运用动力。加大江西省知识产权（专利）孵化中心培育力度，力争用3年左右时间，建成20家左右覆盖全省的知识产权（专利）孵化中心。(省科技厅、省发改委、省工信委负责)

六、加强知识产权海外布局和风险预警，助推企业开拓国际市场

(二十) 加快重点产业知识产权海外布局

鼓励企业开展海外知识产权布局，加大补给力度，提高PCT国际专利申请数量和质量，提升江西省企业的国际竞争力。加强企业海外知识产权布局指导，在产业园区和重点企业设立知识产权布局设计中心，推动企业、高等院校和科研院所联合建立海外专利布局合作机制。(省科技厅、省商务厅负责)

(二十一) 强化海外知识产权维权援助

建立海外知识产权维权援助机制，帮助涉外贸易企业和投资企业及时收集发布主要贸易目的地、对外投资目的地知识产权相关信息，提出应对潜在风险的策略和建议。针对可能或已经对产品出口、行业安全、国际声誉构成风险的海外知识产权问题，向企业或所在行业组织提供信息支持、法律咨询以及教育培训等综合服务。（省科技厅、南昌海关、省商务厅、省工商局、省新闻出版广电局按职责分别负责）

七、保障措施

（二十二）加强组织领导

充分发挥省知识产权工作部门联席会议的统筹协调作用，加强对实施意见各项举措的组织协调和督促检查，及时研究、协调解决全省知识产权工作中的突出问题。各市、县（区）和有关部门要高度重视，加强实施意见的组织实施，结合实际制定工作方案和配套政策，推动实施意见有效落实。（省知识产权工作部门联席会议成员单位按职责分别负责）

（二十三）加大资金投入

积极争取中央财政重点产业知识产权运营服务专项资金支持。充分发挥财政资金的示范和引导作用，通过整合资源的方式，综合运用小微企业创业园创业风险补偿引导基金、科技成果转化引导基金等支持中小微企业知识产权成果转化运用。（省财政厅、省科技厅、省工信委负责）

（二十四）加快人才培养

将知识产权培训纳入"十三五"公务员培训重要内容，依托国家知识产权培训（江西）基地、各级党校（行政学院）等，加强对党政领导干部、公务员、企事业单位管理人员等的知识产权培训。制定江西省知识产权高端人才引进规划，将知识产权高端人才和专业人才作为紧缺人才列入全省重点人才引进目录。加强知识产权智库建设，不断充实完善知识产权人才库。在有条件的高校、院所设立知识产权学院和研究院（所）。培养青少年知识产权与创新意识，探索建立一批中小学知识产权宣传教育示范学校。鼓励企事业单位设立专门的知识产权管理机构，加大贯彻企事业单位知识产权管理国家标准（贯标）工作力度。（省人社厅、省委党校、省教育厅、省科技厅按职责分别负责）

第十一章 强化科技创新"5511"工程知识产权支撑

一、科技创新"5511"工程之基本政策要求

"十三五"期间,通过创新驱动"5511"工程的实施,全省科技创新能力显著提升,区域创新体系更加健全,符合创新要求的体制机制更加完善,力争使创新成为驱动经济增长的主要动力。力争到2020年,全省科技综合实力位次前移2~3位,科技进步贡献率提高到60%,高新技术产业产值、规模以上工业新产品产值均实现翻番,高新技术产业增加值占规模以上工业增加值的比重达到30%,专利申请量和授权量增长200%。

1. 新建50个国家级创新平台和载体

在巩固提升现有国家级创新平台和载体的基础上,重点新增建设50个国家级创新平台和载体。主要包括:国家重点(工程)实验室、国家工程(技术)研究中心、国家认定企业技术中心、省部共建国家重点实验室、国家级高新技术产业开发区、国家级科技企业孵化器、大学科技园、众创空间、国家级产业技术创新战略联盟等。

2. 新增50个国家级创新人才和团队

在巩固提升现有国家级创新人才和团队的基础上,新增培养各类国家级创新创业人才和团队50个。主要包括:长江学者、国家杰出青年科学基金获得者、千人计划人才、百千万工程人选、国家科技创新创业领军人才以及国家级重点领域创新团队等。

3. 实施100项重大科技专项

重点聚焦航空制造、半导体照明、生物和新医药、新一代信息技术、新材料、新能源、节能环保等战略性新兴产业和优势产业,组织实施100项重大科技专项。其中,以重大战略产品开发为导向,突出自主创新、自有技术、自主品牌,强化开放合作、协同创新,实施50个左右重大科技研发专项;以省内龙头企业为主体,优势关联企业参与,集聚境内外企业、高校和科研院所等各类优势科技资源,组建

50个左右按市场机制运行、政产学研用一体化的科技协同创新体。

4. 新增1000家高新技术企业

以从事高新技术产品开发的企业为重点培育对象，培育和壮大一批竞争力强的高新技术企业，推动江西省高技术含量的科技型企业快速增长。到2020年，新增高新技术企业1000家。

二、科技创新"5511"工程之知识产权支撑

以专利为主的知识产权，既是科技创新活动的产物，又能激励创新驱动发展战略的实施，无疑也是"5511"工程的重要支撑。

(1) 平台载体。建设国家级创新平台和载体，需要有一大批自主知识产权，尤其是高质量的核心发明专利。创新平台与知识产权的共同特征是"排他性"，即优中选强、跑马圈地。

(2) 人才团队。习总书记深刻指出，创新驱动实质是人才驱动。人才总量少、高端人才缺，这与江西省各项科技指标高度吻合，也是造成江西省发展滞后的根源所在。加快引进、就地培养创新人才团队，知识产权应当作为重要考量。

(3) 重大专项。国家重大专项领导小组和科技部出台的重大专项实施考评办法，明确知识产权产出为重要指标。江西省重大专项，立项前应就该产业领域和拟承担者的知识产权状况进行分析评议，验收时应把每千万元投入的发明专利申请授权量作为刚性约束。

(4) 高新技术企业。在高新技术企业认定中，专利（1个发明或6个实用新型）是必要条件，而且是关键制约。2015年新修订的高新技术企业认定办法，有的门槛放低了，但对专利的要求反而更高了（只能自有或转让，取消独占许可）。如果到2020年，全省专利申请量能够上10万件，发明专利占比超30%，就可为超额完成新增1000家高新技术企业打下坚实基础。

三、科技创新"5511"工程之特色强省抓手

2015年12月底，《国务院关于新形势下加快知识产权强国建设的若干意见》（国发〔2015〕71号）出台，吹响了知识产权强国建设的号角。经过答辩评审，近日国家知识产权局批复江西省为首批5个国家"特色型知识产权强省"建设试点省之一，这是"十三五"江西省知识产权事业发展升级的大平台，也是知识产权支撑科技创新"5511"工程的重要抓手。知识产权支撑科技创新"5511"工程在2016

年的工作重点：

1. 一个核心定位：国家特色型知识产权强省，即探索新常态下欠发达地区知识产权引领支撑产业转型升级、经济跨越发展、建设全省域生态文明先行示范区

其实现路径一是大力发展知识产权密集型战略性新兴产业；二是加快发展自主知识产权农林生物技术和低碳生态产业；三是突出发展污染防控关键专利技术和环保产业，打造知识产权"江西样板"。

2. 两个新抓手：2016年发明专利提升计划和知识产权金融服务行动

（1）2016发明专利提升计划。江西省既有专利总量不大的问题，也有高质量发明专利偏少的矛盾。由于发明专利授权审查期长（平均需2年左右）、统计数据滞后（一般滞后1~2年）等原因，尽管近3年江西省专利增幅超过200%，万人发明专利拥有量也由0.5件提高到1.2件，但是"科技综合实力报告"公布江西省依然排在第29位。2016年要有所改观，一是通过调整发明专利申请、授权和维护的资助政策，提升全省有效发明专利数量；二是加大发明专利产业化项目支持力度，引导更多发明专利的创造和转化运用；三是建议适当提高市县综合考评中"万人发明专利拥有量"指标的分值。通过实施"2016发明专利提升计划"，希望各级更加重视发明专利，力争2016年全省发明专利申请达8000件、授权达2500件、万人发明专利拥有量突破1.5件。

（2）知识产权金融服务行动。金融是现代经济的血液，知识产权质押融资作为科技金融的重点，是高科技服务业的重要支撑。2015年11月江西省知识产权局与江西省银监局共同出台了《江西省中小微企业知识产权质押融资管理办法（暂行）》，3个多月已完成知识产权质押贷款额1.29亿元，成功推动了江西省企业优秀专利技术项目与金融资本对接，促进了"专利资源的资本股本化"，实现了专利技术的市场价值。2016年3月1日，全省知识产权金融服务推进会暨政银企对接会召开，江西省知识产权局与北京银行、中国邮政储蓄银行、交通银行、招商银行、中国建设银行签订了《知识产权金融服务合作协议》，5家银行将向科技型中小微企业提供总计50亿元的知识产权质押融资授信。2016年全省力争稳妥完成3亿~5亿元的质押贷款发放，助力小微企业科技创新。希望各市、县积极出台激励政策，我们还要争取列入国家级专利金融试点省，可获得5000万元中央财政补贴。

3. 三项硬任务

一是1个顶层设计。正在起草省政府贯彻"国发〔2015〕71号文"的具体意见，要落实文件政策；力争上半年省政府与国家知识产权局举行新一轮省部会商，推动几个实质性举措落地。

二是5万件专利申请。这些年江西省强调"四以三化"（以数量布局、以质量

占优、以效益取胜、以服务支撑,推动创新成果产权化、知识产权产业化、专利资源资本股本化),做大专利总量是基础。2016年要千方百计完成35%专利申请受理量的增幅(前三年都在40%以上),即可实现全省5万件的总量,一般有3万件以上的授权量,力争上一个新台阶。2016年的任务分解,前几天已由领导小组发文下达各设区市政府。只要能够保持25%的复合增长率,"十三五"期末年申请量将达10万件,数量布局就能达到阶段性目标。

三是"十百千万"工程。知识产权入园强企"十百千万"工程实施两年来,成效显著,已成为全国同行瞩目的江西知识产权工作名片。目前专利过千件的园区企业已达19家,超过"十"但"百千万"都有差距,如万家小微企业专利消零实际完成6700余家。2016年要加大宣传培训、试点示范、考核激励等工作力度,确保三年强攻目标全部完成。

4. 四大体系完善

体系建设是事业长期稳健发展的保证,这几年江西省知识产权工作之所以有所作为,主要是由于坚持不懈地抓住执法、代理、交易转化、信息服务等四大体系的规划建设,打牢基础、积攒后劲。

一是执法体系。加强执法条件建设,力争全省办案量突破500件大关;紧盯江铃汽车外观设计专利纠纷调解等重点案件,服务地方经济发展;抓好专业市场和大型展会知识产权保护,力争更多进入国家试点;加快"中国(景德镇)陶瓷知识产权快速维权中心"建设,这是中部地区唯一一家国家级快维中心,由景德镇市政府与省知识产权局共建,已新增5个全额编制,市科技局抓得很紧,力争上半年开业。其集快速授权、快速确权、快速维权于一体,将有力推动陶瓷科技创新和知识产权保护模式创新,在做大做强陶瓷支柱产业中体现科技部门的作为。

二是代理体系。知识产权代理机构少、实力弱是江西省的一个短板,制约了事业快速发展。这两年通过宣传引导,全省专利代理机构由10家增加到24家,但仍然满足不了专利快速增长的市场需求。2016年3月底,两年一次的全国专利代理管理工作会议在南昌召开,借此东风专利代理机构有望突破30家,尤其是上饶、抚州这两个大市2016年应当把代理机构建起来。

三是交易转化体系。要在2015年"互联网+知识产权"交易对接会的基础上,抓紧完善互联互通的省、市、重点县网上交易平台;抓紧落实省政府考评任务,3年内完成20家知识产权孵化中心的建设,2016年启动5家左右,出台管理办法,积累建设经验;关键是要尽快列入国家知识产权局"1+2+20+N"的专利运营平台体系,争取4000万元的国家投入。

四是信息服务体系。推动重点园区和企业逐步建立专利数据库;启动1~2个重大财政投入项目的知识产权分析评议；扩大重点产业专利分析预警，做好2015年锂电池与电动汽车、电子触屏、汽车外观3个项目的同时，再选择2~3个项目；开展1~2个产业集群的专利导航项目，探索专利导航产业服务区建设。

2016年2月初，围绕"十三五"开局之年的知识产权六大工程和十项重点工作，江西省知识产权局已经下发文件，就各项任务作了分解。希望各市、县明确目标、落实责任、加大投入、细化措施、量化进度、强化调度，确保各项目标任务的顺利完成。

第十二章 紧抓知识产权"六大工程""质押融资"与"入园强企"

一、知识产权"六大工程"

1. 申请授权"量质并行"工程

【2016开年工作安排】2016年力争全省专利申请受理量达5万件,授权量达3万件,全省专利申请受理总量保持25%、力争35%以上的增幅;启动实行"2016发明专利提升计划",更加重视发明专利申请与授权,发明专利申请达到8000件,授权达到2500件,全省万人发明专利拥有量突破1.5件。

【2016下半年工作安排】2016年确保全省专利申请受理量达5万件,力争达6万件,授权量达3万件,全省万人发明专利拥有量力争达到1.6件。

2. 知识产权入园强企"十百千万"工程

【2016开年工作安排】持续推动知识产权入园强企"十百千万"工程的深入开展,着重提升十大战略性新兴产业的知识产权创造运用能力。以知识产权特派员和知识产权专员两支队伍建设为抓手,以国家专利奖和省专利奖为风向标,不断深化园区和企业知识产权服务工作,拓展知识产权服务业领域。继续做好企业"贯标"工作,新增培育一批试点示范园区企业。到2016年底100%的省级以上工业园区、经济技术开发区、高新区及8%规模以上企业拥有发明专利,圆满完成"十百千万"目标任务。

【2016下半年工作安排】到2016年底,100%的省级以上工业园区、经济技术开发区、高新技术开发区及8%规模以上企业拥有发明专利,圆满完成知识产权入园强企"十百千万"工程各项目标任务。

3. 打假护航"执法提升"工程

【2016开年工作安排】开展执法提升工程第二阶段工作,着重在省、市、县三级专利行政执法保护体系建立的基础上提升能力,特别是加强县级执法能力建设,改善行政执法条件。强化联合执法机制建设,加强行政执法机关与公安机关、检察

机关、法院等司法机关的工作衔接，及时发布行政处罚案件信息，震慑违法者。强化互联网、展会和专业市场的知识产权保护，完善展会期间的知识产权联合执法协作机制。围绕中国景德镇（陶瓷）知识产权快速维权中心的建立，给予重点支持，探索陶瓷产业知识产权保护模式，打造快速维权的"江西样板"。

【2016下半年工作安排】继续开展执法提升工程第二阶段工作，着重在省、市、县三级专利行政执法保护体系建立的基础上提升能力，特别是加强县级执法能力建设，改善行政执法条件。

4. 体系强化与专利运营"纵横协同"工程

【2016开年工作安排】紧紧围绕江西省支柱产业和关键领域，建立十大战略性新兴产业专项专利数据库；谋划专利导航项目，开展专利布局，形成专利组合，构建专利储备，探索专利运营和产业化建设；加强专利协同运用，推动专利联盟建立，形成资源集聚、流转活跃的专利交易市场体系；促进市场主体运用知识产权参与竞争能力明显提升，加快专利资源资本股本化，知识产权投融资额明显增加，知识产权市场价值充分体现。

持续抓好四大体系建设，夯实事业提速的基础。进一步发挥江西省知识产权工作领导小组、高校院所、协会及中介服务组织和江西省知识产权专家委员会的积极作用。积极做好江西省人民政府与国家知识产权局第二轮省部合作会商机制的启动筹划工作。建立省、市、县高效联动，成员委、厅、局密切配合的工作机制。

【2016下半年工作安排】继续紧紧围绕江西省支柱产业和关键领域，建立十大战略性新兴产业专项专利数据库；谋划专利导航项目，开展专利布局，做好重点产业专利运营平台。

5. 信息统计与分析预警"产业导航"工程

【2016开年工作安排】落实国家有关免费或者低成本向社会开放知识产权基础信息资源的要求，加强知识产权公共信息服务平台建设，构建具有江西省特色的知识产权（专利）信息服务平台，基本实现各信息平台间的资源共享；开展知识产权统计监测，全面反映知识产权的发展状况，逐步建立知识产权产业统计制度，在新修订的国民经济核算体系中体现知识产权内容。

构建专利公共信息服务平台，推进网上信息公开和知识产权数据库建设，完善专利网上交易平台，促进线上线下交易互动。开展战略性新兴产业专利信息导航计划，探索建立重大技术改造、重大科技专项和重大项目投资等经济活动知识产权评议制度，规避知识产权风险。

【2016下半年工作安排】开展知识产权统计监测，逐步建立知识产权产业统计制度，在新修订的国民经济核算体系中体现知识产权内容。继续开展战略性新兴产

业专利信息导航计划,探索建立重大技术改造、重大科技专项和重大项目投资等经济活动知识产权评议制度。

6. 专利代理与市场中介"服务跟进"工程

【2016开年工作安排】发挥市场导向,激发市场活力,落实设区市专利代理机构消零,力争全省专利代理机构增加6家,总数达30家。抓好专利代理人考前培训,组织考试试点,强化国家级、省级知识产权培训基地工作指导和规范管理。

培育一批知识产权中介咨询企业,着力建设1~2个全省综合性的知识产权中介服务机构,做大知识产权服务业的数量、规模和服务平台。

【2016下半年工作安排】发挥市场导向,激发市场活力,落实设区市专利代理机构消零,力争全省专利代理机构增加6家,总数达30家。抓好专利代理人考前培训,组织考试试点。

二、知识产权"质押融资"

江西省中小微企业知识产权质押融资管理办法(暂行)

第一章 总 则

第一条 为贯彻实施《国务院关于加快构建大众创业万众创新支撑平台的指导意见》(国发〔2015〕53号)和财政部等六部门《关于加强知识产权质押融资与评估管理支持中小企业发展的通知》、中国银监会等四部门《关于商业银行知识产权质押贷款业务的指导意见》等有关精神,鼓励金融创新,加强知识产权资源与金融资源的有机结合,引导和扶持中小微企业采取专利权质押方式实现专利权的市场价值,促进专利权市场化运用,推进四众(即众创、众包、众扶、众筹)健康发展,进一步推动江西发展升级和产业创新升级,结合江西省实际,制定本办法。

第二条 本办法适用于在江西省区域内注册的具有独立法人资格、拥有自主专利权的中小微企业和具备相关资质的评估、担保、保险等服务机构。

第三条 江西省知识产权局从省专利专项资金中列支专利权质押融资资助资金(以下简称"资助资金"),分为贴息资助资金和评估、担保、保险资助资金。主要用于补助中小微企业以专利权质押方式向银行贷款所支付的利息和因质押贷款所发生的评估、担保、保险等中介服务补贴。

第四条 着力构建融资服务平台,大力加强政府引导和银担合作,综合运用资本投入、代偿补偿等方式,加大财政支持力度,引导和促进融资服务机构和银行业金融机构为四众企业提供快捷、低成本的融资服务,建立健全知识产权质押融资风险多方分担机制。在知识产权质押融资中发生的风险,由担保机构、银行等融资服务机构和资产评估机构、保险机构共同分担。

第五条　江西省专利权质押融资工作的基本原则是：依法管理、科学评估、合理安排、择优资助。

第二章　融资贷款条件和申办程序

第六条　以专利权向贷款人出质取得的信贷资金主要用于技术研发，知识产权产业化项目建设、运营、管理，技术改造，流动资金周转等生产经营活动，不得从事股本权益性投资，不得用于有价证券、基金、房地产、期货等投资经营活动及监管机关禁止的其他信贷资金用途，法律、法规、规章及银监会规范性文件另有规定的除外。

第七条　出质人用于质押贷款的专利权必须符合以下条件：

（一）已被依法授予专利权；

（二）专利权处于法定有效期限（或保护期）内，且剩余有效期（或保护期）原则上不少于3年，不短于贷款期限；

（三）权属清晰，依法可转让并能够办理质押登记；

（四）专利权不得涉及国家安全与保密事项；

（五）出质人必须将质权价值全额用于贷款质押担保；

（六）知识产权出质人有国有资产成分的，出质前应取得其上级资产主管部门的批准；

（七）出质人应书面承诺质押期间转让或授权许可第三方使用出质权利时，必须经贷款人同意，且同意转让费、许可使用费、实施专利所得收益均须优先用于归还贷款或提存；

（八）专利项目处于产业化初期和扩大再生产的实质性实施阶段；

（九）以实用新型和外观设计专利权出质的，贷款人可以要求出质人出具国务院专利行政部门作出的专利权评价报告或检索报告，或者足以证明其具备专利实质性条件的其他材料。

第八条　有下列情形之一的，不予办理知识产权质押贷款：

（一）出质人非国家行政主管部门法定知识产权文档所记载的知识产权所有人；

（二）知识产权被提出撤销或被启动无效宣告程序的；

（三）被宣告无效、被撤销或者已经终止或提前终止的；

（四）假冒他人知识产权的；

（五）知识产权存在权属纠纷或权属不清的；

（六）质押期限超过知识产权剩余有效期限的；

（七）已被国家专利行政机关强制许可的专利权；

第十二章 紧抓知识产权"六大工程""质押融资"与"入园强企"

（八）未按时、足额缴纳专利年费的专利权；

（九）已被国家有权机关采取查封、扣押、冻结等强制措施的；

（十）其他不具备办理知识产权质押贷款的情形。

第九条 贷款利率按照中国人民银行公布的利率政策执行。利率上、下浮比例不得超过中国人民银行的规定。

第十条 出质人以知识产权向贷款人出质借款，需向贷款人提交下列（但不限于）相关资料：

（一）知识产权质押贷款申请书；

（二）拟出质知识产权的相关证书（包括但不限于专利证书）原件及复印件；

（三）证明专利权有效的专利登记簿副本原件；

（四）中国银监会《商业银行授信工作尽职指引》规定的相关资料；

（五）贷款人要求提供的其他资料。

第十一条 贷款人根据自身审批流程和审查标准决定是否与相关企业建立授信关系，并确定担保方式。

采用知识产权质押的，应重点审查借款人、出质人以下情况：

（一）信用档案、知识产权是否真实有效；

（二）是否有权将该知识产权转让或许可他人使用；

（三）是否已设定质押或重复设定质押；

（四）知识产权的市场价值；

（五）知识产权价值是否合理，评估机构是否具有知识产权评估资质，注册评估师是否具有知识产权评估资格，是否该评估机构正式专业人员。

第十二条 双方当事人签订借款合同及相关知识产权书面质押合同，明确质押双方当事人的权利义务，自订立合同之日起15日内，共同向国家知识产权局指定的专门机构办理知识产权质押登记，并将质押登记结果报送省级相关知识产权行政主管部门。质权自国务院知识产权有关行政主管部门办理出质登记时设立。

第十三条 知识产权质押合同应包括但不限于以下内容：

（一）被担保债权的种类、数额、资金用途；

（二）知识产权件数、名称、权利要求项数、专利号、专利申请日、授权公告日；

（三）质押担保范围；

（四）质押金额及其支付方式、质押率；

（五）质押到期日原则上不超过贷款到期日后两年。贷款展期的，质押到期日不超过展期到期日后两年；

（六）对质押期间进行知识产权转让或实施许可的约定；质押期间出质人维持知识产权有效的约定；

（七）质押期间知识产权被宣告无效、撤销或者知识产权归属发生变更时是否另行提供担保；

（八）违约及索赔；争议的解决方法；质押期间债务的清偿方式；

（九）依照规定及当事人认为需要约定的其他事项。

知识产权经过资产评估的，出质人还应当提交资产评估报告。

第十四条 出质人必须是合法知识产权所有人。出质人对知识产权享有充分的处分权，若知识产权为共有的，其处分已获得其他共有人必要的同意和充分授权。

第十五条 知识产权经过出质登记后，出质人应及时依照约定将出质的知识产权相关证书移交贷款人。质押登记注销后，贷款人应当返还相关证书。

第十六条 贷款人应当按照借款合同及知识产权质押合同约定及时办理发放质押贷款手续，并妥善保管出质人移交的知识产权证书及其他相关资料。

第三章 融资资助资金申报与审批

第十七条 融资贴息资金原则上每年核拨1次，对同一笔贷款项目采取企业还贷后给予一次性核拨的办法，贴息比例为同期银行贷款基准利率的30%~50%，贴息时间从计算贴息之日起最长不超过2年，每家企业享受贴息总额最高不超过50万元。

第十八条 在同一笔贷款项目中，企业从其他途径获得财政贴息资金的，不再享受本办法规定的资金扶持政策。

第十九条 申报条件：

（一）申报单位必须是在江西省辖区内办理工商、税务登记的中小微企业和评估、担保、保险机构；

（二）申报单位与银行签订了专利权质押贷款合同或申报单位与银行签订了由其他单位担保的贷款合同，同时与担保单位签订了以专利权出质的反担保合同，且上述合同已按约定履行；

（三）申报单位已按期支付利息，不存在违约行为，其中清还本金的优先资助；

（四）申报单位既是贷款合同的借款人，又是出质专利权的权利人；

（五）专利权质押合同已依法在国家知识产权局办理过专利权质押登记手续，并在江西省知识产权局进行了备案；

（六）申报单位出质的专利权质押期间必须权属清晰、法律状态明确有效，且无专利纠纷；

（七）申报单位出质的发明专利或实用新型专利必须有较高的技术含量，市场前景好，符合国家产业政策。

第二十条　申报单位提交的材料：

申请时需要填写《江西省企业专利权质押贷款贴息项目申请表》，并提交以下书面材料：

（一）申报单位营业执照副本；

（二）申报单位出质的专利权证书；

（三）申报单位专利权质押合同登记的证明材料（国家知识产权局出具的专利权质押合同登记通知书）；

（四）申报单位与金融机构签订的专利权质押贷款合同及合同履行相关凭证；

（五）必要时提供专利权评估或担保、保险服务收费合同（协议）、评估报告、评估费用和担保服务费用票据；

（六）申报单位已按期支付相应利息的证明材料（贷款收款凭证和银行利息支付凭证、银行划款凭证等）；

（七）本次申报时间段内已支出费用及贷款利息费用汇总表（含时间、凭证号）；

（八）其他相关证明材料。

以上材料需提交原件及复印件，复印件须加盖申请单位公章，原件经审核后退回。

第二十一条　为方便申请企业，省知识产权局委托各设区市知识产权局对本辖区内的申报项目进行初审，各设区市知识产权局对符合条件的项目签署推荐意见后上报省知识产权局。省直管县参照设区市开展相关工作。

第二十二条　评估、担保、保险资助资金主要用于资助企业用专利权以质押方式从银行金融机构获得贷款时发生的知识产权评估、担保或保险费用。获得银行金融机构知识产权质押贷款的项目，按贷款金额的 2%（单个贷款项目最高 5 万元），分别对知识产权质押融资的中介机构给予融资中介服务补贴（中介机构包括评估、担保、保险和其他服务机构）。评估、担保、保险服务费用的资助程序另行规定。

第二十三条　根据申报情况，省知识产权局对符合条件的申报项目进行审核，在当年专项经费额度内确定贴息项目及贴息比例。

第四章　监督与管理

第二十四条　申报单位所提交的材料必须真实有效，不得弄虚作假和骗取财政资金。对有违规行为的申报企业，省知识产权局将收回贴息资金，并取消其三年内申报贴息项目的资格，依法追究相关单位和个人的责任。构成犯罪的，移交司法机关依法处理。

第二十五条 为加强对贴息资金的监督和管理,省知识产权局必要时可对贴息资金使用情况进行检查监督。接受贴息资金的单位必须自觉接受检查监督,必要时应报送贴息资金使用情况的报告。

第二十六条 鼓励有条件的市、县(区)、南昌国家高新技术产业开发区和经济技术开发区根据实际情况,制定扶持政策,积极参与知识产权质押融资的工作。列入省知识产权融资试点工作的市、县(区)优先享受本办法规定的资助。

第二十七条 若国家政策有重大调整,本办法有关条款将根据国家政策作相应调整。

第五章 附 则

第二十八条 本办法由江西省知识产权局、江西省银监局负责解释。

第二十九条 本办法自公布之日起实施。

三、知识产权"入园强企"

2016年江西省知识产权入园强企"十百千万"工程实施方案

为深入实施《江西省知识产权战略纲要》、国务院印发的《国务院关于新形势下加快知识产权强国建设的若干意见》及省委、省政府《关于推进科技协同创新的决定》和《关于进一步加强协同创新提升企业创新能力的实施意见》,加快强化企业技术创新主体地位,全面提升企业的自主创新能力,加快推进江西省产业转型升级和经济社会发展升级步伐,充分发挥知识产权在创新驱动发展中的重要支撑作用,经研究,江西省知识产权局决定于2016年继续深入推进知识产权入园强企"十百千万"工程,具体实施方案如下。

一、指导思想

以邓小平理论、"三个代表"重要思想和科学发展观为指导,全面贯彻落实党的十八大和十八届三中、四中、五中全会和省委十三届十一、十二次会议精神,围绕新形势下江西省"发展升级、小康提速、绿色崛起、实干兴赣"的要求,坚持"四以三化"(以数量布局、以质量占优、以效益取胜、以服务支撑,推动创新成果产权化、知识产权产业化、专利资源资本化)和"三宽两融入"(做到眼界宽、思路宽、举措宽,融入党委政府中心工作、融入创新升级总体部署)的工作思路,以提升园区和企业核心竞争力为主线,以知识产权制度建设为载体,以建设特色型知识产权强省为目标,以体系完善、政策引领和队伍建设为保障,深化知识产权宣传教育,深入推进实施《江西省知识产权战略纲要》,加快建设四大体系,加快培养全省知识产权特派员和知识产权专员两支队伍,为建设富裕和谐秀美江西提供有力的知识产权支撑。

二、总体目标

通过知识产权入园强企"十百千万"工程的实施，鼓励园区和企业建立、完善知识产权管理工作体系，使全省创新氛围不断浓厚，创造活力进一步迸发，主导产业和战略性新兴产业知识产权优势明显，充分实现创新驱动发展。到2016年年底，要建立、健全知识产权特派员队伍的服务机制，形成由1000名企业工作人员组成的强创新理念、强理论文化、强业务能力的知识产权专员队伍；大力宣讲知识产权制度，培训专利申报、管理、维权保护等实用技能，营造良好的知识产权创新创业文化氛围，全省贯标企业数量突破30家；实现100%的省级以上工业园区、经济技术开发区、高新区及8%规模以上企业拥有发明专利；培育核心竞争力强、知识产权制度健全、专利过千件的工业园区和大型企业20家（含2015年已完成的任务数），培育200家（含2015年已完成的任务数）专利过百件的高新技术企业、1000家（含2015年已完成的任务数）专利过十件的规模以上企业、10000家（含2015年已完成的任务数）专利消零的中小微企业，圆满完成知识产权入园强企"十百千万"工程的目标任务。

三、具体措施

（一）继续深入开展知识产权入园强企"十百千万"工程

围绕全省知识产权入园强企"十百千万"目标任务，以国家级高新区、国家级经济技术开发区、省级重点园区和国家级知识产权优势示范企业、省级知识产权优势示范企业为重点，培育专利过千件的工业园区和大型企业20家。培育200家专利过百件的高新技术企业，使高新技术企业专利申请量超百件的占比达到20%，形成知识产权意识强、管理规范、运用效果明显的优势企业群体，其中新增：南昌市53家，九江市17家，景德镇市3家，萍乡市9家，新余市6家，鹰潭市7家，赣州市24家，宜春市8家，上饶市12家，吉安市12家，抚州市8家。培育超1000家专利过十件的规模以上工业企业，大力提升规模以上工业企业自主创新能力，提升企业知识产权创造、运用、保护和管理能力，其中新增：九江市60家，景德镇市25家，赣州市9家，宜春市20家，上饶市48家，吉安市28家，抚州市130家。培育超10000家专利消零的中小微企业，切实增强广大中小微型企业的知识产权内生动力，形成"大众创业、万众创新"的新常态，其中新增：南昌市400家，九江市800家，景德镇市700家，新余市300家，鹰潭市700家，赣州市1100家，宜春市200家，上饶市200家，吉安市800家，抚州市900家。

（二）加大试点示范园区和优势示范企业知识产权培育工作力度

全面推进园区企业知识产权管理，新认定一批省级知识产权试点示范园区和优势示范企业，并开展首批省知识产权试点示范园区考核验收工作和优势示范企业复核工作。各设区市、县（市、区）知识产权局要扎实开展试点示范园区和优势示范企业知识产权培育工作，积极引导园区企业充分运用知识产权培育竞争优势，提高企业运用知识产权制度的水平，增强企业的自主创新能力和核心竞争力，提升企业知识产权的创造水平，确保100%的省级以上工业园区、经济技术开发区、高新区及8%规模以上企业拥有发明专利。

（三）抓紧组建知识产权特派员和企业知识产权专员两支队伍

通过培养1000名企业知识产权专员，建立全省知识产权专员队伍。通过企业知识产权专员与特派员的有效对接，建立和完善企业知识产权制度，促进企业知识产权意识提升和管理水平提高。企业专员各地市任务数分别是：南昌市180名，九江市100名，景德镇市60名，萍乡市80名，新余市60名，鹰潭市60名，赣州市120名，宜春市100名，上饶市80名，吉安市80名，抚州市80名。

（四）贯彻企业知识产权管理规范国家标准

继续鼓励自主创新能力强、知识产权意识浓、制度规范的企业贯彻企业知识产权管理规范国家标准，确保到2016年年底，全省贯标企业数量突破30家。通过开展企业贯标工作，让企业建立一套标准化的知识产权管理体系，促进了企业的知识产权综合管理能力和战略运用能力快速提升，有效地防范了知识产权风险，提高企业核心竞争力。各设区市任务数：新增不少于2家贯标企业。

四、组织保障

（一）高度重视，凝聚共识。实施全省知识产权入园强企"十百千万"工程，是提升企业核心竞争力，促进发展升级和创新升级，加快转变经济发展方式、增强区域发展后劲的必然要求；是落实省委省政府"十六字"发展方针的重要举措和有效途径。各地要切实提高认识，统一思想，加强组织领导，加大宣传引导，要根据"十百千万"工程总体部署，提出年度组织实施的具体实施方案，采取有力措施，确保抓出成效。

（二）强化保障，扎实推进。各级政府及相关部门要确保对全省知识产权入园强企"十百千万"工程工作经费的投入，积极安排专项工作经费，为扎实推进知识产权入园强企"十百千万"工程提供必要的经费保障。同时，省知识产权局继续按照知识产权入园强企"十百千万"工程的目标任务对各设区市和园区企业完成情况进行奖励。

（三）抓住重点，突出特色。各地要以知识产权入园强企"十百千万"工程的深入推进为契机，按照活动实施的总体部署和各自的目标任务，充分发挥职能作用和资源优势，紧密结合实际，选准工作方向和重点对象，创新形式、形成特色，突

第十二章 紧抓知识产权"六大工程""质押融资"与"入园强企"

出重点、打造亮点,探索各县特色的经验做法,积极发挥主观能动性,争创本地新鲜经验。

(四)加强调度,强化考核。在推进知识产权入园强企"十百千万"工程中,各地要加强对本地开展的情况进行督促检查和进度调度,着力解决实施中的困难和问题,注重总结工作经验,加快推进各项目标任务的完成,并及时反馈进展情况和实施成效。各设区市、县(市、区)之间也要加强信息沟通和交流,互相学习和借鉴好的工作经验和方法,做到互通有无、互相补充。省知识产权局建立企业专利申请、授权信息发布制度,并将对各设区市、县(市、区)知识产权入园强企"十百千万"工程任务完成情况进行绩效考核,对于超额完成知识产权入园强企"十百千万"工程目标任务,取得显著成绩的知识产权局进行表彰和奖励,其结果将作为年度工作综合考评和有关项目、资金安排的重要依据。

第十三章 探索知识产权强省"江西模式"

2015年12月18日,国务院印发了《关于新形势下加快知识产权强国建设的若干意见》(以下简称《意见》),再次凸显了知识产权在社会经济发展和创新驱动战略中的重要引领与关键支撑作用,吹响了知识产权强国建设的号角。《意见》在主要目标部分中强调"到2020年要建成一批知识产权强省、强市"。江西省从2014年3月1日起开始实施知识产权入园强企"十百千万"工程,该《强企工程》以提升江西省园区和企业核心竞争力为主线、以知识产权制度建设为载体、以实现全省专利申请量和授权量翻番为目标、以体系队伍完善和政策项目支持为保障来推动江西省知识产权事业的跨越发展,继而实现"为建设富裕和谐秀美江西提供有力的知识产权支撑"的基本目标。知识产权入园强企"十百千万"工程实施两年以来,逐步走出了一条以强企撬强省的知识产权强省建设"江西模式",也为知识产权强国探索了一条新的路径。2016年5月,国家知识产权局批复江西省为全国首批5个特色型知识产权强省建设试点省之一,作为欠发达的江西省取得了国家知识产权强省建设的新平台。

一、基本思路

(一)以知识产权强企为契机,构建知识产权政府服务体系

知识产权强企首先要强化企业的创新主体地位和知识产权的主导作用,促进企业知识产权创新资源的合理流动和高效配置。为此,在保障企业创新主体地位和引导创新成果合理流动支配的过程中应更好地发挥政府的作用。江西省近年来的知识产权工作思路,既是以知识产权入园强企"十百千万"工程为契机,来完善知识产权政府公共服务体系,构建知识产权公共服务平台,加强政府知识产权公共政策支持,实现知识产权治理能力和治理体系现代化,继而达到真正的"强企"。

(二)以知识产权强企为依托,提升企业产业技术创新水平

知识产权强企的主体核心在企业,以企业聚园区,以企业带产业。企业作为经

济活动的中心，是整个国民经济的基本细胞。在当今世界经济发展形势日趋复杂、中国经济发展步入新常态的背景下，要实现经济的平稳增长和高端转型，归根结底要靠企业。江西省知识产权入园强企"十百千万"工程的规划、制定和实施，紧抓提升江西省园区和企业核心竞争力的主线，依托大型企业、高新技术企业、规模以上工业企业和中小微企业，充分发挥知识产权制度在激励创新、促进创新成果运用的关键作用，推动企业提高技术创新水平。

（三）以知识产权强企为支撑，引领社会经济发展转型升级

知识产权强企以充分发挥知识产权对经济发展的支撑作用为机理，以为促进社会经济发展转型升级提供知识产权强力支撑为目标。江西省知识产权入园强企"十百千万"工程的提出，既是在国家经济发展新常态背景下国家创新驱动发展深入实施，以及江西省"发展升级、小康提速、绿色崛起、实干兴赣"发展方针背景下所提出的。知识产权入园强企"十百千万"工程以知识产权制度建设为载体，鼓励园区和企业建立知识产权管理工作体系，熟练掌握运用知识产权的杠杆效用来激励创新、优化结构和转型升级。

（四）以知识产权强企为纽带，营造"大众创业、万众创新"氛围

知识产权强企突出实施"小微企业专利托管"工程，重点关注中小微企业的知识产权内生动力，助推中小微企业通过知识产权来提升市场存活率和竞争力。新常态下中小微企业的生存和发展，对于全社会加快形成大众创业万众创新氛围产生深度影响。江西省知识产权入园强企"十百千万"工程提出了两年内专利消零的中小微企业10000家的具体任务，并配以政策支持、资金倾斜和人力智力帮扶等措施，来激励全省中小微企业的创新驱动发展，从而营造全社会良好的创业创新态势。

二、具体举措

（一）咬定两年翻番

江西省知识产权入园强企"十百千万"工程明确提出要实现全省专利申请量和授权量翻番的目标，这一目标是江西省委、省政府在全省发展升级关键阶段对全省知识产权工作提出的要求。针对这一要求和目标，江西省知识产权局抓住企业和园区两大创新主体，狠抓专利申请和专利授权。在企业工作方面，出台了《江西省知识产权试点示范园区评定管理办法（试行）》《江西省知识产权优势示范企业评定

管理办法（试行)》《江西省专利奖励办法》等系列专利申请促进政策。针对企业在专利申请中的问题和困境，江西省知识产权局出台了《江西省知识产权特派员管理办法》和《企业知识产权专员工作职责》，以知识产权特派员和企业专利专员为纽带来帮扶企业进行专利申请。

（二）加大两个专项

专项之一：江西省战略性新兴产业专利技术研发引导与产业化示范专项。瞄准战略性新兴产业，聚焦技术研发和产业化，辅以资金支持来促进创新成果形成产业化，发挥示范和引导作用是该专项的要旨。

专项之二：江西省知识产权富民强县专项。进一步发挥知识产权在县域经济发展方式转变中的重要作用，提升县域知识产权创造、运用、保护和管理能力，推进基层知识产权工作体系建设，以知识产权促进县域经济壮大、城乡居民收入增加和地方财政增长是该专项的出发点。针对该专项，江西省知识产权局制定了《江西省知识产权富民强县示范县建设专项资金项目和资金管理暂行办法》，用以资金配套支持。

（三）长抓"四大体系"

为了让江西省全省知识产权体系与快速发展的知识产权事业相适应，加强知识产权在经济发展方式转变方面的重要作用，更好地促进江西省知识产权事业又好又快发展，江西省知识产权局提出了全省知识产权体系建设规划。即知识产权管理与执法体系、知识产权转化运用体系、专利公共信息服务体系和专利代理中介服务体系。江西省知识产权局专门出台了《江西省知识产权管理执法体系建设规划》《江西省知识产权展示交易转化体系建设规划》《江西省专利公共信息服务体系建设规划》和《江西省专利中介代理服务体系建设规划》。

（四）强攻"十百千万"

江西省知识产权强企"十百千万"工程提出的"十百千万"，即到 2015 年，着力培育 10 个核心竞争力强、知识产权制度健全、专利过千件的园区（大型企业）；培育 100 家专利过百件的高新技术企业，形成知识产权意识强、管理规范、运用效果明显的优势企业群体；培育 1000 家专利过十件的规模以上企业，大力提升规模以上工业企业自主创新能力，提升企业知识产权创造、运用、保护和管理能力；培育 10000 家专利消零的中小微企业，切实增强广大中小微型企业的知识产权内生动力。为了实现这一目标，江西省知识产权局从组织领导、监督调度、目标管理、知识产权特派员、专利专员、统计调查、奖惩机制和经费保障等多个维度来"强攻"和"抢攻"十百千万基本目标。

三、成效显著

（一）专利申请授权翻番

2014年全省共申请受理专利25594件（首次超过2万件），同比增长51.1%；授权专利13831件（首次超过1万件），同比增长38.7%。两个增幅均位列全国第一。申请受理量达到两年前的2.06倍，如期实现"两年倍增"的既定目标。2015年，江西专利申请受理量36936件，同比增长44.3%，授权24161件，同比增长74.7%，申请授权两个增幅分别位列全国第四位和第二位，中部地区第一位。其中萍乡、上饶、鹰潭和赣州四个设区市专利授权量增幅翻番，分别为125.4%、119.4%、104.6%和101.2%。专利申请增幅翻番的县（市、区）有15个，授权增幅翻番的县（市、区）有41个。万人发明专利拥有量突破1件大关，达到1.18件，比2014年同期增长29.7%。

（二）园区企业引领示范

2014年，第十六届中国专利奖评选结果揭晓，南昌欧菲光显示技术有限公司的发明专利"图形化的柔性透明导电薄膜及其制法"荣获第十六届中国专利金奖。2014年江西省首家专利申请过千件企业诞生，全年共5家企业专利过千，专利过千件的工业园区达到4个。2015年江西省企业专利授权量占全省总量过半。2015年，江西省累计培育出3家国家级知识产权示范企业，24家国家级知识产权优势企业，30家省级知识产权优势企业，42家省级知识产权优势企业；且园区工作取得突破性进展。

（三）体系建设日臻完善

2014年江西省新增专利代理机构5家，2015年新增专利代理机构9家，总数达24家。两年间专利代理机构数量增长140%，专利代理人增长了120%，并率先在全国开展了知识产权服务机构入册登记与管理工作，已登记入册30家中介服务机构。新认定一批知识产权"贯标"服务机构，分3批将26家"贯标"试点企业材料报送至中知知识产权认证机构进行评审，14家企业通过《企业知识产权管理规范》国家标准认证审核。两年来,江西省各县(市、区)设立知识产权局的数量由 15 个增长为 93 个。

2015 年,江西省知识产权局还积极引导服务机构开展知识产权分析预警、专利导航产业、小微企业托管、质押融资服务等试点示范业务。确定了 4 家单位为江西省知识产权服务品牌机构,6 家单位为江西省知识产权服务品牌培育机构。2015 年,南昌市成为江西省首个国家知识产权示范城市。2015 年,专利十强县和专利工作进步十强县涌现,各县域知识产权工作进展顺利、特色鲜明、成效显著。

(四)创新驱动跨越发展

2015 年江西省专利综合实力全国排名由第 22 位前移 3 位到第 19 位,首次进入"二类地区",专利服务指数全国排名前移 6 位。十大战略性新兴产业创新力量活跃,江西省十大战略性新兴产业发明专利授权 715 件,实用新型专利授权 2178 件,分别占全省发明专利和实用新型专利授权总量的 69.2% 和 28.5%。2015 年,时任省委书记强卫,时任省委副书记、省长鹿心社,省委常委、常务副省长莫建成,副省长谢茹等省领导分别在江西省知识产权局工作作出了重要批示。2014~2015 年,各地级市专利申请、授权量取得长足进步,知识产权经济贡献率得到显著提升,知识产权支撑创新驱动发展的势头良好。

四、江西模式

(一)以强企撬强省

《意见》提出要"到 2020 年建成一批知识产权强省、强市",申长雨局长在《意见》发布之前也强调"各个地方也结合自身实际,积极推动知识产权强省、强市、强企建设,初步形成了上下联动、以点带面推进知识产权强国建设的生动局面"。江西省的实践既是一条以"强企"撬动"强县""强市"和"强省"的模式。知识产权强省的江西模式乃是以企业为切入点,优化知识产权环境、加强知识产权能力、提升知识产权绩效,让知识产权成为江西省各县、市乃至全省转变经济发展方式的引领力量、自主创新能力的核心力量和促进产业结构升级的驱动力量。

(二)以强省促强国

知识产权强国建设绝非一朝一夕,也非轻而易举,作为一个长远规划和系统工程,知识产权强国的实现贵在顶层设计、贵在科学谋划、贵在中央与地方的联动、贵在政策措施的具体落实。江西省的实践所探索出的以"强企"为支点的知识产权强省江西模式，找到了最适合江西省省情的知识产权管理体制机制改革、知识产权保护、知识产权创造运用、知识产权工作组织实施和政策保障的方式和路线，为我国知识产权强国建设目标的实现提供了一个"江西样板"。

附录一 江西知识产权入园强企"十百千万"工程资金配套政策

江西省知识产权优势示范企业评定管理办法（试行）

第一章 总 则

第一条 为了扎实推进国家和江西省知识产权战略纲要实施，充分发挥知识产权在产业发展升级和创新升级中的支撑作用，积极引导企业充分运用知识产权培育竞争优势，提高企业运用知识产权制度的水平，增强企业的自主创新能力和核心竞争力，深入推进江西省知识产权入园强企"十百千万"工程，规范知识产权优势和示范企业评定管理工作，特制定本办法。

第二条 省知识产权局以推进知识产权与产业发展紧密结合为目标，着力培育一批"省级知识产权优势企业"和"省级知识产权示范企业"。

第三条 省级知识产权优势和示范企业评定管理工作，遵循按照"企业自愿、择优推荐、集中评定、跟踪管理"的原则开展。

第四条 省知识产权局负责对省级知识产权优势和示范企业的评定、宏观管理和指导工作；各设区市、县（区）知识产权局负责对本辖区省级知识产权优势和示范企业的推荐、培育、日常管理和指导工作。

第二章 申报与评定

第五条 省级知识产权优势和示范企业由企业自主申报，按照属地原则，由设区市知识产权局或省直主管部门统一受理并出具初步审核和推荐意见，报送省知识产权局。

第六条 申报知识产权优势企业应符合以下条件：

（一）企业重视知识产权。至少有一名企业领导分管知识产权工作；有较为健全的知识产权管理制度且执行情况良好；有知识产权管理机构且运行情况良好；有专职知识产权工作人员；有明确的知识产权工作经费，知识产权经费投入应大于营业收入的 0.3%；

（二）创新意识活跃，创新能力较强。企业专利申请的数量和质量逐年提高，拥有有效专利 20 件以上，或有效发明专利 5 件以上，或拥有本行业重要核心专利，或近两年专利申请量在本地区或省内同行业中领先，专利申请量的年增幅在全省平均增幅以上；其中上一年度专利申请 10 件以上；近两年无恶意非正常专利申请行为；

（三）知识产权运用能力较强。企业拥有自主品牌；企业重视专利信息化建设和专利信息利用，具备专利信息检索和预警分析能力；重视专利技术产业化，专利产品销售额占企业总销售额的30%以上；

（四）企业重视知识产权保护。近三年无制造和销售假冒产品，无行政和司法程序认定的侵犯知识产权行为；企业注重依法保护自主知识产权，积极举报侵权假冒行为；

（五）企业重视知识产权文化建设和宣传培训。企业管理层及研发人员的培训率达到80%以上，员工的培训率达到60%以上；

（六）企业原则上应开展《企业知识产权管理规范》国家标准贯彻工作，或者属于市级以上知识产权试点、示范创建和示范企业。所处产业应当是国家或省重点发展的产业领域。

第七条　申报知识产权示范企业应符合以下条件：

（一）知识产权战略运用初见成效。企业把知识产权战略融入企业经营管理总体战略之中，运用知识产权制度和规则谋求自身发展、参与国内外市场竞争的能力较强；

（二）知识产权管理机构健全。知识产权管理机构已成为企业整体管理架构的重要组成部分；知识产权管理人员参与了企业的研发和战略决策；

（三）知识产权管理制度完善。建立完善的知识产权制度体系，把知识产权工作纳入技术创新以及生产经营全过程，形成正式规章在企业内部执行。建立了企业员工知识产权培训制度，企业管理层及研发人员的培训率达到90%以上，员工的培训率达到70%以上；

（四）知识产权信息利用能力强。根据实际情况，以多种方式积极开展知识产权信息化建设。积极建设或拥有专利信息数据库，通过对知识产权信息的利用和分析，掌握当前技术动态和发展趋势，并在相关部门合理利用了知识产权信息分析的结果；

（五）知识产权保护意识和应对纠纷能力强。知识产权保护意识强，按照知识产权制度和规章来处理知识产权纠纷，近三年无制造和销售假冒产品，无行政和司法程序认定的侵犯知识产权行为；

（六）知识产权量多质高。研发能力强，拥有自主知识产权产品或重要核心专利；近三年专利申请和授权总量、发明专利申请量在省内同行业中领先，拥有有效专利40件以上，或有效发明专利10件以上；近三年无恶意非正常专利申请行为；申请了国（境）外专利。商标在市场上有较高信誉和公众认知度，积极创建或拥有驰名商标或江西省著名商标；有在国（境）外申请和注册商标。积极主导或参与国际、国家、行业技术标准的制定；

（七）知识产权经济和社会效益显著。企业销售收入在省内同行业中领先，并且保持连续两年赢利，产品的技术水平、服务质量、市场占有率、出口创汇率、品牌知名度居省内同类产品前列，取得良好的社会和经济效益。企业专利转化率超过60%，专利产品销售额占企业总销售额的50%以上；

（八）知识产权投入力度大。有明确的知识产权工作经费，专项用于专利申请、维护、诉讼、信息利用、实施、培训、奖励等知识产权创造、管理、保护和运营，并达到以下标准：年营业收入高于2亿元的，其知识产权经费投入要大于营业收入的0.5%；年营业收入低于2亿元的，其知识产权经费投入要大于营业收入的1%；

（九）知识产权工作特色鲜明。重视专利、商标、著作权等的综合运用，知识产权工作形成特色，具有示范带动效应，有推广应用价值；

（十）企业应属《企业知识产权管理规范》国家标准达标企业，或省级知识产权优势企业，或全国知识产权示范创建、试点企业。

第八条　申报企业应提交以下材料（纸件和电子件各一份）：

1. 《江西省知识产权优势示范企业申报表》；

2. 企业知识产权工作规划、管理办法及规章制度；

3. 设区市知识产权局或省直主管部门出具的推荐函；

4. 有关附件材料，包括：营业执照或组织机构代码证，专利、成果、奖励证明，驰名商标、著名商标、名牌产品证明，承担重要课题证明及荣誉证明，上年度财务审计报告复印件等。

第九条　省知识产权局组织专家对申报的企业进行评审，并根据实际需要进行实地考察。

第十条　申报企业经审查和批准同意后，省知识产权工作领导小组办公室、省知识产权局颁发统一印制的"江西省知识产权优势企业认定证书"或"江西省知识产权示范企业认定证书"，并授予牌匾。

第三章　管理、服务与扶持

第十一条　省级知识产权优势和示范企业称号实行动态管理。

第十二条　省知识产权局对被认定企业每三年进行一次复核。对复核合格的企业，省知识产权局继续保留相关称号；对考核不合格的企业，复核不合格的给予一年考察期，同时停止享受有关的扶持政策，次年再复核仍不合格的不再保留相关称号。

第十三条　省知识产权优势和示范企业应当承担以下义务：

（一）自觉深化知识产权工作，继续完善企业知识产权制度及管理机制建设；

（二）加大专利申请力度，提高发明专利占比，进一步加强知识产权保护；

（三）做好每年度相关统计和总结工作，并按要求及时提交知识产权工作材料；

（四）配合做好有关知识产权的调查、分析、研究和专题活动；

（五）配合推广知识产权创造、运用、保护、管理和服务工作经验；

（六）配备企业知识产权专员，负责企业知识产权事务；

（七）通过《企业知识产权管理规范》国家标准认证。

第十四条　优势和示范企业可以享受以下扶持政策：

（一）经费扶持。省知识产权局对企业一次性给予3万～10万元的扶持经费，专项用于企业拓展知识产权工作及提升核心竞争力。各设区市、县（区）也应配套相应的扶持资金。

（二）省知识产权局优先支持优势和示范企业承担"专利技术产业化示范专项计划"，并建立重点联系机制，明确一名局领导、明确一个部门、明确一个专人负责联系，协调解决和帮助处理企业知识产权工作中的实际问题。

（三）省知识产权局建立优势和示范企业服务绿色通道，提供知识产权维权援助、专利信息导航产业、人才培训培养、专利申请加快、费用减免及资助等专项服务。

（四）根据试点示范园区的工作需求，免费安排知识产权特派员进企业开展员工培训、制度建设、专利发掘等相应服务，每年不少于两次。

第十五条　各设区市、县（区）知识产权局应高度重视，将企业知识产权工作作为服务重点，加强调查研究和组织引导，做好优势和示范企业知识产权工作的培育、支持和帮助，加大跟踪服务和督促检查力度。

省知识产权工作领导小组办公室、省知识产权局对工作成绩突出的先进单位和个人进行表彰。

第四章 附 则

第十六条 本办法由省知识产权局负责解释。

第十七条 本办法自发布之日起施行。

江西省知识产权试点示范园区评定管理办法（试行）

第一章　总　则

第一条　为了扎实推进国家和江西省知识产权战略纲要实施，充分发挥知识产权在区域创新升级和产业发展升级中的支撑作用，积极引导工业园区培育竞争优势，促进知识产权优势集聚，提升园区核心竞争力，深入推进江西省知识产权入园强企"十百千万"工程，加强和规范省级知识产权试点示范园区的评定管理工作，特制定本办法。

第二条　省知识产权局主要在国家级高新区、国家级经济技术开发区、国家级农业科技园区和省级工业园区开展园区知识产权试点示范工作，并以推进知识产权与产业发展紧密结合为目标，建设"省级知识产权试点园区"或"省级知识产权示范园区"。

第三条　省级知识产权试点示范园区评定管理工作按照"自愿申报、择优推荐、集中评定、跟踪管理"的原则开展。

第四条　省知识产权局负责对省级知识产权试点示范园区的评定、宏观管理和指导工作；各设区市知识产权局负责对本地区省级知识产权试点示范园区的推荐、培育、日常管理和指导工作；各县（区）知识产权局参与所辖园区的相关工作；园区管委会是省级知识产权试点示范园区建设发展的组织实施主体。

第二章　试点园区的评定

第五条　省级知识产权试点园区采取自愿申报方式，按照属地原则，由设区市知识产权局统一受理并出具初步审核和推荐意见，上报省知识产权局。

第六条　申报省级知识产权试点园区应符合以下条件：

（一）园区工业经济基础较好，有一定的人才和科技资源优势；

（二）园区对知识产权工作有迫切需求，已将专利等知识产权工作纳入日常工作议程；

（三）园区知识产权工作有较好的基础，明确了负责知识产权工作的相关机构，配备了专（兼）职工作人员；

（四）园区所在地政府或园区管委会重视园区的知识产权工作，采取相应政策、措施支持园区开展知识产权试点工作。

第七条　申报单位应提交以下材料（纸件和电子件各一份）：

1. 《江西省知识产权试点示范园区申报表》；
2. 园区试点工作方案；
3. 设区市知识产权局出具的推荐函；
4. 有关附件材料，包括：营业执照或组织机构代码证，专利、成果、奖励证明，驰名商标、著名商标、名牌产品证明，承担重要课题证明等。

第八条　省知识产权局每年集中开展评定工作，确定省级知识产权试点园区名单。评定工作可根据实际需要进行实地考察。

第九条　试点园区经批准后，由省知识产权工作领导小组办公室、省知识产权局授予"省级知识产权试点园区"牌匾。

第三章　示范园区的评定

第十条　省知识产权局每年组织一次示范园区评定工作，发布示范园区申报通知。评定工作可结合实地考察进行。

第十一条　省级知识产权示范园区由设区市知识产权局统一受理申请，并出具初步审核和推荐意见后上报省知识产权局。

第十二条　申报省级知识产权示范园区应符合以下条件：

（一）建设环境良好。园区所在辖区政府及园区管委会高度重视知识产权示范园区建设工作，具有良好的政策促进体系和高效的管理工作机制。产业有特色和相当规模，且符合国家产业发展政策；

（二）工作条件具备。园区设立了负责知识产权工作的相关机构，并配备专职工作人员；设有知识产权专项资金；具备一定知识产权人才、资源等优势；

（三）政策体系健全。园区建立了知识产权管理制度和奖励制度，将专利等知识产权工作纳入园区日常管理；

（四）创新能力较强。园区拥有的专利等知识产权数量逐年增加，质量逐年提升，试点期间专利申请量年均增幅达到50%以上，前一年度园区专利申请量位居本设区市同等园区前三位，或园区重点产业在行业内的核心竞争力较强，企业运用知识产权制度维护自身权益的能力较强；

（五）产业化运用成效明显。利用专利技术改造提升传统产业成效突出，核心专利有效支撑战略性新兴产业发展，专利技术产品数量和产值占园区比重逐年增大，专利技术和专利产品对园区经济增长的贡献较大；

（六）已被列为国家知识产权试点园区的可直接被评为省级知识产权示范园区。通过了省级知识产权试点园区考核验收的予以优先安排。

第十三条　申报单位应提交以下材料（纸件和电子件各一份）：

1.《江西省知识产权试点示范园区申报表》；

2. 园区知识产权工作规划；

3. 设区市知识产权局出具的推荐函；

4. 有关附件材料，包括：营业执照或组织机构代码证，专利、成果、奖励证明、驰名商标、著名商标、名牌产品证明，承担重要课题证明等。

第十四条　示范园区经批准后，由省知识产权工作领导小组办公室、省知识产权局授予"省级知识产权示范园区"牌匾。

第四章　管理、服务与扶持

第十五条　省级知识产权试点示范园区称号实行动态管理。

第十六条　省级知识产权试点园区工作周期为两年。试点期间，省和设区市、县（区）知识产权局对园区试点工作进行指导和检查，确保试点工作方案的实施和落实。工作期满后，省知识产权局根据试点工作方案中的任务和目标对试点园区进行考核验收。试点园区验收合格后，可优先申报省级知识产权示范园区和申报国家知识产权试点园区。验收不合格的，取消试点园区称号，停止享受有关的扶持政策，不予申报省级知识产权示范园区和国家知识产权试点园区的资格。

第十七条 省知识产权局对示范园区每三年进行复核一次。复核合格的，继续保留省级知识产权示范园区称号。复核不合格的给予一年考察期，同时停止享受有关的扶持政策，次年再复核仍不合格的不再保留其称号。不提出复核申请的，其称号到期自动失效。

第十八条 各设区市、县（区）知识产权局应高度重视，将园区知识产权工作作为服务重点，加强调查研究和组织引导，做好试点示范区知识产权工作的支持和帮助，加大跟踪服务和督促检查力度，及时分析、通报工作进展情况，抓好经验总结和推广。

省知识产权工作领导小组办公室、省知识产权局对试点示范工作成绩突出的先进单位和个人进行表彰。

第十九条 试点示范园区可以享受以下扶持政策：

（一）经费支持。省知识产权局对试点示范园区一次性给予5万~20万元的扶持经费，专项用于园区拓展知识产权工作及提升核心竞争力。各设区市、县（区）应配套相应的扶持资金；

（二）省知识产权局优先支持试点示范园区承担"知识产权富民强县（区）示范建设专项计划"，并建立园区联系机制，明确一名局领导、明确一个部门、明确一个专人负责联系，协调解决和帮助处理园区知识产权工作中的实际问题；

（三）省知识产权局建立试点示范园区服务绿色通道，提供知识产权维权援助、专利信息导航产业、人才培训培养、专利申请加快、费用减免及资助等专项服务；

（四）根据试点示范园区的工作需求，安排知识产权特派团（员）进园区开展相应对接服务和帮助。

第二十条 省级知识产权试点示范园区的工作应当实现以下目标：

（一）建立和完善园区的知识产权创造、管理、保护和服务工作机制；推动园区自主创新成果的知识产权化、商品化和产业化，培育一批拥有自主知识产权、带动力强、市场竞争力突出的企业和企业集团；

（二）探索知识产权工作与园区的技术创新、产业发展和招商引资有机结合的新途径和新方法，促进园区增长方式转变；

（三）致力于园内企业专利消零和知识产权数量增长，使园区成为本地自主创新活跃、知识产权产出能力强、知识产权保护环境优良的工业园区；

（四）建立园区知识产权统计制度，及时、准确掌握园区知识产权现状；

（五）形成园区知识产权试点示范工作新鲜经验。

第五章 附 则

第二十一条 本办法由省知识产权局负责解释。

第二十二条 本办法自发布之日起施行。

江西省战略性新兴产业专利技术研发引导与产业化示范专项资金项目和资金管理暂行办法

第一章 总 则

第一条 为贯彻落实《中共江西省委、江西省人民政府关于大力推进科技协同创新的决定》，深入实施知识产权战略，加快经济发展方式转变，促进专利技术成果转化为现实生产力，在江西省战略性新兴产业领域培育和扶持一批拥有核心专利技术的创新成果形成产业化，发挥示范和引导作用，带动更多企业自觉依靠专利制度，调整和优化产业结构，提高核心竞争力，推动战略性新兴产业发展壮大，省知识产权局、省财政厅决定在省专利专项资金的基础上设立战略性新兴产业专利技术研发引导与产业化示范专项（简称"专利产业化专项"）。为加强专项项目和资金的管理，制定本办法。

第二条 "专利产业化专项"资金是政府引导性资金。通过专项吸引地方、企业、科研机构和金融机构等渠道的资金投入，支持战略性新兴产业领域企事业单位加强核心专利技术的研究开发，鼓励企业加快转化以发明专利为主的专利技术成果或专利群，通过技术创新和技术扩散，形成优势产业和产业集群，产生良好的示范、引导和辐射效应。

第三条 "专利产业化专项"资金的使用及管理应当按照国家和省扶持发明创造、促进专利技术产业化的有关法律、法规和政策的要求，贯彻"自主创新、重点跨越、支撑发展、引领未来"的科技指导方针，紧密结合江西省十大战略性新兴产业发展的需求，遵守有关财务规章制度，遵循"诚实申报、公开受理、择优支持、科学管理"的原则。

第四条 本办法适用于在本省范围战略性新兴产业领域具有产业化前景的专利技术成果的研发、中试和产业化应用。按项目技术含量和成熟度、产业化和市场化前景，分为重点项目和一般项目两类。

第五条 "专利产业化专项"管理。省知识产权局会同省财政厅负责"专利产业化专项"的项目评审、立项和管理。省财政厅会同省知识产权局负责"专利产业化专项"的资金审核、下达和监督。各设区市知识产权局、财政局负责本地区"专利产业化专项"的推荐工作。县（市、区）知识产权局（科技局）、财政局负责组织专利产业化专项的申报和日常管理工作。省直有关主管部门负责本部门"专利产业化专项"的组织申报、推荐和日常管理工作。

第六条 管理职责

（一）省知识产权局会同省财政厅负责"专利产业化专项"项目日常管理。提出年度项目计划；组织项目的申报、评审和立项；对项目实施情况进行监督和验收；配合省财政厅监督检查资金的管理和使用。

（二）省财政厅会同省知识产权局负责"专利产业化专项"资金的预算和财务管理。审核项目资金预算；按规定下达项目资金；监督检查资金的管理和使用情况；配合省知识产权局对项目进行检查和验收。

第七条 经批准的项目预算一般不予调整。如确需调整需按照申报程序履行报批手续。

第二章 申报范围和基本条件

第八条 申报项目应具备以下基本条件：

（一）属于江西省确定的战略性新兴产业范围。

（二）符合国家和江西省产业政策，有利于经济结构和产业结构调整，有利于提升江西省产业竞争力。

（三）项目一般应有发明专利，或者具有的实用新型、外观设计专利为核心专利，其研发和产业化前景广阔。且上述专利应当为有效授权专利，无权属、侵权等纠纷。

第九条 申报单位应当具备以下条件：

（一）申报单位应当是在江西省注册的具有独立法人资格的企事业单位。

（二）申报单位对申报项目所依托的专利技术应当具有合法使用权。

（三）申报单位应当具有较强的研发能力和生产能力，具有符合项目要求的基本设施条件和人才团队，具有健全的财务会计制度。

（四）申报单位应当有知识产权管理制度、管理机构，有专兼职管理人员、工作经费，具有良好的保护知识产权信誉，无侵犯或假冒他人知识产权行为。

第十条 申报项目具备以下条件之一的，可以给予重点支持：

（一）国家或江西省重大科技专项、重点领域、重大产业化项目的核心专利项目。

（二）已通过《企业知识产权管理规范》国家标准验收的企事业单位的项目。

（三）国家或省级知识产权试点示范和优势培育的企事业单位的项目。

（四）企业、高校、科研院所合作进行的产学研协同创新项目。

（五）同时拥有注册商标、版权、植物新品种、原产地标志、计算机集成电路布图设计等知识产权交叉保护的项目。

第三章 项目申报和审批

第十一条 省知识产权局每年4月底前向社会发布下一年战略性新兴产业"专利产业化专项"申报指南，提出支持重点及申报要求。

第十二条 县（市、区）知识产权（科技）局、财政局，根据项目指南，组织项目申报推荐。一般应提前一年组织申报，并将书面申报材料经设区市知识产权局、财政局审核推荐后，于6月底前以正式文件报省知识产权局、省财政厅。

国家级高新技术开发区、经济技术开发区的项目，按行政区划经设区市知识产权局、财政局组织申报审核后，于6月底前以正式文件报省知识产权局、省财政厅。

省直有关部门根据项目指南，组织项目申报推荐，并于6月底前以正式文件直接报省知识产权局、省财政厅。

第十三条 申报项目必须提交申请材料，含电子版及纸质材料一式四份，由项目申报书及附件两部分组成。

项目申报书主要包括：申报单位基本情况，开展专利工作情况，项目实施目的、意义和方案，发明创造要点和作用，市场前景及预期经济社会效益分析，项目实施的前期情况，项目验收绩效目标

（包括目标的量化、细化情况以及项目实施进度计划），专项经费项目预算申请表、专项经费项目预算支出表，推荐单位意见及附件材料清单等内容。

附件为相关证明资料，主要包括：有效专利证明，项目的可行性报告，项目的研发论证、小试或中试报告，产品检测报告，实施许可证明，生产或产品许可证，获奖证书，鉴定报告，列入有关部门计划及获得资金支持情况说明，国家或省级知识产权试点、示范或优势培育企业证明材料，省级培育大企业大集团、重点进出口企业、创新型企业、高新技术企业、成长性中小企业、农业产业化龙头企业等证明材料，省级以上重大科技专项、战略性新兴产业重点项目证明材料以及其他证明材料。

第十四条 省知识产权局对申报的项目进行形式审查。形式审查内容包括推荐、申报材料是否齐全，有关证明材料是否真实有效。

在形式审查中，对推荐、申报材料不全或不符合要求的，退回重新填报；对弄虚作假的，五年内取消申报资格。

第十五条 对形式审查合格的项目，省知识产权局可以会同省财政厅组织对申报项目进行实地考察。

实地考察的主要内容是：申报单位的研发实力或经营状况及实施项目的基础条件，项目的成熟程度，专利技术状况，知识产权管理制度建设情况，财务管理状况以及项目申报材料所涉及的其他内容。

第十六条 对形式审查和实地考察均合格的项目，省知识产权局会同省财政厅组织专家对项目进行论证、评审，遴选优秀项目，与省财政厅共同研究确定项目。

专家评审包括技术专家评审、财务专家评审、专利专家评审三部分。技术专家负责对项目的技术可行性等进行评审评估，财务专家负责对项目及项目单位财务状况等进行评审评估，专利专家负责对项目及项目单位专利技术法律状况等进行评审评估。

第十七条 对经批复实施的项目，由省财政厅会同省知识产权局按预算级次下达资金预算。

经批准的项目由省知识产权局与承担单位签定项目合同。

第四章　项目实施

第十八条 项目单位应按计划尽快组织项目实施，按规定使用专项资金，充分发挥资金效益，并按相关财务会计制度规定，设立专账管理，严格使用范围和开支标准，防止挤占、挪用专项资金。

第十九条 项目实施时限一般不超过两年，如到期不能按计划组织项目实施、投资方案有重大调整的，应按原申报程序逐级上报省知识产权局和省财政厅，经审批后按批复意见办理。

第二十条 项目实施期间有下列情形之一的，应当予以终止：

（一）所依托的专利被宣告无效或专利权终止的；

（二）组织管理不力或其他原因，项目无法正常执行的；

（三）项目承担单位不按项目任务书使用、挪用专项经费或拒不接受监督检查的；

（四）因不可抗力或其他客观原因，项目无法继续执行的。

项目终止后，承担单位应当就已开展工作、经费支出等情况进行财务审计，并提交书面总结报告，经项目推荐单位审核后报省知识产权局、省财政厅，结余或者被挪用的专项经费应当及时归还原渠道。

第五章 项目管理监督和验收

第二十一条 项目推荐单位负责对所推荐项目的配套支持与监督检查,每年组织对实施情况与绩效进行总结并报省知识产权局。

省知识产权局、省财政厅组织人员定期或不定期对专项实施进度、经费使用情况进行检查与绩效考评。主要内容包括:项目单位的资金到位、使用情况,项目实施进展情况,知识产权制度建设情况,技术创新与专利的产出情况及推荐单位对项目的配套支持及管理等情况。

第二十二条 项目验收以批准立项的项目申报书和项目合同为依据。重点项目验收由省知识产权局、省财政厅负责组织,一般项目验收委托推荐单位负责组织。

项目验收和绩效考评优秀的,可结转实施或以奖补的形式连续支持。

凡逾期未通过验收的项目,省知识产权局、省财政厅将视情况予以通报、限期整改、终止项目、追回财政拨款、取消承担单位和项目负责人五年内申报该类项目资格等处罚。

第二十三条 任何单位或个人不得以任何形式、任何理由骗取、截留和挪用专项经费。对弄虚作假、截留和挪用的,一经查实,按照《财政违法行为处罚处分条例》等相关规定处理;触犯法律的,依法移交司法机关处理。

第六章 示范和引导

第二十四条 省知识产权局每年度对专项整体实施情况进行总结,每两年组织一次优秀项目评选,对优秀项目和在实施项目工作中作出突出贡献的单位和个人予以表彰。并以举办新闻发布会、现场会,编辑、公布专项名录等方式进行宣传。对其产品和论文、专著及科技成果等,可标明"江西省战略性新兴产业专利产业化专项"字样及编号。

第二十五条 对被评为优秀的"战略性新兴产业专利产业化专项"的专利技术及专利产品,优先推荐参评中国专利奖,并在江西省专利奖的评选中按属于战略性新兴产业项目的支持政策予以加分。

第二十六条 对项目完成单位在知识产权人才培养、信息服务、战略制定、专利融资、预警应急、维权援助等方面提供优惠服务。在专利费资助、PCT申请资助等方面予以重点支持。

第七章 附 则

第二十七条 各设区市、县(市、区)财政配套安排用于实施"战略性新兴产业专利产业化专项"的资金可纳入本办法统筹管理。

第二十八条 本办法由省知识产权局、省财政厅负责解释。

第二十九条 本办法自发布之日起施行。

江西省专利实施资助项目管理暂行办法

第一章 总 则

第一条 为了贯彻落实《中共江西省委、江西省人民政府关于实施江西省中长期科学和技术发展规划纲要，增强自主创新能力的决定》，促进专利技术成果转化为现实生产力，加快有市场前景的专利技术成果产业化步伐，提升专利创造、管理、保护、运用能力和产业竞争力，为江西省经济发展提供强有力的科技支撑，经省人民政府批准，设立专利实施资助专项资金。为加强专利实施资助项目的管理，提高专利实施资助专项资金的使用效率和效益，制定本办法。

第二条 专利实施资助资金来源为省财政拨款，是一种政府引导性资金，通过吸引地方、企业、科技开发机构和金融机构等渠道的资金投入，支持专利技术成果进入生产的前期性开发，逐步建立起适应社会主义市场经济，符合科技发展规律，有效支撑专利技术成果向现实生产力转化的专利技术投入保障体系。

第三条 专利实施资助资金的使用和管理应当按照国家和省扶持发明创造、促进专利技术产业化的有关法律、法规和政策的要求，贯彻"自主创新、重点跨越、支撑发展、引领未来"的科技发展的指导方针，紧密结合江西省经济、社会和科技发展实际，遵守有关财务规章制度，遵循"诚实申报、公开受理、定向使用、择优支持、科学管理"的原则。

第四条 本办法适用于在本省范围内实施的专利技术成果，包括专利技术成果的孵化、产业化及推广应用。

第二章 资助方向和重点

第五条 专利实施资助资金根据专利技术成果转化周期长、风险大的特点，围绕江西省专利战略的实施，支持有望达到批量生产和应用前景的专利新产品、新技术和新品种的中间试验、生产性试验和区域试验，为工农业生产提供成熟配套技术。

第六条 资助方向和重点：

（一）符合国家和江西省产业发展政策的专利技术成果转化项目；

（二）技术含量高、有市场前景并有望形成产业、形成规模效益的专利技术成果转化项目；

（三）本计划优先予以扶持下列范围的专利技术成果转化项目：

1. 有望形成产业化并取得良好经济社会效益的专利技术成果转化项目；

2. 列为江西省科学技术发展重点领域及优先主题、重大科技专项、重点科技工程范围内的项目；

3. 列入国家促进专利技术产业化示范工程项目；

4. 列为国家、省重点科技成果推广指南范围内的专利转化项目；

5. 专利技术成果产业化园区重点孵化项目；

6. 其他特殊情况。

第七条 专利实施资助专项资金不支持已经产业化的项目，不支持已经成熟配套并大面积推广应用的专利技术成果转化项目，不支持有知识产权纠纷的项目，不支持低水平重复项目。

第三章 项目申报与审批

第八条 省知识产权局每年向社会发布专利实施资助项目指南，提出支持重点及申报要求。

第九条 申报专利实施资助项目单位应同时具备下列条件：

1. 在本省依法登记注册，具备独立法人资格，产权清晰，财务管理制度健全，并具备一定的技术研发业绩；
2. 对实施转化的专利技术成果拥有合法使用权；
3. 具有专利技术成果转化的能力，包括技术人才、生产条件等；
4. 具有良好的保护知识产权信誉及本单位其他社会信誉。

第十条 专利实施资助专项资金支持的专利技术成果必须具备以下条件：

（一）符合国家和省经济和科技发展战略、规划和政策，有利于经济结构和产业结构调整，有利于提升江西省产业竞争力；

（二）有良好市场开发前景和较大推广应用潜力；

（三）技术水平较高，实施技术成果已获国家授权专利。

第十一条 申报专利实施资助时，应提供下列材料一式三份：

1. 《江西省专利实施资助项目申报书》；
2. 专利证书和最近一年年费发票复印件；
3. 营业执照或事业单位法人证书和组织机构代码证复印件；
4. 专利项目实施的可行性分析报告；
5. 专利技术成果实施的合法性证明；
6. 专利说明书全文；
7. 反映具备专利技术成果转化能力的证明材料；
8. 必要的辅助材料。如对于医药、农药、计量器具、压力容器、邮电通信等有特殊行业管理要求的新产品，申报时必须附加特殊许可证或有关主管部门的正式批准文件。
9. 其他有关材料。

第十二条 省直有关部门、设区市知识产权局和南昌高新技术开发区管委会根据专利实施资助项目指南，组织项目申报，并对项目申报单位的资格、项目的先进性、真实性以及实施可行性等进行审核，在申报书上签署推荐意见后，报送省知识产权局。

第十三条 省知识产权局将对申报的项目进行形式审查。审查不合格的项目，当年不得再次申报。

第十四条 对形式审查合格的项目，省知识产权局组织专家对项目进行评审。经评审认定合格的项目，纳入省知识产权局项目库管理。同时，提出当年安排项目的建议清单，报省财政厅进行核准认定后，省知识产权局与省财政厅联合下达年度资助计划。

第十五条 评审专家由省直有关部门和设区市推荐，由省知识产权局聘任。

第十六条 经批准的项目将由省知识产权局与承担单位签定项目合同。

第四章 项目管理与监督检查

第十七条 省知识产权局根据实际需要，编列年度专利实施资助项目管理费预算，经省财政厅核批后，由省知识产权局负责具体管理和使用。项目管理费主要用于组织项目、开展项目评审、进行监督检查等工作发生的支出。

第十八条　批准立项的项目，其项目经费的拨付，按照省财政资金拨付的有关要求办理，项目资金分两次拨付，资助计划下达时拨付70%，剩余部分在项目验收合格后拨付。

第十九条　项目承担单位要严格执行国家有关财经政策和财务规章制度，科学、合理、有效地安排和使用经费。单位财务部门要加强监督和管理，专利实施资助专项资金要与其他资金来源统筹安排，并单独设账核算。不得将专利实施资助专项资金用于金融性融资、股票、期货及捐赠等支出。

第二十条　为确保项目顺利实施，对项目运行实行跟踪管理，省知识产权局、省财政厅组织专家对项目的执行情况进行监督检查。

第二十一条　省知识产权局依据项目合同，对项目执行情况实行监督。各有关单位要自觉接受和积极配合监督工作，接受监督检查。对监理、评估不合格的项目，可采取缓拨、减拨、停拨后续资金或中止项目合同等措施。

第二十二条　因项目承担方原因造成的合同中止，项目承担单位须立即进行财务决算，交回专利实施资助专项资金余额，并提交审计意见。

第二十三条　项目完成后，省知识产权局将组织进行项目验收和绩效考评。凡未通过验收的项目，省知识产权局、省财政厅将视情况予以通报，除不可抗拒因素导致项目未能通过验收外，该项目承担单位今后不得申报专利实施资助项目。

第五章　附　则

第二十四条　本办法自发布之日执行，原《江西省专利申请及实施资助暂行办法》（赣科发〔2002〕6号）同时废止。

第二十五条　本办法由省知识产权局负责解释。

江西省专利费资助暂行办法

第一章 总 则

第一条 为贯彻落实《中共江西省委、江西省人民政府关于实施江西省中长期科学和技术发展规划纲要,增强自主创新能力的决定》,鼓励本省单位和个人将发明创造申请专利,取得知识产权保护,有效支撑自主知识产权的创造与保护,提高江西省自主创新能力和综合竞争力,促进江西科学技术进步和经济社会发展,制定本办法。

第二条 专利费资助资金的来源为省财政拨款,其使用和管理应当按照国家和省扶持发明创造的有关法律、法规和政策的要求,贯彻"自主创新、重点跨越、支撑发展、引领未来"的科技发展指导方针,遵守有关财务规章制度,遵循"诚实申报、公开受理、定向使用、择优支持、科学管理"的原则。

第三条 省知识产权局负责审议专利费资助运作的重大事项,批准专利费资助的年度工作计划,受理专利费资助申请,审定专利费资助项目,下达年度资助计划项目,并对资助项目的执行情况和完成情况进行监督、检查。

第二章 资助对象和方式

第四条 申请中国发明专利或被授予国外、中国香港和中国澳门发明专利权的,且第一专利(申请)权人的地址在本省并符合下列条件之一的单位或者个人,均可申请资助:

(一)第一专利(申请)权人为本省的企业、事业单位、机关、团体;

(二)第一专利(申请)权人的户籍在本省或具有本省居住证的个人。

第五条 资助的专利费用种类和额度包括:

(一)已申请中国发明专利的,每件资助人民币500元;

(二)已被授予中国发明专利权的,每件资助人民币2500元;

(三)已被授予国外发明专利权的,每件只资助一个国家,资助人民币8000元;

(四)已授权的中国香港、中国澳门发明专利,每件资助人民币3000元;

(五)专项费用。专项费用是指已被授予中国实用新型专利权或中国外观设计专利权的专项资助。专项费用资助额度为:已被授予中国实用新型专利权的,每件资助人民币600元;已被授予中国外观设计专利权的,每件资助人民币300元。

申请专项费用资助的,同一发明创造只能提出一次,不重复资助。

第六条 本办法第五条第五项所称的"专项费用"包括:

(一)承担国家或本省重大项目、重大工程和重大活动所涉及的专利费用;

(二)列入国家及本省的专利工作示范、试点的企事业单位的专利费用;

(三)省属高等院校、科研院所的专利费用;

(四)省属医疗卫生机构的专利费用;

(五)其他特殊情况。

第三章 资助申请

第七条 申请中国发明专利或被授予中国发明专利权的，申请资助须报送下列材料：

（一）《江西省中国专利费资助申报表》一式两份；

（二）专利申请费用资助须提交专利申请受理通知书、国家知识产权局专利局开具的缴纳申请费、实质审查费收据；

（三）专利授权费用资助须提交专利证书原件及复印件、专利说明书扉页复印件、国家知识产权局专利局开具的缴纳年费收据；

（四）专利（申请）权人为自然人的须提供专利（申请）权人身份证；

（五）专利（申请）权人为单位的须提供单位介绍信、企业营业执照或事业法人登记证或社会团体法人登记证复印件、组织机构代码证复印件和经办人身份证原件及复印件；

（六）专利（申请）权人为两人以上的，须提供所有共同专利（申请）权人的相应身份证明和办理资助申报事宜的委托书。

第八条 申请国外或中国香港、中国澳门发明专利授权费用资助的，须报送下列材料：

（一）《江西省国外发明专利授权资助申请表》；

（二）国家批准的涉外（境外）专利代理机构出具的国外（境外）发明专利费用结算账单和发票（专利权人为单位的，若发票原件已报销入账的，可提交复印件，但须盖单位财务章并注明记账凭证号；专利权人为个人的须提交发票原件）；

（三）出示外国和中国香港、澳门专利局授权的专利证书并提交复印件；

（四）单位申请资助的须提供单位介绍信、组织机构代码证（复印件）和经办人身份证（原件及复印件）；个人申请资助的须提交本人省内户籍身份证或居住证（复印件）。

专利权人为两人以上的，须提供所有共同专利权人的相应身份证明和办理资助申报事宜的委托书。

第九条 申请专项费用资助的，由申请人统一填写《江西省专利专项费用资助申请表》并盖章，附上《江西省专利专项资助申请清单》及专利费收据（复印件）。

第十条 各设区市知识产权局作为初审单位受理当地单位和个人的资助申请。省知识产权局直接受理省属单位的资助申请。任何中介机构不得代办专利费用资助工作。

申请资助的单位和个人应提交完备真实的材料和凭证。

第十一条 以下单位申请专项资助，由下列部门或单位作为初审单位受理：

（一）属于国家重大项目、本省重大项目、重大工程和重大活动的，由承担单位初审；

（二）属于大型专利试点集团公司下属的企业的，由该集团公司初审；

（三）属于国家或本省的专利工作示范、试点企事业单位的，直接报省知识产权局初审。

第四章 资助审批与管理

第十二条 初审部门或单位对申请资助的单位或个人的资格以及申请材料的完整性、真实性初审同意并盖章后，在规定时间内报送省知识产权局。

第十三条 省知识产权局对初审合格项目进行审核，凡符合资助条件的项目，下达年度资助项目计划。

第十四条　省知识产权局对列为年度资助计划的单位或个人签发付款凭单，申请资助的单位或个人凭付款凭单领取资助费用。专利（申请）权人为个人的，领取资助现金；专利（申请）权人为单位的，在提交单位银行账号后，由省知识产权局通过银行划入单位账户。

第十五条　受资助的单位或个人提供的申请资助材料有虚假情况的，由省知识产权局责令其返还所获资助费用，并停止继续对其资助专利费用，同时予以公告。

第十六条　省知识产权局认为有必要时，可以对获得资助的单位或个人受资助情况进行核实，有关单位和个人应予以配合，否则停止继续对其资助专利费用。

第十七条　已提交实质审查请求的中国发明专利或授权后专利可在 8 个月内申请办理专利费用资助，若截止日为节假日的，顺延至第一个办理日。

享受专利申请费或专利授权费资助的起始时间为 2006 年 1 月 1 日以后提出的专利申请或授权的专利。

在 2006 年 1 月 1 日前申请并在 2006 年以后授予中国发明专利权的，每件资助人民币 2000 元；

第十八条　已按原《江西省专利申请及实施资助暂行办法》享受资助的，原则上不再资助。

第五章　附　则

第十九条　本办法自发布之日起执行，原《江西省专利申请及实施资助暂行办法》（赣科发〔2002〕6 号）相关规定同时废止。

第二十条　本办法由省知识产权局负责解释。

附录一 江西知识产权入园强企"十百千万"工程资金配套政策

江西省专利奖励办法

第一条 为奖励在自主创新活动中作出突出贡献的专利权人和发明人、设计人，鼓励发明创造成果取得专利权，增强自主创新能力，促进专利成果的转移转化，提升江西省产业核心竞争力，加快建设创新型江西，根据《中华人民共和国专利法》及其实施细则、《中华人民共和国科学技术进步法》和《江西省专利促进条例》等法律、法规和规章，制定本办法。

第二条 江西省专利奖（以下称省专利奖）是省人民政府为表彰在本省行政区域内实施并具有显著经济社会效益的专利而设立的专项奖励。

第三条 省专利奖贯彻尊重人才、尊重知识、尊重发明创造的方针，遵循公开、公平、公正的原则，注重效益，择优奖励。

第四条 省知识产权行政主管部门牵头成立省专利奖励工作部门联席会议（以下称"联席会议"），负责对省专利奖励工作的宏观管理和指导，审定省专利奖评审委员会（以下称"评审委员会"）评审结果。

联席会议组成人选由省知识产权行政主管部门提出。由科技、专利、经济、财务、教育和法律等领域的专家、学者和行政部门领导组成，人员为单数。

评审委员会组成人选由省知识产权行政主管部门提出，报联席会议批准，人员为单数。

第五条 省专利奖励工作部门联席会议办公室（以下称"奖励办公室"）设在省知识产权局，具体负责省专利奖评审的组织、协调和日常管理工作。

第六条 省专利奖每两年评选一次。评选方案报省评比达标表彰工作领导小组审核后，由省评比达标表彰工作领导小组办公室联合省知识产权行政主管部门报省人民政府审定后实施。

省专利奖每次奖励10项，每项奖励10万元。奖励经费从省专利资金中列支。

第七条 省专利奖授予对本省自主创新、国民经济和社会发展作出突出贡献的发明专利、实用新型专利、外观设计专利的专利权人（包括发明人、设计人）。

省专利奖重点奖励发明专利的专利权人（包括发明人）。

第八条 申报省专利奖应当符合下列条件：

（一）申报人应是在本省注册或具有本省户籍、工作居住证的专利权人，或对本省经济社会发展有突出贡献的其他专利权人；

（二）专利已经国家知识产权局授权；

（三）有效专利，权属明确；

（四）专利已经实施并取得较大的经济效益或社会效益。

国防专利或保密专利不属于评奖范围。

第九条 专利权属存在争议的专利不得申报省专利奖。

第十条 省专利奖候选人、候选单位（以下统称"候选对象"）由下列单位推荐：

（一）省人民政府有关部门；

（二）各设区市人民政府。

第十一条 推荐单位在推荐省专利奖候选对象时，应当填写统一格式的推荐书，提出具体的推荐意见，提供真实、可靠的评价材料与证明材料，在规定时间内推荐上报奖励办公室。

第十二条　奖励办公室负责对推荐对象、推荐材料进行形式审查，符合规定条件的，按专业进行汇总、分类；对不符合规定的推荐材料，应当要求推荐单位在规定时间内补正；逾期未补正或经补正仍不符合规定的，不予提交评审。

第十三条　奖励办公室应当在报纸、官方网站等媒体上公布通过初评的省专利奖候选对象及项目，征求意见，接受社会监督。任何单位或个人对省专利奖候选对象及项目持有异议的，应当在结果公布之日起30日内向奖励办公室提出，逾期不予受理。

提出异议的单位或个人应当表明真实身份，提交书面意见和必要的证明材料。

第十四条　奖励办公室具体负责异议的调查处理，有关推荐单位协助调查、核实。必要时奖励办公室可以组织评审委员进行调查和复审，或采用座谈会、听证会等方式，听取有关方面的意见。

奖励办公室应当将异议处理情况向评审委员会报告，提请评审委员会决定；并在作出决定之日起40日内将异议处理决定通知异议方和推荐单位。

第十五条　奖励办公室应当在异议处理程序结束后，对形式审查合格的推荐材料，提交评审委员会进行评审。评审委员会以记名投票表决方式产生评审结果。

第十六条　省专利奖励工作部门联席会议对评审委员会的评审结果进行审定，并由省评比达标表彰工作领导小组办公室联合省知识产权行政主管部门报省人民政府批准。

第十七条　省专利奖由省人民政府颁发证书和奖金。获奖者名单应当在有关新闻媒体上公布。

第十八条　有关单位或人事部门应将省专利奖的获奖情况记入发明人、设计人的档案，并作为晋升考核的重要依据之一。

第十九条　参与评审工作的专家及相关工作人员，应当对评审情况严格保密，不得以任何方式泄露评审情况；与被评审的候选对象或者专利项目有利害关系的，必须回避。

第二十条　对弄虚作假或者其他不正当手段谋取省专利奖的单位和个人，经省专利奖励工作部门联席会议审核，由省知识产权行政主管部门报省人民政府批准后撤销奖励，追回奖励证书和奖金。同时，予以公开曝光。属于处分对象的，建议其所在单位或主管部门依法给予相应的处分。

第二十一条　推荐单位提供虚假数据、材料，协助被推荐单位和个人骗取省专利奖的，由省知识产权行政主管部门予以通报批评；情节严重的，暂停或者取消其推荐资格；对负有直接责任的主管人员和其他直接责任人员，建议其所在单位或主管部门依法给予相应的处分。

第二十二条　参与省专利奖评审工作的专家在评审活动中违反评审行为准则和相关规定的，由省知识产权行政主管部门分别视情况给予责令改正、记录不良信誉、警告、通报批评、解除聘任等处理；同时可以建议其所在单位或主管部门依法给予相应的处分。

第二十三条　参与省专利奖评审组织工作的人员在评审活动中弄虚作假、徇私舞弊的，由省知识产权行政主管部门或者相关主管部门依法给予相应的处分。

第二十四条　省知识产权行政主管部门根据本办法制定实施细则。

第二十五条　本办法自发布之日起施行。

江西省知识产权富民强县示范县建设专项资金项目和资金管理暂行办法

第一章 总 则

第一条 为深入贯彻实施《江西省知识产权战略纲要》，充分发挥知识产权在县域经济发展方式转变中的重要作用，鼓励全民发明创造和创新创业，提升县域知识产权创造、运用、保护和管理水平，以知识产权促进县域经济壮大、城乡居民收入增加和地方财政增长，省知识产权局、省财政厅决定在省专利专项资金的基础上设立省知识产权富民强县示范县建设专项（简称"知识产权富民强县专项"）资金项目。为加强专项资金项目和资金的管理，制定本办法。

第二条 实施"知识产权富民强县专项"，要认真贯彻落实《专利法》《江西省专利促进条例》等知识产权法律法规，进一步加强县域知识产权协调管理、中介服务、转化应用、战略制度、培训宣传、行政执法和维权援助等体系建设。加大产业专利预警和知识产权公共信息服务，建立健全维权援助工作机制，不断提高县域知识产权保护能力和效率。

第三条 "知识产权富民强县专项"支持的方向。专项优先支持知识产权工作不断强化的县（市、区），重点支持工作体系健全、政策体系和制度建设较为完善的县（市、区），引导支持重视知识产权战略制定和实施的县（市、区）。

第二章 专项管理

第四条 "知识产权富民强县专项"管理。省知识产权局会同省财政厅负责专项的项目评审、立项和管理，省财政厅会同省知识产权局负责专项的资金审核、下达和监督。各设区市知识产权局、财政局负责本地区富民强县示范县的推荐工作。县（市、区）政府负责示范县的培育和日常管理工作。

第五条 "知识产权富民强县专项"实行项目管理。示范县申报立项后，经批复，列入省级项目，分两次下拨项目资金：立项后下达省财政补助资金的70%，一年后中期检查进展顺利的下达剩余的30%。项目实施不力、资金使用不当的限期整改，直至取消专项，追回财政资金。

第六条 管理职责

（一）省知识产权局会同省财政厅负责示范县的项目日常管理。提出年度项目计划；组织项目的申报、评审和立项；对项目实施情况进行监督和验收；配合省财政厅监督检查资金的管理和使用。

（二）省财政厅会同省知识产权局负责专项资金的预算和财务管理。审核项目资金预算；按规定下达项目资金；监督检查资金的管理和使用情况；配合省知识产权局对项目进行检查和验收。

第七条 经批准的项目预算一般不予调整。如确需调整需按照申报程序履行报批手续。

第八条 专项资金的支出范围。专项资金应当用于本区域知识产权工作体系建设、制度建设、政策完善、人才培养、服务体系建设、知识产权保护、知识产权宣传教育等工作，重点支持特色主导产业和产业集群专利技术的创造、引进和转化应用等方面的工作。

第三章 项目申报和审批

第九条 项目申报

（一）申报条件

申报"知识产权富民强县专项"一般应符合以下条件：

1. 重视知识产权工作，成立了知识产权领导协调机构，将知识产权工作作为政府工作的重要内容列入议事日程，并将知识产权主要指标纳入政府考核体系。

2. 设有知识产权管理机构，知识产权专职管理人员（含下属事业单位人员）不少于3人，并已初步形成知识产权工作体系。县（市、区）财政设有专利专项资金的优先给予考虑。

3. 知识产权行政执法和维权援助体系建设较为完善，能依法主动开展知识产权执法维权工作，能积极配合"4·26"知识产权日开展知识产权保护宣传活动和专项执法维权行动，及时办理侵权假冒等违法案件，有专职执法维权人员和执法经费，知识产权举报投诉渠道畅通，已开通"12330"维权援助公益热线。

4. 拥有具备一定优势和规模的特色产业和产业集群，掌握较多数量的发明专利等自主知识产权。

5. 已通过国家科技进步考评，或获得省级以上科技进步先进县（市、区）称号，或取得省级以上知识产权试点示范单位。

6. 积极引进或购买专利技术，争创名牌产品和质量强县，注册原产地标志和产品商标，保护植物新品种和遗传资源，发展地方特色知识产权产业等。

7. 大力实施国家和省知识产权战略，出台相应措施促进知识产权政策和制度体系建设、服务体系建设、人才队伍建设和知识产权宣传普及。

（二）申报与实施主体。示范县专项以县（市、区）政府为申报单位，县（市、区）知识产权（科技）部门和财政部门具体负责组织实施，当地工业园区管理部门、主导产业企业、多家知识产权优势企业组成联合体可牵头承担实施。

（三）申报程序。县（市、区）知识产权（科技）部门会同县级财政部门向本地政府提出申报要求，一般应由本地县（市、区）政府提前一年组织申报，并将书面申报材料经设区市知识产权局、财政局审核推荐后，于6月底前以正式文件报省知识产权局、省财政厅。

（四）申报材料。符合申报条件的县（市、区）政府按照"制定战略、完善体系、宣传社会、服务企业、转型发展、全面提升"的原则，制定知识产权富民强县专项实施方案，并按照相关要求认真填写申报立项表、专项资金项目预算表、项目资金预算支出表及附注等。申报材料需提供电子件及纸质件4份。

第十条 项目审批

（一）省知识产权局会同省财政厅组织专家对申报县的实施方案及其他申报材料进行论证、评审，遴选优秀项目，与省财政厅共同研究确定项目。

（二）对经批复实施的项目，由省财政厅会同省知识产权局按预算级次下达资金预算。

（三）批复立项的县（市、区），由县（市、区）政府与省知识产权局签订专项实施合同。

（四）省"知识产权富民强县专项"对列入"知识产权富民强县专项"的县（市、区）给予一定的资金支持。

第四章 组织实施

第十一条 列入"省知识产权富民强县专项"的县（市、区），应成立由政府领导担任组长的知识产权富民强县示范县建设领导小组，负责全面规划、积极组织推进本区域的专项实施工作，统筹协调相关部门解决实施过程中遇到的问题，对专项进行管理、监督和总结。

第十二条 知识产权富民强县示范县建设是一项系统工程，县（市、区）政府要保证必要的财政配套投入，强化组织协调，明确职责，合理分工，严格按照批准的方案组织实施，确保按期完成各项任务。各级知识产权（科技）、财政、工业园区管理等相关部门要加强沟通，集成资源，细化方案，落实措施，共同推进本区域的知识产权战略。

第十三条 项目完成时，项目承担单位要及时办理资金决算。省知识产权局、省财政厅将依据项目合同和实施方案的执行情况，组织专家验收。

第十四条 "知识产权富民强县专项"实施周期为两年，实行年度考核报告制度。实施期满后，省知识产权局、省财政厅根据实施方案的目标、任务以及申报材料所要求的工作成效进行考核验收，并公布考核结果。考核分为优秀、合格、不合格三类，考核优秀的，予以表彰，可授予"江西省知识产权强县（市、区）"称号，并由省知识产权局推荐申报国家知识产权强县工程；考核不合格的，将限期整改。

第十五条 对出现未经批准变更项目和任务，挤占、截留、挪用专项资金的，省知识产权局、省财政厅将视情节轻重采取终止项目、扣回拨款、取消资格、通报批评等措施。

第五章 附 则

第十六条 设区市、县（市、区）财政配套安排用于实施"知识产权富民强县专项"的资金可纳入本办法统筹管理。

第十七条 本办法由省知识产权局、省财政厅负责解释。

第十八条 本办法自发布之日起施行。

附录二 江西知识产权入园强企"十百千万"工程背景调查报告之一
——江西省企业专利状况调查与分析报告（2013）

为全面贯彻江西省委十三届七次全体（扩大）会议精神，服务鄱阳湖生态经济区建设和科技创新"六个一"工程，为进一步落实《中共江西省委、江西省人民政府关于大力推进科技协同创新的决定》和《江西省人民政府关于进一步加强协同创新提升企业创新能力的实施意见》，江西省深入实施创新驱动发展战略，全面推进知识产权强省战略的实施，多措并举提升江西省企业创新能力。

知识产权是科技创新的重要载体和主要要素，是创新成果的有效聚集，是转变发展方式的重要方式，现已逐步成为江西省产业转型升级和创新驱动的核心推动力。专利权作为最主要的知识产权之一，在促进江西省科技创新升级和战略性新兴产业发展中发挥了重要作用；专利制度在引导产业结构调整和升级、促进创新能力提升方面发挥了越来越重要的作用。2014 年，江西省知识产权局启动实施了全省知识产权入园强企"十百千万"工程，明确了以企业为主阵地，着力提升企业创新能力。企业是江西省知识产权工作的立足点和出发点，只有企业知识产权创造主体地位不断稳固，江西省知识产权工作才能真正落到实处。当前企业专利的整合培育与优化运作，已经从早期主要富集于科学技术密集度大、创新成果更新率快、知识产权敏感度高的通信等产业，逐步扩展和延伸到战略性新兴产业。江西省专利工作也正在从数量规模型向质量效益型提升转型逐步过渡。提升专利质量，稳增长、调结构、促转型成为江西省知识产权工作下一步的工作方向和目标。

江西省知识产权局适应新形势的发展需要，全面推进园区和企业知识产权工作，促进企业进一步提升专利创造、运用、保护、管理和服务等方面能力，不断巩固企业知识产权创造主体地位。为掌握全省企业专利基本情况以及为江西省专利政策的制定提供决策依据，江西省知识产权局在全省范围内开展了本次企业专利状况调查。

一、调查方法设计及样本情况

本次调查由江西省知识产权局组织开展，各设区市知识产权局、各县（区、市）科技（知识产权）局配合实施，通过江西省园区和企业专利状况网络调查系统（http：//www.jxas.ac.cn：8004/）调查全省 11 个设区市共计 5738 家企业，其中规模以上企业 4023 家，占 70.1%，高新技术企业 603 家，占 10.4%。本次调查企业样本覆盖了全省 11 个设区市，其中南昌和抚州两市的企业最多，分别占样本总量的 18.76%和 17.67%，其他各设区市均有不同比例的企业参与了调查。本次调查样本数量达到了 5738 个，样本数量较多，具有较好的代表性。调查企业在各设区市科技局或知识产权局的督导下认真通过网络填报了本次调查问卷，调查结果具有可靠性（见表1 和表2）。

附录二 江西知识产权入园强企"十百千万"工程背景调查报告之一

表1 2013年江西省调查企业类型和数量情况

企业类型	规模以上企业	规模以下企业	高新技术企业	非高新技术企业
数量/家	4023	1715	603	5135
合计/家	5738		5738	

表2 2013年江西省调查企业各设区市分布情况

地市	南昌	景德镇	萍乡	九江	新余	赣州	吉安	宜春	抚州	上饶	鹰潭	合计
数量/家	1059	54	630	827	283	829	579	349	1014	45	69	5738
占比	18.46%	0.94%	10.98%	14.41%	4.93%	14.45%	10.09%	6.08%	17.67%	0.78%	1.20%	100%

二、本次调查企业专利基本情况

2013年本次调查的5738家企业合计总销售额为477741亿元,专利累计投入463亿元,专利累计收益为539亿元。其中规模以上企业4023家,总销售额为402810亿元,专利累计投入57亿元,专利累计收益为523亿元;高新技术企业603家,总销售额为120717亿元,专利累计投入30亿元,专利累计产出313亿元。

截至2013年,本次调查5738家企业的国内外专利累计申请量为11114件(国内11059件、国外55件),其中,2013年新增3221件(国内3203件、国外18件);国内外专利累计授权量为7597件(国内7557件、国外40件),其中,2013年新增1783件(国内1778件、国外5件);国内外专利引进量为262件(国内261件、国外1件),其中,2013年新增88件(国内80件、国外8件);专利累计实施量为6983件(实施自有专利5797件、被许可实施专利945件、许可他人实施60件、专利权转让181件),其中,2013年新增3508件(实施自有专利2668件、被许可实施专利554件、许可他人实施134件、专利权转让152件)。

本次调查分别以专利累计申请数、专利累计授权数和发明专利累计授权数为指标,如表3所示,分别统计高新技术企业、规模以上企业、规模以上高新技术企业和所有企业的相关数据。其中,江西省高新技术企业数为603家,仅占本次调查企业总数的10.4%,累计申请了7298件专利,占本次调查企业申请总数的65.58%;累计授权专利量为5044件,占本次调查企业累计授权总量的66.39%;发明专利的累计授权量为850件,占本次调查企业累计发明专利授权总量的75.96%。这说明,规模以上企业和高新技术企业,特别是规模以上高新技术企业是江西省企业专利产出的主力军。

表3 2013年江西省高新技术企业、规模以上企业和所有企业专利状况

	企业数量/家	占比	专利累计申请数/件	占比	专利累计授权数/件	占比	发明专利累计授权数/件	占比
规模以上高新技术企业	519	9%	6569	59.1%	4642	61.1%	766	68.45
高新技术企业	603	10.4%	7289	65.58%	5044	66.39%	850	75.96%
规模以上企业	4023	70.11%	9266	83.37%	6519	85.81%	956	85.43%
所有企业	5738	100%	11114	100%	7597	100%	1119	100%

三、本次调查企业专利现状

随着经济全球化进程的日益加快和知识经济的迅猛崛起,专利权作为最主要的知识产权之一,拥有专利的数量多少和质量高低在很大程度上体现了一个国家、一个地区、一个企业的核心竞争力和创新能力的强弱,特别是企业所拥有的基础型、原创型、高价值和核心技术的专利数量则代表了企业战略优势和核心竞争。企业知识产权创造主体地位主要体现在企业所拥有专利状况。因此,在本次抽样调查了5738家企业的专利状况,以此掌握江西省企业的专利状况,以判断企业知识产权创造主体地位情况。

(一)企业专利意识状况

企业专利意识的强弱是决定专利等知识产权成果产出的重要因素。不断强化企业的专利意识是实施产权工作链条中的首要环节,也是企业专利的整合培育与优化运作前提基础。

本次调查内容包括:2013年是否对管理人员、工程技术人员及营销人员进行了知识产权知识的普及宣传和培训,是否组织了为提高员工知识产权意识的相关活动,知识产权工作的投入情况,是否贯彻《企业知识产权管理规范》国家标准等几个方面。

调查结果表明:本次调查企业对管理人员、工程技术人员及营销人员进行了知识产权知识的普及宣传和培训2754次,参与培训人员为45636人,平均每家企业进行了0.47次相关活动,每家企业平均参与培训员工为8人。其中规模以上企业(4023家)1717次,35343人次参与培训,平均每家企业进行了0.43次相关活动,每家企业平均参与培训员工为9人;高新技术企业(603家)725次,17756人参与培训,平均每家企业进行了1.22次相关活动,每家企业平均参与培训员工为30人(见图1、图2)。

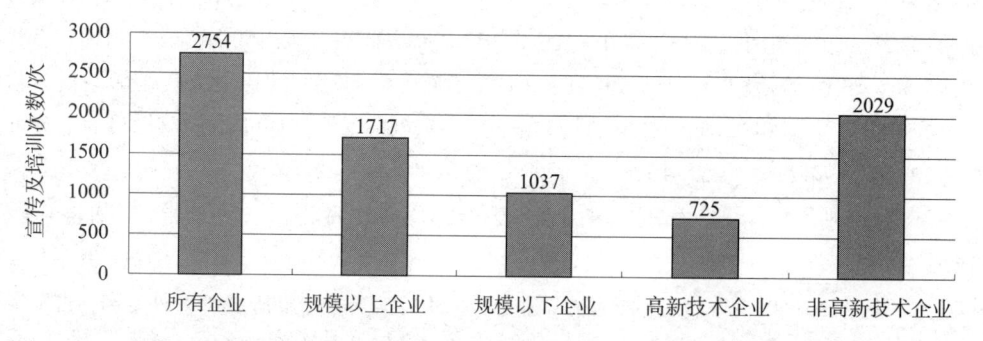

图1 企业对管理人员、工程技术人员及营销人员进行了知识产权知识的普及宣传和培训次数情况

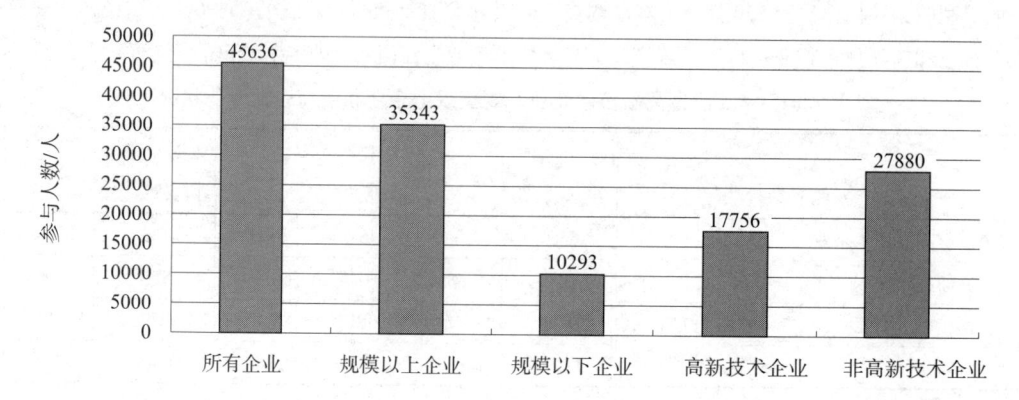

图2 企业对管理人员、工程技术人员及营销人员进行了知识产权知识的普及宣传和培训参与人数情况

附录二 江西知识产权入园强企"十百千万"工程背景调查报告之一

本次调查企业组织为提高员工知识产权意识开展的相关活动达到 2206 次,参与人员为 68579 人,平均每家企业进行了 0.38 次相关活动,每家企业平均参与培训员工为 12 人。高新技术企业(603家)开展了 547 次相关活动,共计 25868 人次参加,平均每家企业进行了 0.92 次相关活动,每家企业平均参与培训员工为 44 人次(见图3、图4)。

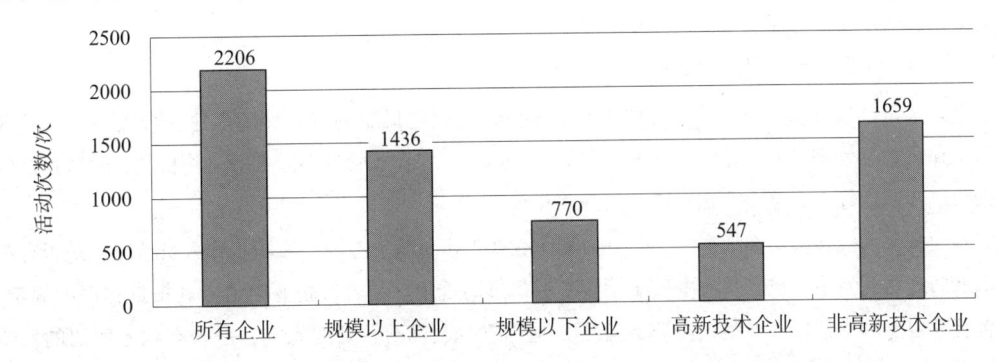

图 3　企业组织了为提高员工知识产权意识的相关活动次数情况

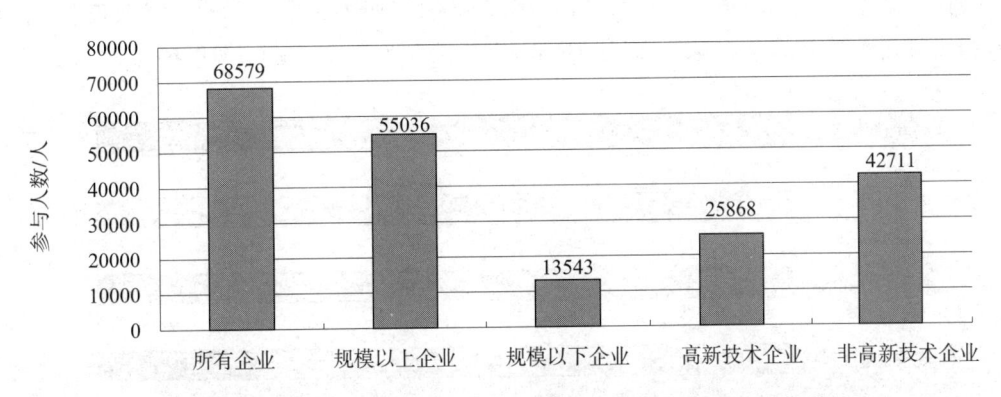

图 4　企业组织了为提高员工知识产权意识的相关活动参与人数情况

本次调查企业知识产权工作共投入 68 亿元,平均每家企业投入 11.9 万元。其中规模以上企业(4023 家)投入为 6 亿元,平均每家规上企业投入 14.9 万元;高新技术企业(603 家)投入为 7 亿元,平均每家高新技术企业投入 117 万元(见图5)。

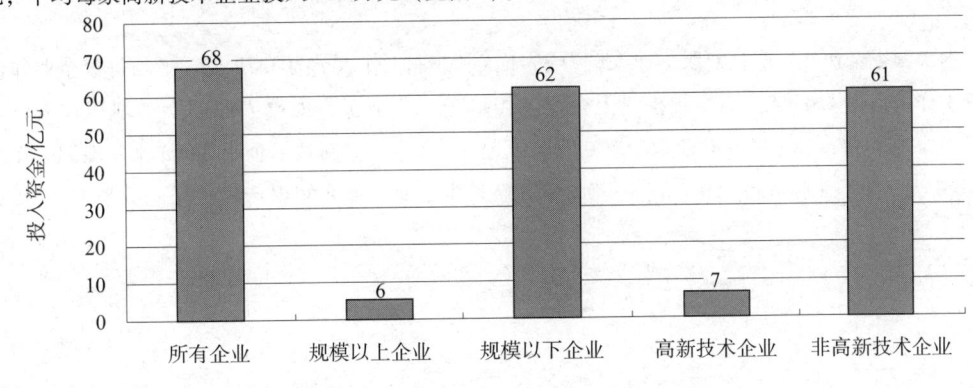

图 5　企业知识产权工作的投入资金

以上说明,本次调查企业中,高新技术企业专利意识较强,非常重视知识产权普及宣传和培训,平均每家企业进行了 1.22 次活动,每家企业平均参与培训员工为 30 人,开展宣传普及活动上无论是次数还是参与培训人员数量都远远超过一般企业。同时,高新技术企业加大在知识产权工作上的经费投入,平均每家高新技术企业投入 117 万元,远远超过本次调查企业的平均投入 11.9 万元,为专利的产出创造了良好的保障条件。

(二) 企业专利工作机构及制度的情况

企业知识产权管理工作体系和文件体系是企业专利创造机制的有效保障。建立合理科学的企业专利工作机构及管理制度,建立完善的专利创造、运用、保护、管理和服务等工作机制,营造良好的管理氛围和制度环境,是企业知识产权管理工作重点。

本次调查内容包括:知识产权工作是否列入企业议事日程,专职、兼职工作人员情况,是否有新技术、新产品开发中,技术贸易中关于检索专利信息的规定,是否有企业申请专利报批程序的规定,是否有界定专利申请权和专利权归属的规定,是否有专利资产管理的规定,是否有职务发明的发明人或设计人奖酬的规定,是否建立专利档案,是否有专利保密协议。

调查结果显示:本次调查企业中,有 79.8% 的企业将知识产权工作列入企业议事日程。其中规模以上企业达到 77.4%(4023 家),而高新技术企业达到了 98%(593 家)(见图 6)。

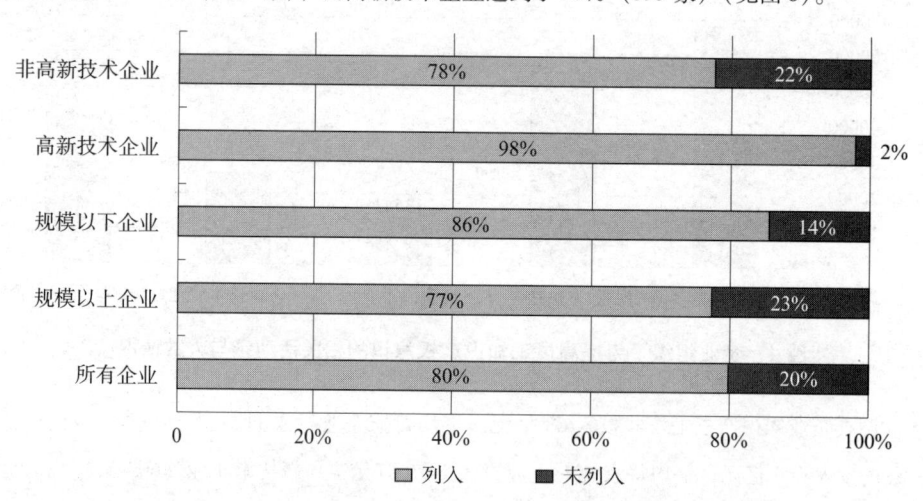

图 6 企业将知识产权工作列入企业议事日程情况分布❶

本次调查企业知识产权专职工作人员为 8341 人,兼职工作人员为 3378 人,平均每家企业知识产权工作人员为 1.45 人。其中规模以上企业(4023 家)专职工作人员 7193 人,兼职工作人员为 2723 人,平均每家规上企业有知识产权专职工作人员 1.8 人;高新技术企业(603 家)专职工作人员 5264 人,兼职工作人员 1807 人,平均每家高新技术企业有专职知识产权工作人员 8.85 人(见图 7)。

---

❶ 图中数字与正文相应数字有出入由数字四舍五入保留位数不一致造成。

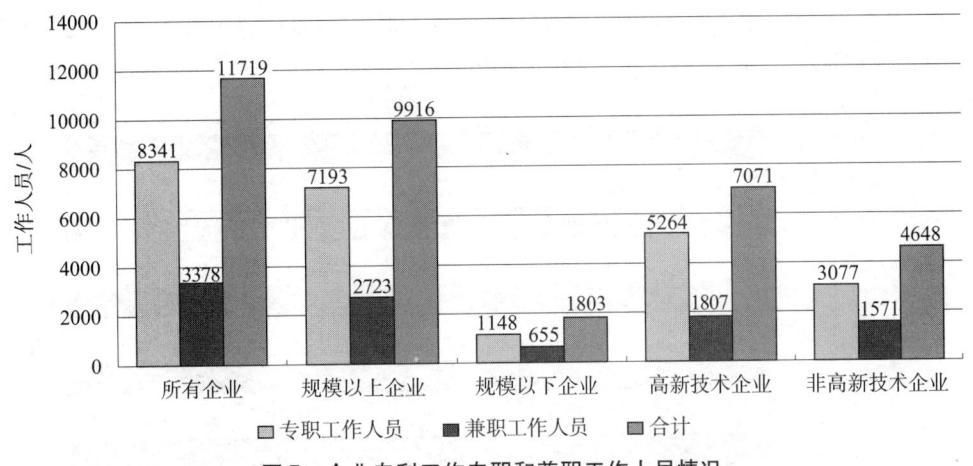

图 7　企业专利工作专职和兼职工作人员情况

本次调查中，74.53%的企业有新技术、新产品开发中，技术贸易中关于检索专利信息的规定。其中73.7%的规模以上企业制定了此规定，94.2%的高新技术企业制定了该规定（见图8）。

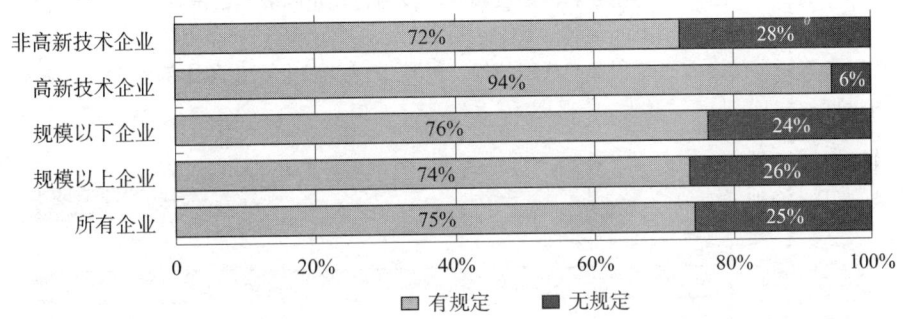

图 8　企业新技术、新产品开发中，技术贸易中关于检索专利信息规定的情况❶

本次调查74.8%的企业有申请专利报批程序的规定。其中74.2%的规模以上企业有该规定，高新技术企业制定率则达到了95.4%（见图9）。

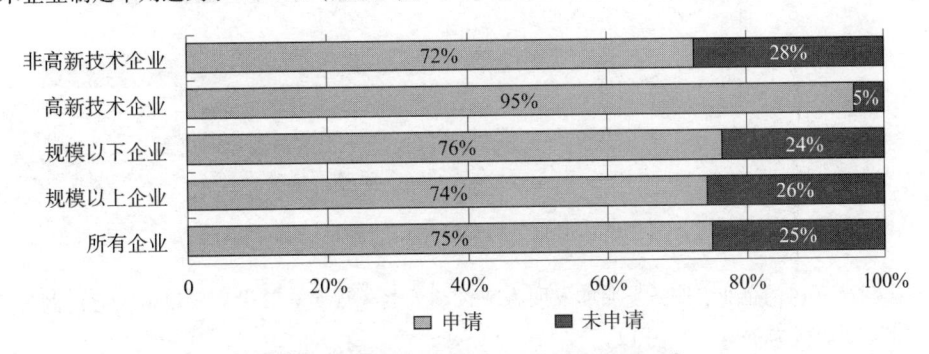

图 9　企业申请专利报批程序规定的情况❷

---

❶❷ 图中数字与正文相应数字有出入是由数字四舍五入保留位数不一致造成。

本次调查74.6%的企业有界定专利申请权和专利权归属的规定的。其中规模以上企业的比例达到73.8%，高新技术企业的比例达到94.9%（见图10）。

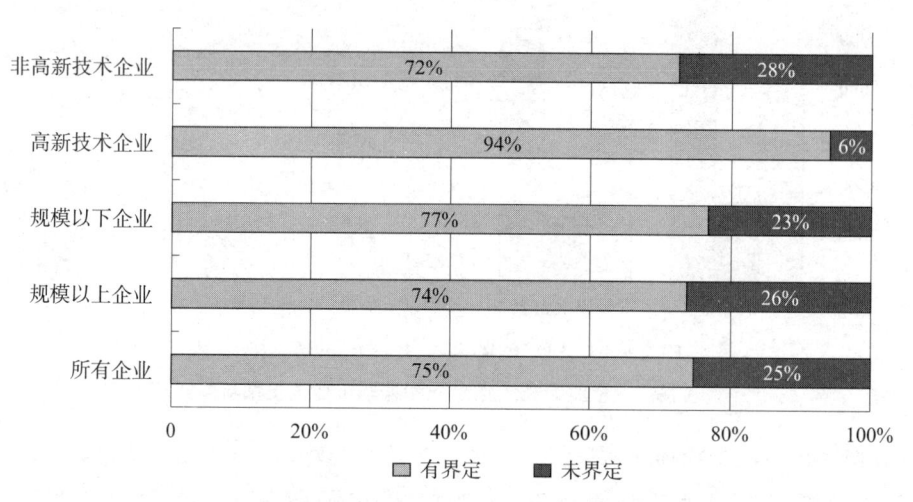

图10　企业专利申请权和专利权归属规定的界定情况❶

本次调查74.4%的企业有专利资产管理的规定。其中规模以上企业的比例为74%，高新技术企业比例为95%（见图11）。

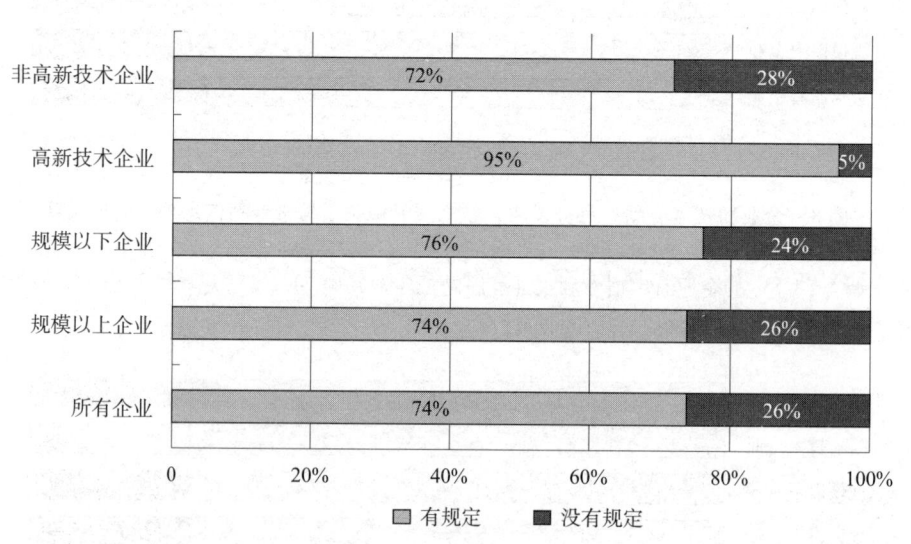

图11　企业专利资产管理的规定情况

本次调查76%的企业有职务发明的发明人或设计人奖酬规定。其中规模以上企业比例为75%，高新技术企业比例为96%（见图12）。

---

❶　图中数字与正文相应数字有出入是由数字四舍五入保留位数不一致造成。

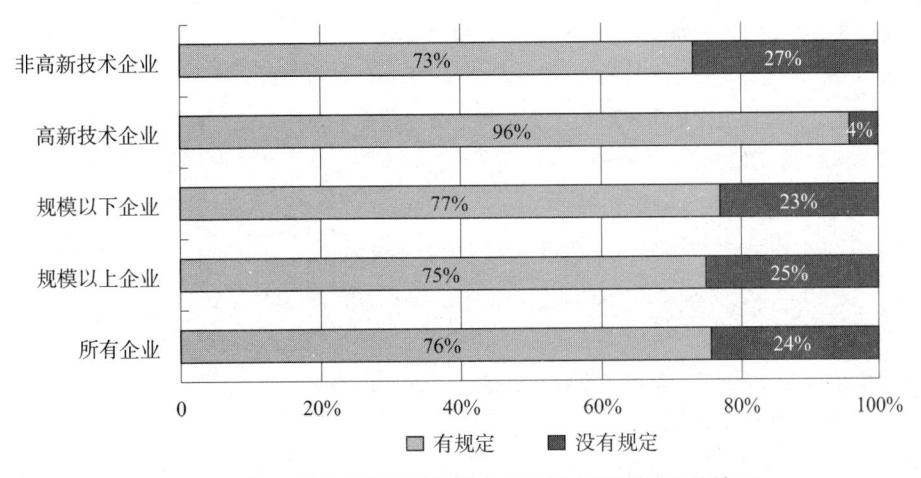

附录二　江西知识产权入园强企"十百千万"工程背景调查报告之一

图12　企业有职务发明的发明人或设计人奖酬规定的情况

- 非高新技术企业：有规定 73%，没有规定 27%
- 高新技术企业：有规定 96%，没有规定 4%
- 规模以下企业：有规定 77%，没有规定 23%
- 规模以上企业：有规定 75%，没有规定 25%
- 所有企业：有规定 76%，没有规定 24%

本次调查74%的企业建立专利档案。其中规模以上企业比例为73%，高新技术企业比例为97%（见图13）。

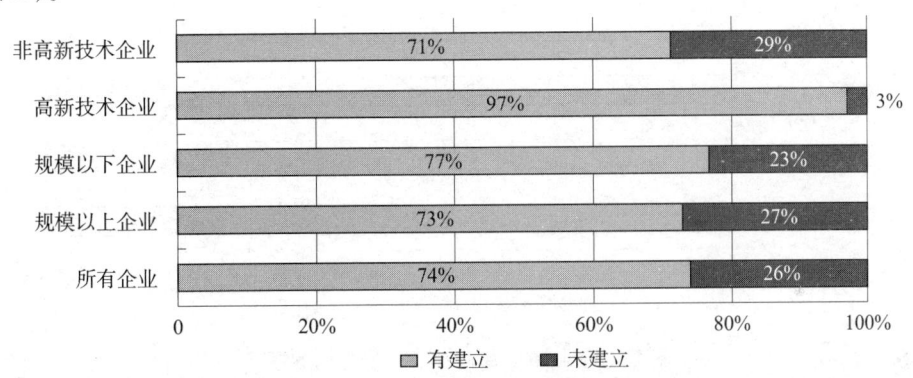

图13　企业建立专利档案的情况

- 非高新技术企业：有建立 71%，未建立 29%
- 高新技术企业：有建立 97%，未建立 3%
- 规模以下企业：有建立 77%，未建立 23%
- 规模以上企业：有建立 73%，未建立 27%
- 所有企业：有建立 74%，未建立 26%

本次调查74%的企业有专利保密协议。其中规模以上企业比例为73%，高新技术企业比例为95%（见图14）。

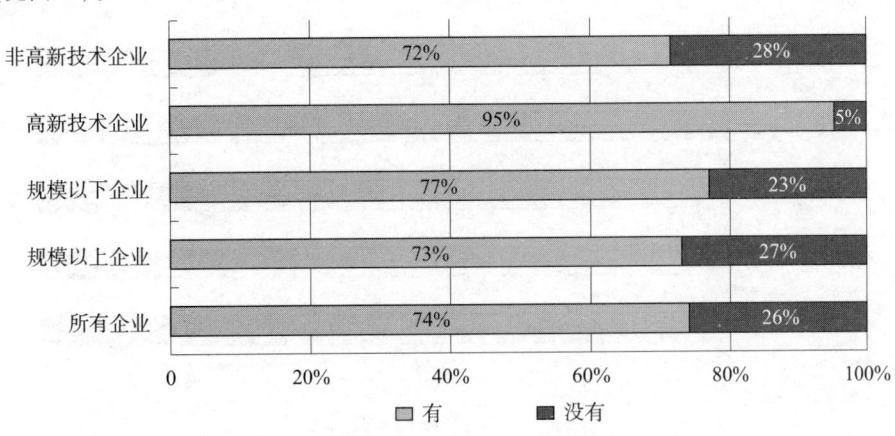

图14　企业专利保密协议情况

- 非高新技术企业：有 72%，没有 28%
- 高新技术企业：有 95%，没有 5%
- 规模以下企业：有 77%，没有 23%
- 规模以上企业：有 73%，没有 27%
- 所有企业：有 74%，没有 26%

调查结果显示，本次调查企业中规模以上企业和高新技术企业绝大部分建立了知识产权工作机构且运转良好，均配备了数量充足的专职知识产权工作人员和相当数量的兼职工作人员。相对于其他类型的企业，规模以上企业和高新技术企业均较好地建立了相关知识产权制度，确保了专利创造和运用等工作的顺利开展。

（三）企业专利战略和运用情况

知识产权战略在江西省推进知识产权强省建设中有重要意义。通过知识产权有效运用，促进知识产权与经济社会发展的融合，实现知识产权的价值，一直是我国知识产权战略实施中的重要环节。因此，从企业层面来看，制定规划科学的专利战略或规划，加强专利的有效运用是企业知识产权工作的重要环节。

本次调查内容包括：是否制定了企业专利战略（规划），在开发新产品、研究制定专利战略时是否利用了专利文献信息，是否建立了专利数据库。

调查结果显示，本次调查企业中，73%的企业制定了专利运用、保护、管理和服务等发展规划和中远期计划目标。其中规模以上企业的比例达为71%，高新技术企业的比例达到94%（见图15）。

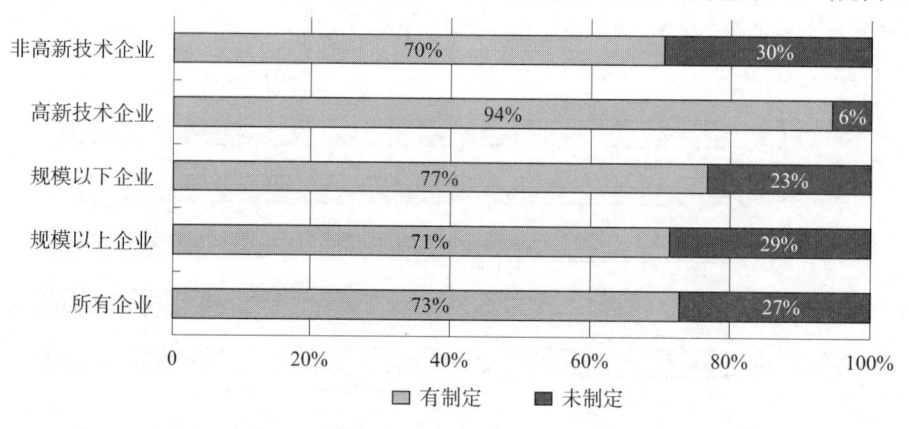

图15 企业制定专利战略（规划）的情况

本次调查中74%的企业在开发新产品、研究制定专利战略时充分利用了专利文献信息，强化了专利运用能力。其中73%的规模以上企业利用了专利文献信息，高新技术企业的利用比例则高达96%（见图16）。

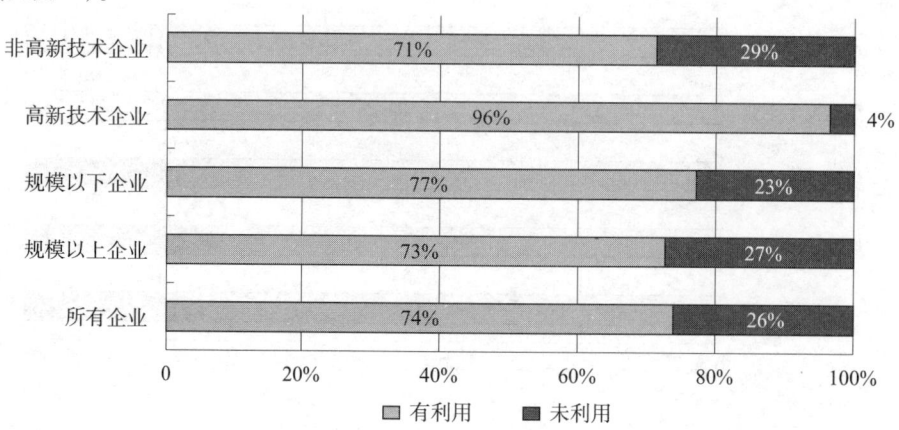

图16 企业在开发新产品、研究制定专利战略时利用了专利文献信息的情况

本次调查69%的企业加强专利信息管理以及有效的利用,建立了专利专题数据库,帮助企业分析市场的竞争环境,进而利用先进的技术、完善竞争策略。其中67%的规模以上企业建立了专利数据库,高新技术企业比例达到了88%(见图17)。

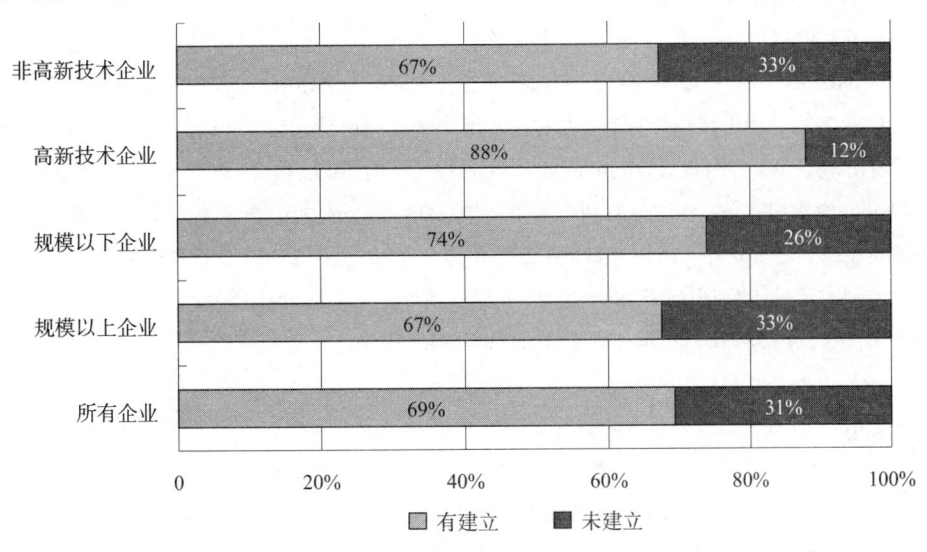

图17 企业建立专利数据库的情况

(四) 企业专利保护状况

通过更完善的法律法规体系、更快捷的行政执法手段和更完善的司法保护体制,企业能降低维权成本,提高侵权代价,有效遏制侵权行为;同时也能防止知识产权滥用,维护公平竞争的市场秩序和公众合法权益。

在是否出现专利侵权纠纷方面,调查结果表明:57%的企业出现过专利侵权纠纷。其中规模以下企业专利侵权纠纷出现的比例占到74%,高出规模以上企业(53%)近20个百分点;高新技术企业专利侵权纠纷出现的比例占到65%,高出非高新技术企业(56%)近10个百分点。这说明,知识产权侵权现象在高新技术企业和规模以下企业中出现比例较高(见图18)。

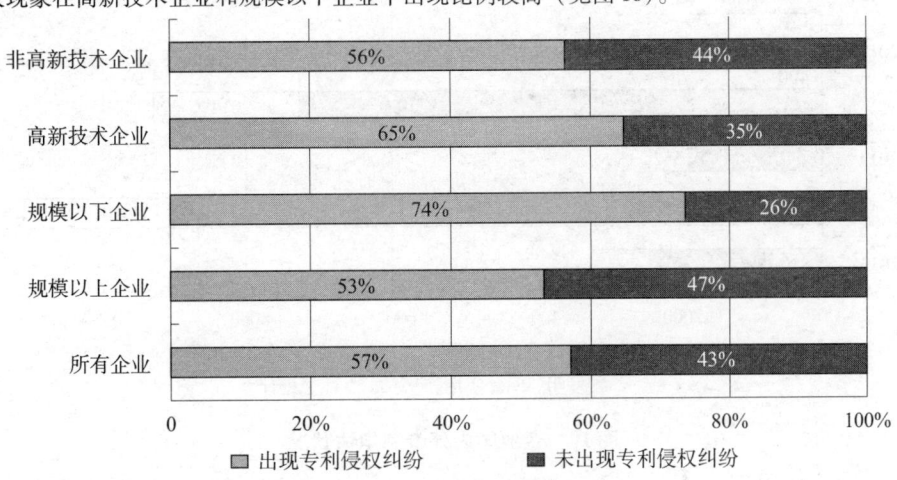

图18 企业专利保护状况

(五)企业专利申请、授权、引进、实施和投入情况

1. 企业专利申请情况

(1) 企业专利申请总体情况

从企业专利申请状况来看,截至2013年,本次调查的5738家企业国内外专利申请量共计11114件(国内为11059件、国外为55件),其中发明专利申请量为2920件(国内为2889件、国外为31件),占比26.27%,为申请总量的1/4左右;实用新型专利申请量为5746件(国内5733件、国外13件),占比51.7%;外观设计专利申请量为2448件(国内2437件、国外11件),占比22%。

2013年,本次调查企业国内外专利申请量新增3223件(国内为3205件、国外为18件),其中发明专利申请量新增810件(国内为805件、国外为5件),占比25%,为2013年申请总量的1/4;实用新型专利申请量新增1616件(国内为1608件、国外为8件),占比50.2%;外观设计专利申请量新增797件(国内为792件、国外为5件),占比24.8%。

(2) 规模以上企业专利申请状况

截至2013年,规模以上企业(4023家)国内外专利申请量为9195件(国内为9266件、国外为29件),占本次调查企业累计专利申请总量的82.4%,2013年新增2423件(国内为2416件、国外为7件),其中发明专利申请量为2539件(国内为2523件、国外为16件),占本次调查企业发明专利累计申请总量的86.95%,2013年新增664件(国内为659件、国外为5件)、实用新型专利申请量为4742件(国内为4737件、国外为5件),2013年新增1207件(国内为1207件、国外为0件)、外观设计专利申请量2014件(国内为2006件、国外为8件),2013年新增552件(国内为550件、国外为2件)(见图19)。

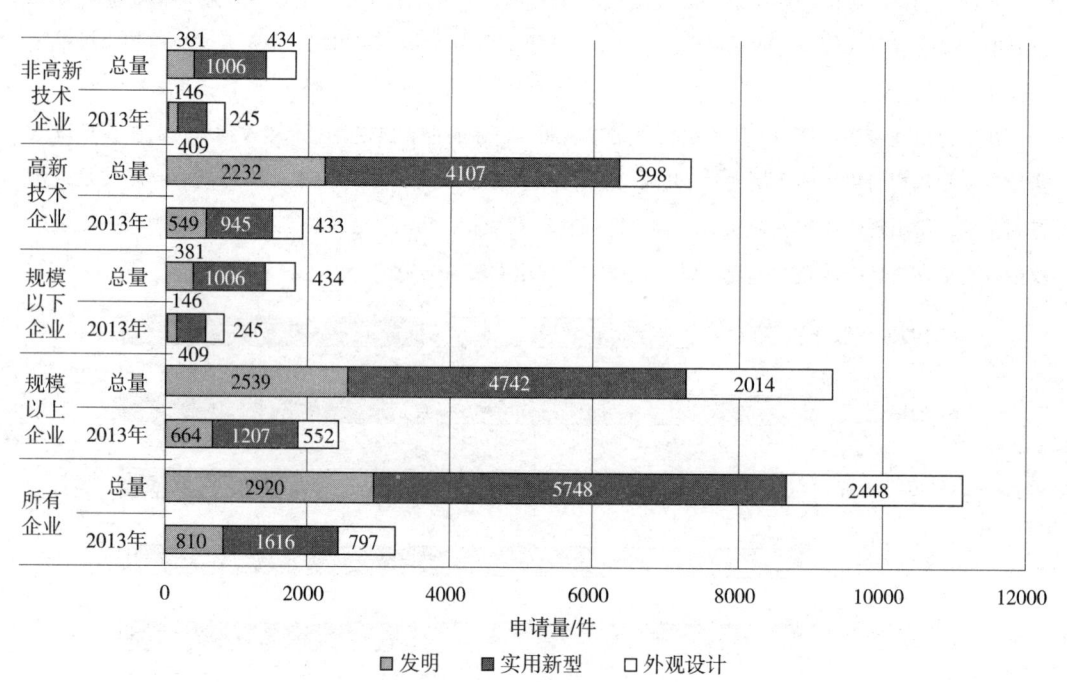

图 19 企业国内外专利申请状况

调查结果显示,企业专利申请类型仍以实用新型专利为主,发明专利的申请量有较大幅度的提高,但是比例仍较低。

2. 企业专利授权的情况

(1) 企业授权专利总体情况

从企业专利授权状况来看,截至 2013 年,受调查的 5738 家企业国内外专利授权量为 7597 件(国内为 7557 件、国外为 40 件),其中发明专利授权量为 1139 件(国内为 1119 件、国外为 20 件),占授权总量的 15%,实用新型专利授权量为 4648 件(国内为 4639 件、国外为 9 件),占授权总量的 61.1%,外观设计专利授权量为 1815 件(国内为 1804 件、国外为 11 件),占授权总量的 23.9%。

2013 年,本次调查企业国内外专利授权量新增 1783 件(国内为 1778 件、国外为 5 件),其中发明专利授权量新增 268 件(国内为 266 件、国外为 2 件),占新增量的 15%,实用新型专利授权量新增 1125 件(国内为 1124 件、国外为 1 件),外观设计专利授权量新增 390 件(国内为 388 件、国外为 2 件)。

(2) 规模以上企业专利授权状况

调查结果显示,截至 2013 年,规模以上企业(4023 家)国内外专利授权量为 6534 件(国内为 6519 件、国外为 15 件),其中发明专利授权量为 959 件(国内为 956 件、国外为 3 件),实用新型专利授权量为 3947 件(国内为 3942 件、国外为 5 件),外观设计专利授权量为 1633 件(国内为 1626 件、国外为 7 件)。

2013 年,规模以上企业国内外专利授权量新增 1372 件(国内为 1368 件、国外为 4 件),其中发明专利授权量新增 224 件(国内为 222 件、国外为 2 件)、实用新型专利授权量新增 846 件(国内为 846 件、国外为 0 件)、外观设计专利授权量新增 302 件(国内为 300 件、国外为 2 件)(见图 20)。

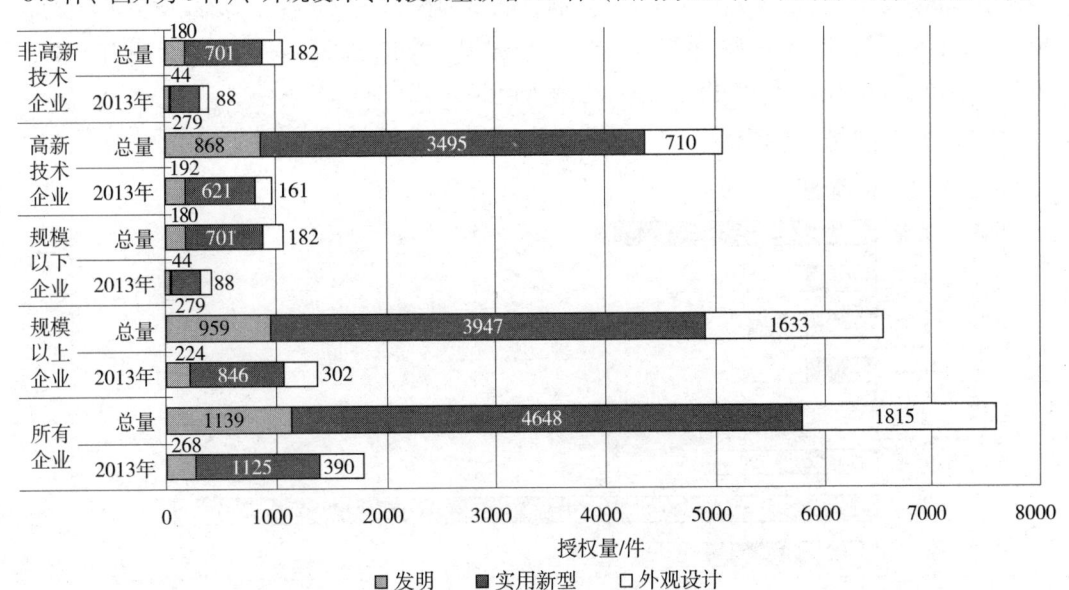

图 20 企业国内外专利授权状况

调查发现，本次调查企业国内外专利授权量增长显著，达到1783件，占到累计授权量（7597件）的23%。发明专利授权的数量（1139件，268件）所占比重仍较低，仅占授权总量的15%。从本次调查企业规模来看，规模以上企业2013年专利授权量（1372件）是规模以下企业专利授权量（411件）的3倍；规模以上企业仅2013年的专利授权量（1372件）就占企业专利授权累计总量（6534件）的21%。从是否是高新技术企业来看，高新技术企业2013年专利授权量（974件）是非高新技术企业专利授权量（411件）的近2.5倍，高新技术企业2013年的国内外专利授权量（974件）就占高新技术企业专利累计授权总量（5073件）的19%。

3. 企业专利引进的情况

（1）企业专利引进总体情况

从企业专利引进状况来看，截至2013年，本次调查的5738家企业国内外专利引进量为262件（国内为261件、国外为1件），2013年新增88件（国内为80件、国外为8件），其中发明专利引进量为115件（国内为115件、国外为0件），2013年新增35件（国内为34件、国外为1件）、实用新型专利引进量为110件（国内为109件、国外为1件），2013年新增29件（国内为28件、国外为1件）、外观设计专利引进量为37件（国内为37件、国外为0件），2013年新增24件（国内为18件、国外为6件）（见图21）。

（2）规模以上企业专利引进情况

截至2013年，规模以上企业（4023家）国内外专利引进量为211件（国内为211件、国外为0件），占专利引进累计总量的80.53%，其中2013年新增61件（国内为54件、国外为7件），其中发明专利引进量为82件（国内为82件、国外为0件），占发明专利引进累计总量的71.3%，2013年新增24件（国内为23件、国外为1件）、实用新型专利引进量为95件（国内为95件、国外为0件），2013年新增14件（国内为14件、国外为0件）、外观设计专利引进量为34件（国内为34件、国外为0件），2013年新增23件（国内为17件、国外为6件）（见图21）。

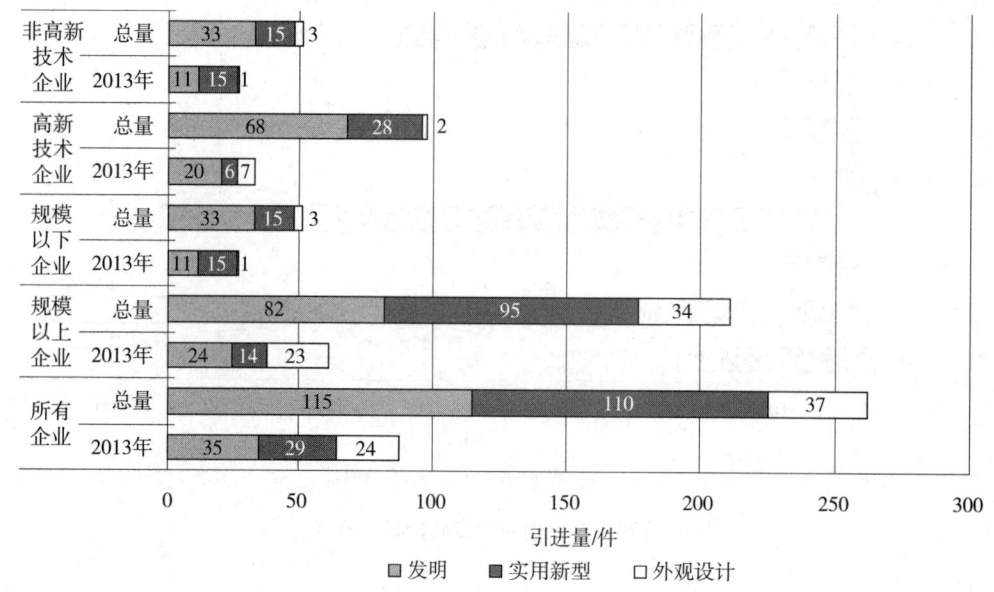

图21 企业国内外专利引进量分布

如图 21 所示，2013 年本次调查企业国内外专利引进量增长明显，达到 88 件，占到累计引进量（262 件）的 34%。不论是专利引进总量还是 2013 年增量，发明专利引进的数量（115 件，35 件）最多，实用新型专利引进的数量（110 件，29 件）其次，外观设计专利引进的数量（37 件，24 件）最少。

4. 企业实施专利的情况

截至 2013 年，本次调查的 5738 家企业专利累计实施量为 6983 件（实施自有专利为 5797 件、被许可实施专利为 945 件、许可他人实施为 60 件、专利权转让为 181 件）。其中，专利自我实施率为 83%，专利转让率仅为 2.6%。2013 年新增专利实施 3508 件（实施自有专利为 2668 件、被许可实施专利为 554 件、许可他人实施为 134 件、专利权转让为 152 件），其中专利转让率为 4.3%（见图 22）。

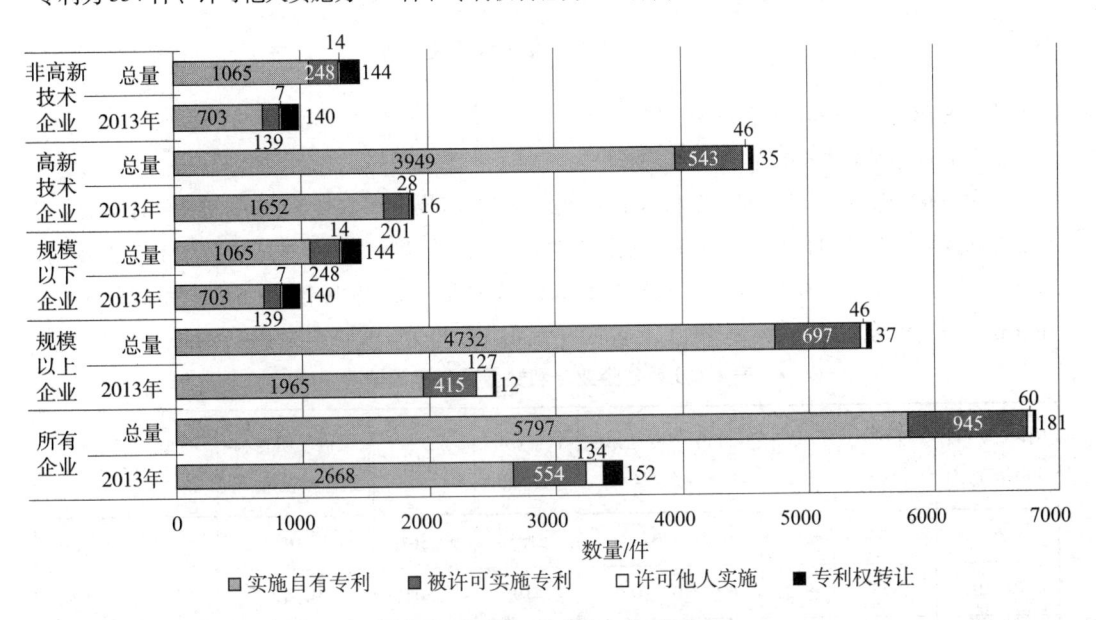

图 22　企业国内外专利实施情况

如图 22 所示，2013 年企业国内外专利实施量大幅度增长，达到 3508 件，占到总实施量（6983 件）的 50%。不论是总量还是 2013 年增量，企业实施自有专利的数量（5797 件，2668 件）最多，许可他人实施专利的数量（60 件，134 件）最少。

5. 企业专利投入和收益的状况

本次调查的 5738 家企业 2013 年专利累计投入 463 亿元，专利累计收益 539 亿元，专利投入产出比达到 1.16 倍。其中规模以上企业（4023 家），专利累计投入 57 亿元，专利累计收益 523 亿元，专利投入产出比达到 9.18 倍；高新技术企业（603 家），专利累计投入 30 亿元，专利累计收益 313 亿元，专利投入产出比达到 10.43 倍（见图 23）。

如图 23 所示，总体来看，企业专利投入产出比 1∶1.16，规模以上企业和高新技术企业的投入产出比较高，相对而言，规模以下和非高新技术企业的投入产出比较低，专利产出收益明显小于专利投入。具体而言，从企业规模来看，规模以上企业专利投入产出比约为 1∶9，规模以下企业专利投入产出比约为 25∶1。按是否是高新技术企业分类：高新技术企业专利投入产出比约为 1∶10；非高新技术企业投入产出比约为 2∶1。

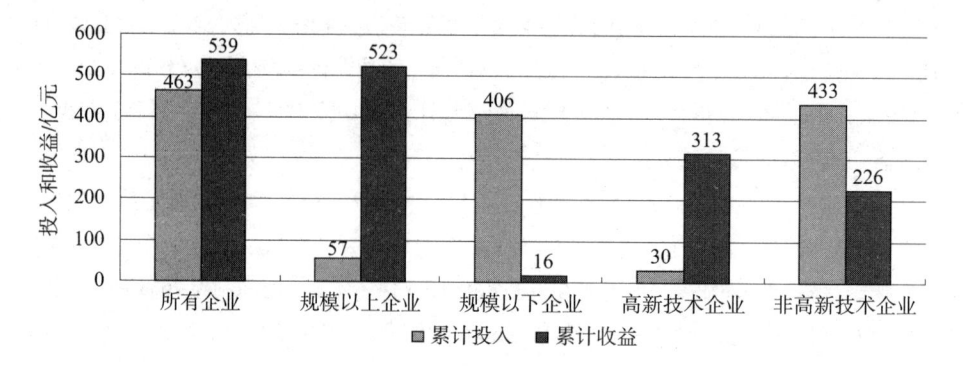

强企支撑强省——知识产权入园强企的理论架构与江西实践

图23 企业专利投入和收益分布

（数据：所有企业 累计投入463，累计收益539；规模以上企业 57，523；规模以下企业 406，16；高新技术企业 30，313；非高新技术企业 433，226。单位：亿元）

6. 企业专利总体态势分析

（1）企业专利总体分布情况

本次调查以专利累计申请量、专利累计授权量和发明专利累计授权量3个指标分别统计本次调查企业专利数量分布区间情况。如表4所示，本次调查企业分别有88.41%的企业未有专利申请，90.36%的企业未有专利授权，94.7%的企业没有取得发明专利授；专利申请量和授权量过百件的企业仅有14家和9家，发明专利累计授权量过10的企业共有16家，仅占本次调查企业总数的0.28%。

表4 江西省企业专利数量分布区间情况

国内专利累计申请量/件	企业数/家	占比	国内专利累计授权量/件	企业数/家	占比	国内发明专利累计授权量/件	企业数/家	占比
0	5073	88.41%	0	5185	90.36%	0	5434	94.70%
0~10	473	8.25%	0~10	419	7.30%	0~10	288	5.02%
10~50	157	2.74%	10~50	113	1.97%	10~50	13	0.23%
50~100	21	0.37%	50~100	12	0.21%	50~100	3	0.05%
100以上	14	0.24%	100以上	9	0.16%	100以上	0	0
合计	5738	100%	合计	5738	100%	合计	5738	100%

（2）企业专利十强情况

本次调查分别以专利累计申请量、专利累计授权量和发明专利累计授权量为指标对本次调查企业进行排序，分别得到专利累计申请量、专利累计授权量和发明专利累计授权量十强企业。如表5、表6和表7所示，江西铜业股份有限公司的专利申请量和授权分别达到913件和716件，位列十强企业第一，而江西汇仁药业有限公司和仁和（集团）发展有限公司的发明专利授权量达到78件，位列发明专利授权量的前列。

附录二 江西知识产权入园强企"十百千万"工程背景调查报告之一

表5 江西省专利累计申请量十强企业

企业名称	国内专利累计申请量/件	排名
江西铜业股份有限公司	913	1
江铃汽车集团公司	866	2
江西洪都航空工业集团有限责任公司	659	3
江西和美陶瓷	334	4
昌河飞机工业（集团）有限责任公司	217	5
景德镇法蓝瓷实业有限公司	191	6
江西百胜门控设备有限公司	171	7
江西汇仁药业有限公司	169	8
新余钢铁集团有限公司	165	9
江西维平创业家具实业有限公司	162	10

表6 江西省专利累计授权量十强企业

企业名称	国内专利累计授权量/件	排名
江西铜业股份有限公司	716	1
江铃汽车集团公司	687	2
江西洪都航空工业集团有限责任公司	356	3
江西和美陶瓷	330	4
景德镇法蓝瓷实业有限公司	180	5
江西百胜门控设备有限公司	144	6
昌河飞机工业（集团）有限责任公司	131	7
江西汇仁药业有限公司	119	8
江西维平创业家具实业有限公司	102	9
江西昌河汽车有限责任公司	96	10

表7 江西省发明专利累计授权量十强企业

企业名称	国内发明专利累计授权量/件	排名
江西汇仁药业有限公司	78	1
仁和（集团）发展有限公司	78	1
江西洪都航空工业集团有限责任公司	66	3
江西天施康中药股份有限公司	36	4
江铃汽车集团公司	34	5
昌河飞机工业（集团）有限责任公司	29	6
江西赛维LDK太阳能高科技有限公司	27	7
江西青峰药业有限公司	24	8
蓝星化工新材料股份有限公司	22	9
江西铜业股份有限公司	19	10

(3) 企业专利投入与专利收益相关性情况

本次调查考察了企业专利投入与专利收益之间的相关关系，即企业的专利投入是否会产生专利收益。两个变量之间的相关性一般用相关系数来说明。相关系数是描述两个变量之间的相关程度，常涉及两个事物（变量）的相互关系问题，其关系表现为3种变化，正相关、负相关和无相关。其中，正相关是指一个变量增加或减少时，另外一个变量也相应增加或减少，而负相关则相反。无相关是指两个变量是独立的，即由一个变量值无法预测另一个变量值。相关系数取值范围限于 $\{-1,1\}$，其中相关系数越接近1，说明两个变量的相关程度越高，既一个变量的增加与减少会显著引起另一个变量的增加与减少。

本次调查考察了5738家企业2013年专利投入与专利收益二者之间的相关程度。本次调查企业中，2013年专利累计投入超过100万元的企业共118家，其专利投入与专利收益的相关系数为0.0635，专利投入与收益的表现为微弱的相关性。究其原因，因为专利产出的滞后性，当年的专利投入未能在同期产生专利收益，本次调查2013年专利投入超过100万元的118家企业中有相当数量的企业2013年专利收益为0。剔除专利收益为0的企业后，本次调查共有95家企业的专利投入超过100万元。统计结果显示，这95家企业的专利投入和专利收益相关系数为0.9430，二者之间表现显著正相关，即专利的投入会显著带来专利的收益。同时统计95家企业的前50强和前20强企业的专利投入和专利收益情况，其相关系数分别为0.9415和0.9362，这说明企业的专利投入会显著带来专利收益，企业的专利投入效应可观，应大力增加专利投入，增加企业的收益（见表8）。

表8 江西省企业专利投入与产出相关性情况

统计企业	专利投入与专利收益相关系数	备注
专利投入前20强企业	0.9362	95家企业专利投入前20强企业
专利投入前50强企业	0.9415	95家企业专利投入前50强企业
专利投入前95强企业	0.9430	剔除2013年专利收益为0的企业后共95家企业
专利投入前118强企业	0.0635	2013年专利投入超过100万元的118家企业

同时，调查结果显示，本次调查专利数量前50强无论是知识产权管理相关规章制度完善程度、知识产权管理机构建设以及知识产权专职工作人员数量均超过本次调查平均的水平。如果企业专利经费投入和人员投入更高、企业知识产权意识更浓厚、企业知识产权管理制度更加健全，那么企业的专利创造和产出的数量相应会显著增加。

(4) 平均每亿元投入专利申请量和授权量产出情况

根据江西省科技厅和江西省统计局所发布数据显示，2012年，江西省研发经费达到113.6亿元，与GDP之比为0.88%；同年，全省专利申请为12458件，获授权专利为7985件。平均每亿元研发投入产生专利申请量为109.67件，每亿元研发投入获授权专利为70.29件。本次调查的5738家企业2013年知识产权投入68.62亿元，专利申请总量为11059件，获授权专利总量为7557件，平均每亿元投入产生专利申请量为161.16件，平均亿元投入获授权专利为110.12件。结果显示，本次调查企业知识产权每亿投入所产生的专利申请量和专利授权量均超过了全省的平均水平，企业的专利创造能力不断增强，企业逐步成为知识产权，特别是专利创造和运用的主体。

7. 战略性新兴产业专利分布情况

本次调查选取文化创意、生物医药等十大战略性新兴产业，分别统计每个产业的专利累计申请量、累计授权量和发明专利累计授权量。如表9和图24所示,生物医药、非金属材料和航空制造这三个产业的专利申请量和授权量排在十大战略性新兴产业的前列;而风能核能、半导体照明和新能源汽车等产业的专利数量较少。

表9　江西省战略性新兴产业专利情况　　　　　　　　　　单位:件

产业	国内专利累计申请量	国内专利累计授权量	国内发明专利累计授权量
文化创意	214	189	5
风能核能	14	0	0
半导体照明	233	121	11
生物医药	1184	673	235
光伏	346	185	38
金属新材料	701	510	77
非金属材料	1210	895	136
航空制造	1002	557	110
新能源汽车	255	176	21
绿色食品	265	167	42

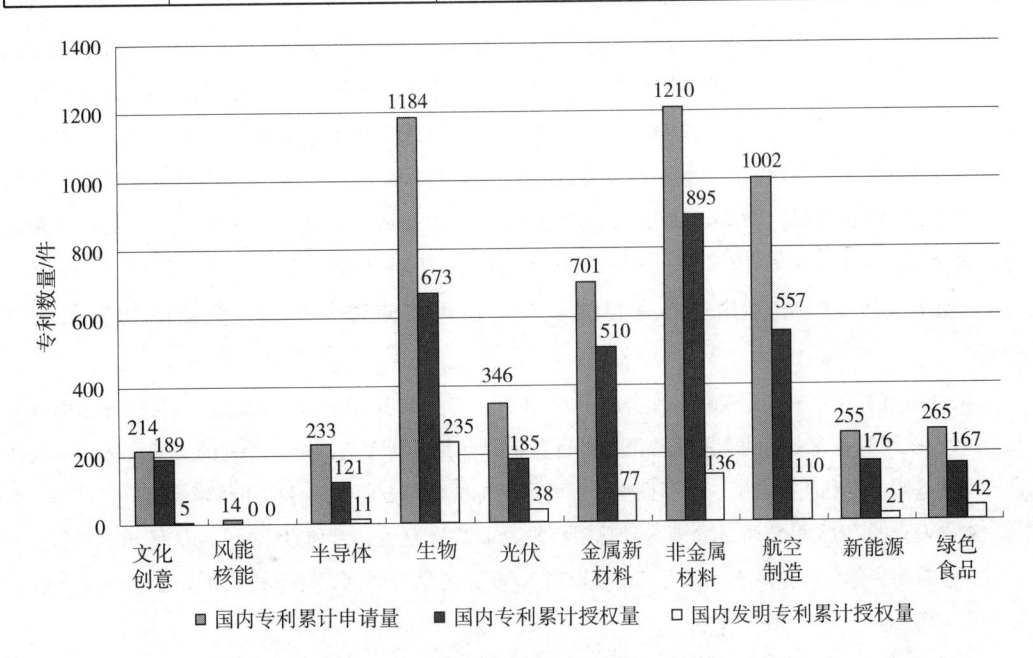

图24　江西省战略性新兴产业专利情况

四、本次调查企业专利创造与培育存在的问题与分析

(一)企业专利意识较为薄弱

约半数企业还未开展知识产权知识的普及宣传和培训,及组织开展相关的活动来提高员工知识产权意识,企业普及培训相关活动参与人数少,普及活动覆盖范围有待拓宽。企业知识产权工作投入经费有限。2013年本次调查企业知识产权工作投入仅68亿元,平均每家企业仅投入119万元。大部

分企业未能有效贯彻《企业知识产权管理规范》国家标准，未能规范开展的知识产权工作。企业专利意识淡薄将导致企业创新乏力，创新动力不足。

（二）企业专利工作机构及制度建设有待优化

企业专利工作机构中配备专职工作人员少，平均仅为1.5人/每企业，且大部分企业尚未建立专利工作机构。仅75%左右的企业制定了专利管理的相关制度，如知识产权工作列入企业议事日程制度、专利信息检索制度、专利申请报批程序、专利申请权和专利权归属界定细则、专利资产管理规定，职务发明的发明人或设计人奖酬规定、专利档案和专利保密协议等，还有1/4的企业专利管理制度体系建设缺位明显，不能有效地激发企业的创新活力。

（三）企业知识产权保护意识弱，专利保护状况不容乐观

调查结果显示，有57%的企业出现过专利侵权纠纷。其中，规模以下企业和高新技术企业表现更为严重，侵权纠纷比例分别高达74%和65%。

（四）企业专利结构有待优化，专利技术含量有待提高

提升企业专利质量，向质量效益型阶段转型升级是新时代市场竞争的必然趋势和要求。当前企业专利仍停留在追求数量规模型阶段，基础型、原创型、高价值和拥有核心技术的发明专利相对较少。本次调查企业的专利申请量和授权量2013年大幅度的增长，但是企业专利结构不合理，有待优化调整。一是作为技术含量最高的发明专利，其申请量和授权量比例偏低。企业发明专利申请总量仅占专利申请总量为26.27%，而企业发明专利授权量仅占企业专利授权总量的15%。从2013年新增量来看，发明专利的比例和累计总量的比例相当。二是国外专利申请量和授权量较低，本次调查5738家企业国外专利累计申请总量和授权总量分别为55件和40件，未能突破百件。三是企业国内外专利引进量增长明显，仅2013年引进量就达到88件，占到累计引进量的34%。但是本次调查5738家企业累计才引入专利262件，在江西省企业创新能力有限的背景下，专利引进力度有待加强。

（五）企业对专利运用主要是自我实施，运用方式过于单一，企业专利投入水平较低

本次调查的5738家企业专利累计实施量6983件，专利自我实施率为83%，专利权转让率仅为2.6%。本次调查企业专利的应用和转化主要是企业的自我专利实施，对于专利的交叉许可、专利谈判、专利联盟、专利质押融资、专利投资入股和专利标准化等方面的综合应用相当薄弱。

本次调查的2013年5738家企业合计总销售额为477741亿元，专利累计投入463亿元，专利投入只占企业总销售额的万分之十，相当于企业取得1000元的销售收入，却只投入1元在企业专利的创造培育工作上。

（六）企业专利创造主体地位有待加强，企业创造和运用专利的能力和水平尚待提高

据统计，本次调查企业分别有88.41%从未申请过专利，90.36%没有专利授权，94.7%企业没有发明专利授权。专利申请量和授权量过百件的企业仅有14家和9家，发明专利累计授权量超过10件的企业只有16家，仅占本次调查企业的0.28%。专利累计申请量、专利累计授权量排名第一的企业是江西铜业股份有限公司，但是其申请量和授权量未突破千件大关，而发明专利授权量第一的江西汇仁药业有限公司授权的发明专利未突破百件大关。

(七) 部分战略性新兴产业专利状况堪忧

据统计，风能核能产业目前只有 14 件专利申请，尚未有专利授权。半导体照明和新能源汽车等产业的发明专利数量较少，大部分战略性新兴产业的发明专利比例甚至低于企业平均比例的 1/4，产业技术水平不高，产业创新能力有待提升。

五、企业专利的整合培育与优化运作对策与措施

近年来，全省知识产权系统大力推进知识产权战略，服务科技协同创新。企业作为知识产权产出的主体地位，是专利产出的主阵地，其中规模以上企业和高新技术企业则是专利产出的最重要的主力军。因此，江西省知识产权工作要落到实处，各级政府尤其是知识产权部门须抓紧抓好企业专利工作，特别是规模以上企业和高新技术企业，全面实施专利推进工程，全面提升江西省知识产权创造、运用、保护和管理的水平。

（一）企业专利数量要稳增长，加大企业专利整合培育工作力度，建立积极的政策导向激励机制，实现"年度倍增"目标

调查结果显示，江西省企业专利申请和授权的绝对量仍然较低，和其他知识产权强省市比较，江西省的差距仍非常明显。因此，为实现 2014 年专利申请授权量"年度倍增"目标，江西省知识产权系统应以入园入企"十百千万"工程为中心，强化积极的政策导向激励机制。充分运用省知识产权专项资金、金融、奖励、政府采购、职称等政策激励创造，加大发明专利资助力度，重点督查对市、县党委和政府的专利申请量和授权量的综合考核，引导企业转变市场竞争观念，加大技术创新力度，实施知识产权战略。

本次调查企业分别有 88.41% 从未申请过专利，90.36% 没有专利授权，94.7% 企业没有发明专利授权。因此，着力培育 10000 家专利消零的中小企业、1000 家专利过十的规模以上企业、100 家专利过百件的高新技术企业和 10 个专利过千件的园区。针对性选择专利申请授权在前 10 或前 100 的规模以上企业和高新技术企业，按计划步骤逐步引导和推进企业专利过十、过百和过千件的目标。重点实施 90% 以上的中小微企业专利消零计划，增强专利特派员对企业的引导帮助作用，对企业首个专利实施全额奖励。着力十大战略性新兴产业的专利产业化专项工作和专利年度倍增目标的实现，加强风能核能等专利状况欠佳的产业的专利培育工作力度。同时，将专利申请量纳入各级知识产权局工作绩效考评，作为设区市政府科技创新工作绩效的唯一指标。做好省专利奖有关工作，激励企业专利创造，充分发挥江西省专利奖获奖项目示范带动效应。大力推进专利优势企业认定工作，以点带面带动全省企业专利培育工作稳步推进。

（二）企业需调整专利结构，提高发明专利的比例，提升企业专利质量，增进专利效应，促进企业转型

2013 年，我国发明专利申请受理量占 3 种专利总量的 34.7%，5 年首次超过 1/3。本次调查显示，江西省企业该比例仍保持在 25% 左右，停留在 1/4 的水平，低于全国 1/3 的水平。

因此，加强分类指导，重点针对规模以上企业，特别是高新技术企业，专利工作应实现从数量到质量的转变。在稳定专利申请量和授权量增长的基础上，专利资助政策由专利申请阶段调整到专利授权阶段，加大对发明专利资助力度，特别是对企业基础型、原创型、高价值和拥有核心技术的专利进行加倍奖励，逐步实现只对发明专利实现资助。同时，不断完善江西省专利申请资助和奖励办法，把发明专利作为科技计划项目、重点实验室和工程技术研发中心等创新平台申报、验收的重要环节，

予以考核。设立专利专项资金,重点支持发明专利申请资助和奖励、发明专利引进、专利服务发展等。引导企业围绕战略性新兴产业,逐步提高企业专利质量,优化企业专利结构,实现产业链向高附加值延伸,实施创新驱动发展战略。

(三)加大知识产权保护力度,针对企业加大专利行政执法力度,实施打假护航"执法提升"工程,营造良好的企业技术创新环境

本次调查结果显示有57%的企业出现过专利侵权纠纷。其中,规模以下企业和高新技术企业侵权纠纷比例分别高达74%和65%,江西省的知识产权保护环境不容乐观。因此,基于更完善的法律法规体系、更快捷的行政执法手段和更完善的司法保护体制,多措并举,为企业专利权保护提供支撑。积极推动各级政府建立和完善知识产权保护协调机制,建立健全行业自律、舆论监督、群众参与的知识产权监督体系,将打击侵权知识产权专项行动和日常行政执法更好地结合起来,发挥中国(江西)知识产权维权援助中心及"12330"公益服务热线的作用。净化市场,优化企业创新环境。

(四)加强企业专利有效运用,优化企业专利成果产业化优惠政策和激励机制,主攻优势产业的专利技术开发和转化,引领战略性新兴产业的发展

以十大战略性新兴产业专利产业化专项和专利信息"产业导航"工程为抓手,强化企业专利运用能力,规划建设重点产业和企业的专利池,引导产业龙头企业把专利运用嵌入产业技术创新、产品创新、组织创新和商业模式创新;加强重点产业的专利协同运用,探索建立钨产业专利技术联盟等知识产权战略联盟;重点推进优势产业专利技术开发和转化,培育形成产业发展的新模式,引导和支撑战略性新兴产业科学发展。

(五)加强企业专利管理,引导企业不断增加专利投入,不断巩固企业专利创造主体地位

企业占据专利创造主体地位,国外的专利90%以上都是企业所申请的,2013年江西省工矿企业专利申请量仅占总量的50%左右。因此,企业应实施知识产权战略,适时转变竞争观念,从规模成本导向理念转型为创新驱动理念。

引导企业转变竞争观念,加大专利投入,培育企业核心竞争力。专利投入与专利产出显著相关,一个单位的专利投入能够带来几倍甚至是几十倍的收益。鼓励和引导不断增加企业的专利投入,促进专利的产出。

企业应以推行贯彻《企业知识产权管理规范》国家标准为契机,规范知识产权管理工作,健全知识产权管理制度。引导和鼓励企业开展知识产权知识的普及宣传和培训相关活动,提高企业员工知识产权意识,引导加大知识产权工作经费投入,不断强化企业的专利意识。

提高企业运用知识产权制度的能力。企业应根据实际情况制定规划科学的专利战略,建立各类专利数据库,系统开展专利态势和预警分析,充分挖掘专利文献信息,进行技术、产品和商业模式等创新。加强企业知识产权管理人才的培养,培养一批掌握专利规则的管理人员和工程技术人员,建立合理科学的企业专利工作机构和管理制度,设立企业内部知识产权管理部门、配备专职工作人员、设立专项经费。

(六) 大力推进江西省知识产权特派员和企业知识产权专员制度的建设,加强特派员深入企业对接服务,培养一大批企业知识产权专员

继续推进全省知识产权入园强企"十百千万"工程,加大遴选知识产权特派员工作力度。以知识产权特派员工作对接会为平台,进一步推动市县专利特派员工作的开展,加强专利特派员对接企业服务工作力度。加强专利特派员服务重点园区与优势企业。对首件专利实行全额资助,根据专利代理人(专利特派员)目标责任书给予奖励。

着力培养1000名骨干知识产权专员,建立全省知识产权专员队伍。通过企业知识产权专员与专利特派员的有效对接,建立和完善企业知识产权制度,促进企业知识产权意识提升和能力提高。定期举办企业知识产权专员培训班,培养企业知识产权专员专利事务管理、专利分析和研发咨询、专利布局、专利许可谈判、专利分析和预警以及专利维权等能力和素质。

附录三　江西知识产权入园强企"十百千万"工程背景调查报告之二
——江西省高新技术企业知识产权调查报告（2013）

本次问卷调查对象为全省605家高新技术企业，本报告以抽样调查的400家高新技术企业为样本，占江西省全部高新技术企业总数的66.67%，具有较高的代表性。现将本次高新技术企业（如未特别说明，本报告部分中的企业均指江西省高新技术企业）专利调查汇报如下：

一、高新技术企业的专利基本情况

本次专利调查的高新技术企业既有大型的国有企业，也有中小型的国有企业和私营企业。调查的范围既包括企业的专利意识，如企业知识产权宣传和培训、知识产权工作投入等，也包括企业的知识产权管理制度，如企业专利申请、职务发明专利归属规定、专利战略规划和专利档案等，还包括企业国内外专利申请、获取和专利实施的情况，以及企业专利投入、产出等情况。可以说既代表了江西省高新技术企业，又全面、准确、真实地反映了江西省高新技术企业的现状。

（一）企业专利投入与产出现状

江西省企业2013年销售总额为120717亿元，为全省工业企业总销售额477741亿元的25.27%。

2013年江西省高新技术企业专利累计投入296334万元，占全省企业专利累计投入463亿元的6.48%，平均累计投入为740万元。其中累计投入超过1亿元的有江西江铃汽车集团改装车有限公司（152000万元）、江西卓尔金属设备集团有限公司（15635万元）、凯斯通环保设备有限公司（40000万元）、赣州虔东稀土集团（27500万元）。

2013年江西省企业专利累计收益3131588万元，占全省企业专利累计收益539亿元的58.07%，平均累计收益为7828万元，其中累计收益超过5亿元的有江西江铃汽车集团改装车有限公司（1365000万元）、江西青峰药业有限公司（300000万元）、江西正邦科技股份有限公司（735844万元）、鸭鸭股份公司（51870万元）、蓝星化工新材料股份有限公司（65602万元）、江西恩达麻世纪科技股份有限公司（53000万元）。

如图1所示，从整体上来看，在抽样调查的400家高新技术企业只占全部调查企业总数6.97%的情况下，高新技术企业仅以占全省专利累计投入6.48%的投入，却取得了占全省专利累计收益的58.07%；从投入产出比来看，全部调查企业的投入产出比为1.16∶1，高新技术企业的投入产出比为10.43∶1，是全省企业投入产出比的10倍。总之，高新技术企业通过专利投入获得了良好的效益，而且效益非常明显。也反映出江西省高新技术企业技术创新成绩斐然，在技术创新中起着非常重要的作用。但存在的问题也不容忽视，全省有224家企业专利累计投入为0，占比为56%。有256家企业专利累计收入为0，占比为64%。从专利累计投入和累计收益的企业数量来看，江西省企业专利投入

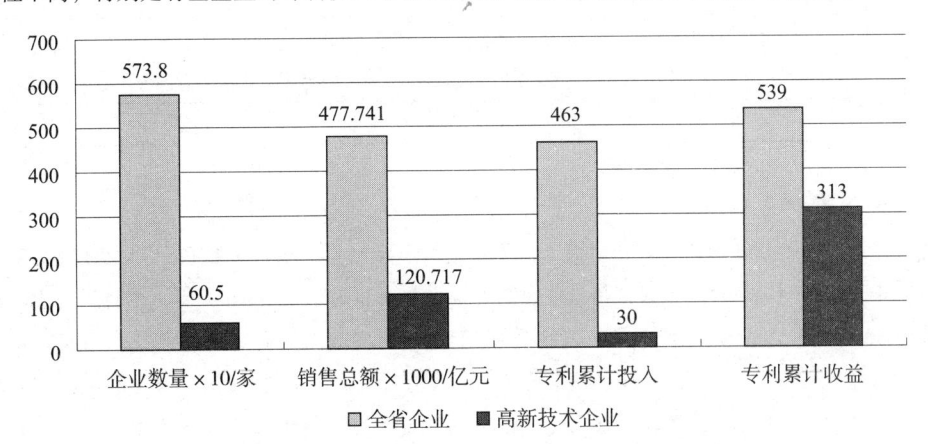

积极性不高,特别是有些企业的专利投入与收益倒挂,也影响企业加大专利投入的意愿。

图1 江西省高新技术企业销售和专利投入产出对比

(图中数据:企业数量×10/家:全省企业573.8,高新技术企业60.5;销售总额×1000/亿元:全省企业477.741,高新技术企业120.717;专利累计投入:全省企业463,高新技术企业30;专利累计收益:全省企业539,高新技术企业313)

(二)企业知识产权意识及专利管理工作现状

1. 企业知识产权知识的宣传和培训现状

知识产权知识宣传和培训是培养企业专利意识的主要方式和途径,通过对企业上至各级领导、下至普通员工(主要是技术研发人员)的知识产权知识宣传和培训,才能促进和保障企业专利的创造、管理、运用和保护得以实现。

2013年江西省有388家企业将知识产权工作列入企业议事日程,占比为97%。整体来看,江西省企业日常工作中对专利工作非常重视。企业能够积极执行和贯彻国家的相关专利制度和规范,以《企业知识产权管理规范》国家标准为例,有372家企业已经或正在组织贯彻,占比为93%(其中294家企业已经组织贯彻,78家企业正在组织贯彻中),仅有28家企业未贯彻《企业知识产权管理规范》国家标准。

整体来看,因知识产权工作投入所带来的效益不明显,江西省企业知识产权工作的投入较少,许多企业根本没有投入。2013年全省企业知识产权工作的投入总计为28558万元,平均为71万元,其中183家企业的投入为0元,占比为45.75%。

由于企业成本和培训资源等方面的原因,企业的专利知识宣传和培训不够积极,宣传和培训的次数和人数较少,宣传和培训范围涵盖面不够广。2013年有243家企业组织过对管理人员、工程技术人员及营销人员企业知识产权知识的普及宣传及培训,占比为60.75%。其中500人次以上的有4家,如表1所示。

表1 2013年组织知识产权普及宣传及培训达500人次以上企业

企业名称	信丰县绿源人造板有限公司	信丰普源电子材料有限公司	信丰中侨发展有限公司	萍乡市甘源食品有限公司
次数/人数	2/991	1/761	1/677	5/600

企业持续的提高员工专利知识的相关活动开展也不普遍,2013年有228家企业组织过提高员工知识产权意识的相关活动,占比为57%。其中500人次以上的有5家企业,如表2所示。

表2 2013年组织提高员工知识产权意识的相关活动达500人次以上企业

企业名称	华意压缩机股份有限公司	信丰金利达电子有限公司	江西恩达麻世纪科技股份有限公司	江西南丰振宇实业集团有限公司	九江诺贝尔陶瓷有限公司
次数/人数	1/896	2/681	1/560	1/510	11/500

2. 企业专利管理工作现状

尽管企业知识产权知识的宣传和培训工作不足，但总体来看，绝大多数企业并没有因此忽视专利管理工作，企业专利管理内容很完整，各项制度建设也都良好。截至2013年，尽管只有263家企业设有专职、兼职知识产权工作人员，占比为65.75%。但多数企业制定了涵盖技术研发、专利申请、日常管理、规划、权利归属、专利档案等在内的各项专利管理制度。其中355家企业制定有新技术、新产品开发中，技术贸易中关于检索专利信息的规定，占比为91.25%；372家企业制定有企业申请专利报批程序的规定，占比为93%；369家企业制定有专利申请权和专利权归属的规定，占比为92.25%；372家企业制定有专利资产管理的规定，占比为93%；374家企业制定有职务发明的发明人或设计人奖酬的规定，占比为93.5%；381家企业建立企业专利档案，占比为95.25%；370家企业与员工签订专利保密协议，占比为92.5%；364家企业制定了企业专利战略（规划），占比为91.5%；377家企业在开发新产品、研究制定专利战略时，利用专利文献信息，占比为94.25%；327家企业建立了专利数据库，占比为81.75%，具体如图2所示。

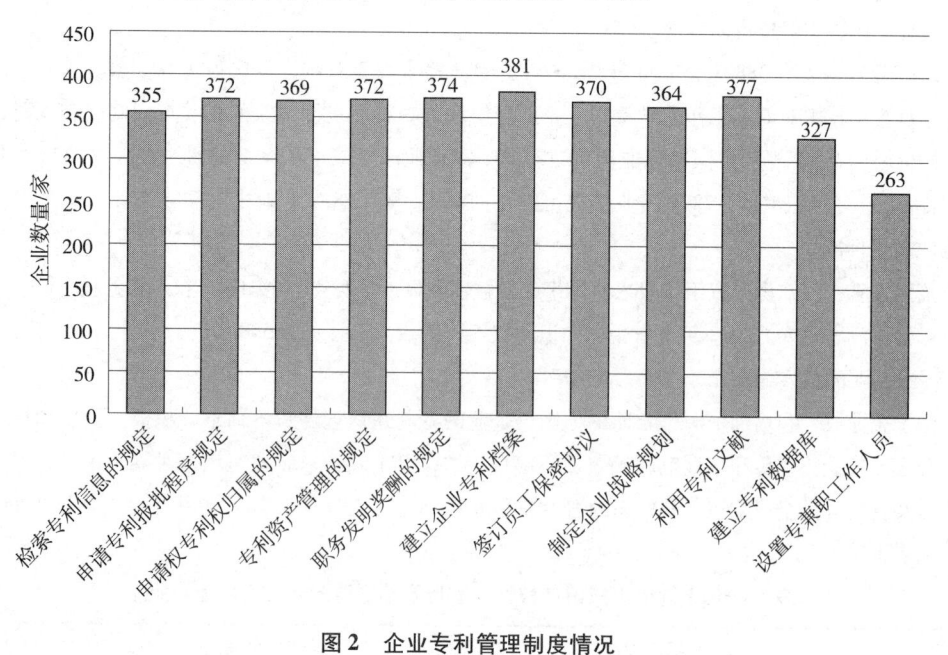

图2 企业专利管理制度情况

3. 企业专利涉讼现状

截至2013年，江西省共有188家企业出现过专利侵权纠纷，占比为47%。涉及专利纠纷的企业明显过多，严重影响企业正常的生产经营活动和经济效益。但从长远来看，有利于提高企业加强知识产权管理和运用，参与知识产权创造和保护的积极性。

(三) 企业国内外专利申请、获取及实施现状

如图 3 所示，截至 2013 年，江西省企业的专利申请、获取和实施情况。总体上，江西省企业专利的授权较好、实施情况略好，但在国外专利的申请、获取等方面数量太少，存在许多问题，值得深思，具体分析如下。

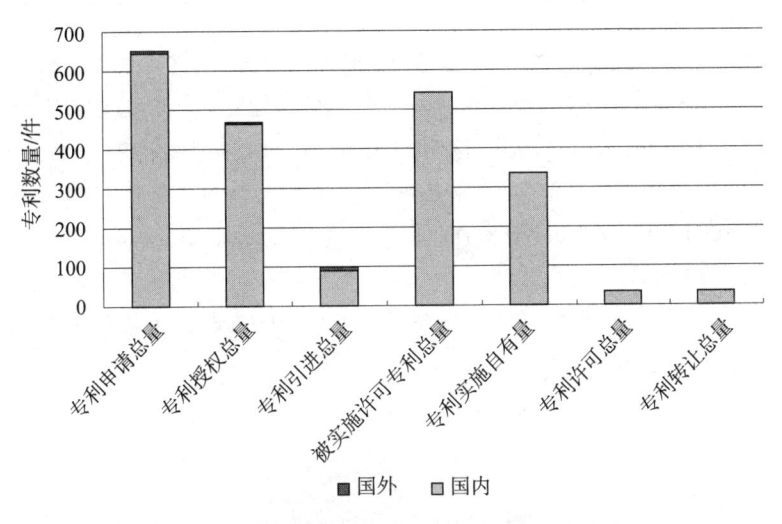

图 3　企业国内外专利申请、获取和实施对比

1. 企业国内外专利申请现状

（1）企业国内专利申请

企业申请专利的数量是企业技术创新的基础，特别是高新技术企业，企业申请专利的数量反映了技术实力和竞争优势。截至 2013 年，江西省高新技术企业的专利申请总量为 6511 件，其中发明专利为 1735 件，实用新型专利为 3820 件，外观设计专利为 956 件，如图 4 所示。实用新型专利申请量占据半壁江山，企业不太重视外观设计专利的申请。

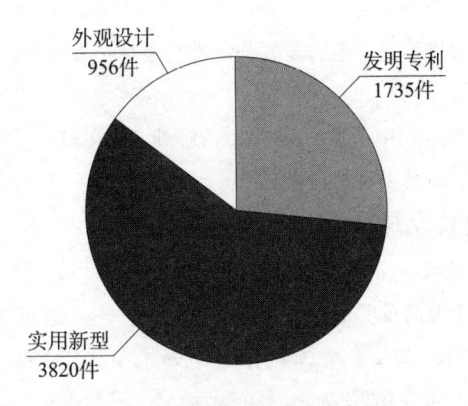

图 4　企业专利申请总量分布

其中仅有少部分大型企业专利申请量超过 100 件，如表 3 所示。绝大多数中小型企业则较少，其中有 212 家企业发明专利申请量为 0 件，204 家企业实用新型专利申请量为 0 件，331 家企业外观设计专利申请量为 0 件，分别占江西省全部企业的 53%、51% 和 82.75%。

表3 专利申请总量超过100件的企业

企业名称	江西铜业股份有限公司	江铃汽车集团公司	昌河飞机工业（集团）有限责任公司	江西百胜门控设备有限公司	江西汇仁药业有限公司
专利申请量/件	913	865	217	171	169

2013年，江西省高新技术企业专利申请总量为1782件，为江西省高新技术企业专利申请总量的27.4%，占全省当年全部工业企业专利申请量的23.82%。[1] 其中发明、实用新型和外观设计专利的申请量分别为477件、880件和425件。从申请专利的总量来看，少数企业专利申请积极性不高，申请专利的企业数量有所下降。但其中有277家企业未申请发明专利、273家企业未申请实用新型专利、353家企业未申请外观设计专利，分别占到江西省全部企业的69.25%、68.25%和88.25%。

（2）企业国外专利申请

截至2013年，江西省企业国外专利申请总量仅为48件，其中发明、实用新型和外观设计专利申请量分别为29件、11件和8件，如图5所示。

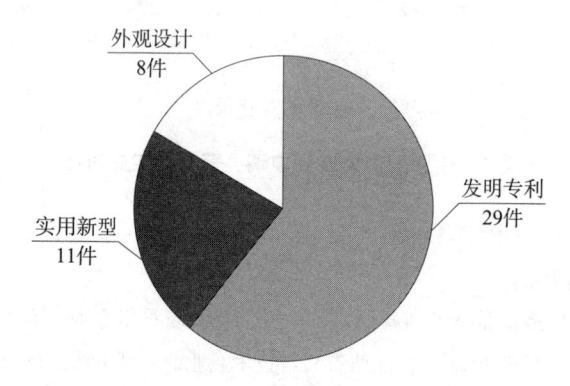

图5 企业国外专利申请总量分布

企业国外专利申请反映了企业参与国际市场的决心和提高市场竞争的信心，由于江西省企业对国外专利申请的法律制度和程序不熟，绝大多数企业没有申请国外专利，全省仅有13家企业申请国外专利。

2013年，江西省企业国外专利申请量为14件，占国外专利申请总量的29.1%。表现出江西省企业国外专利申请积极性不高、后劲不足的趋势。

2. 企业国内外专利获取现状

（1）企业国内专利授权现状

企业的专利授权数量是企业的重要资产和财富。截至2013年，江西省企业国内专利授权总量为4688件，占企业专利申请总量的72%。其中发明专利授权总量为784件、实用新型专利授权总量为3227件、外观设计专利授权总量为677件，如图6所示。

---

[1] 江西省2013年全年工业企业专利申请量为7480件。见江西省知识产权局：《发展升级、赶超进位，奋力开创知识产权工作新局面》报告（2014.1.17）。

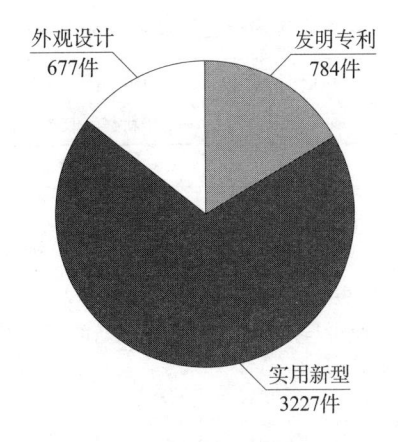

图6 授权专利总量分布

（饼图数据：外观设计 677件；发明专利 784件；实用新型 3227件）

与企业专利申请总量相比，江西省企业专利申请的总体质量较好、授权比例较高。单家企业的国内专利授权量也相应较好，但仍然集中于大型企业，如江西铜业股份有限公司（716件）、江铃汽车集团公司（677件）。值得注意的是，江西省仍有244家企业的发明专利授权量为0件，占比为61%；216家企业的实用新型专利授权量为0件，占比为54.75%；348家企业的外观设计专利授权量为0件，占比为87%。江西省实际拥有的国内授权专利的企业数量不容乐观。

2013年，江西省高新技术企业国内专利授权量为894件，占2013年高新技术企业专利申请量的50%，其中发明专利授权量为170件、实用新型专利授权量为565件、外观设计专利授权量为159件。与企业国内专利授权总量相比，江西省企业申请国内专利的整体质量有所下降，授权比例不高。同时，有328家企业发明专利授权量为0件，占比为82%；290家企业实用新型授权专利量为0件，占比为72.5%；378家企业外观设计授权专利量为0件，占比为94.5%。凸显出近年来江西省企业整体技术创新水平不高。

（2）企业国外专利授权现状

截至2013年，江西省企业国外专利授权总量为29件，2013年的国外专利授权总量为4件。表现出企业申请国外专利的企业数量少、申请的国外专利数量少两大特点。

（3）企业国内外专利引进现状

截至2013年，江西省企业国内专利引进总量为98件，其中发明、实用新型和外观设计专利引进数量分别为68件、28件和2件；引进专利的企业数分别为38家、13家和2家。总体来看，企业引进的国内专利数量少，引进国内专利的企业少。企业引进的国内专利类型主要集中于发明和实用新型专利，体现出企业对技术成果性专利的需求。2013年，企业国内专利引进总量为26件，占总专利引进总量的26.5%。从发展趋势来看，企业引进国内专利的意愿有所提高。

截至2013年，江西省企业国外专利引进总量仅7件。因此，江西省企业引进国外专利的积极性不高，值得注意的是，2013年江西省仅有江西百胜门控设备有限公司引进了6件国外外观设计专利。

（4）企业被许可实施专利的现状

截至2013年，江西省企业被许可实施专利总量为543件，仅有77家企业被许可实施，占比为19.25%。从被许可实施企业数量上看，企业技术合作、协同创新发展的意识不强。其中超过30项的企业仅4家，如表4所示。

表4 被许可实施企业数量超过30项的企业

企业名称	江西昌河汽车有限责任公司	江西沃格光电股份有限公司	中冶南方（新余）冷轧新材料技术有限公司	中西安防科技（新余）有限公司
实施专利数量/件	96	67	40	31

2013年，江西省企业被许可实施专利量为201件，占被许可实施总量的37%，仅有41家企业实施，占比为10.25%。其中超过30件的有中西安防科技（新余）有限公司（31件）、江西沃格光电股份有限公司（67件）。反映了企业参与技术合作、协同创新的意识不断提高。

3. 企业专利实施现状

（1）企业自有专利实施现状

截至2013年，江西省企业实施自有专利总量为3347件，占企业授权专利总量的71.4%，整体来看，反映出江西省企业将专利技术成果转化的意愿较强，积极性较高。其中实施自有专利超过50件的有10家，如表5所示。

表5 实施自有专利超过50项的企业

企业名称	昌河飞机工业（集团）有限责任公司	江西百胜门控设备有限公司	江西汇仁药业有限公司	江西昌河航空工业有限公司	江西昌河汽车有限责任公司	金虎集团	江西沃格光电股份有限公司	仁和（集团）发展有限公司	江西天施康中药股份有限公司	江西江铃汽车集团改装车有限公司
实施专利数/件	217	158	116	104	96	71	67	60	58	55

但不容忽视的是，仍有183家企业实施专利数量为0件，占比为45.75%。因此实施自有专利的企业数量有待提高。

2013年，江西省实施自有专利量为1481件，占企业实施自有专利总量的44.25%。且仍有222家企业实施自有专利数量为0件，占比为55.5%。反映出企业实施自有专利的数量持续保持良好势头，但企业实施自有专利的企业数量呈下降趋势。

（2）企业许可他人实施专利、转让专利的实施现状

截至2013年，江西省企业许可他人实施专利总量为34件；专利权转让总量为35件。2013年内，江西省许可他人实施专利量为16件；专利权转让量为16件。两者合计占授权专利总量的1.5%。从江西省企业授权专利总量来看，企业许可他人实施专利和转让专利的积极性不高，表现出企业不愿意与其他相关企业进行技术合作，不懂得通过专利授权或转让获取收益。

二、高新技术企业专利管理、获取和运用中存在的问题

本次抽样调查的400家企业基本代表了江西省高新技术企业的整体专利数量、质量和技术创新水平。尽管江西省企业的知识产权（含专利）制度建设在不断加强和完善，企业专利意识也在不断提高，企业专利申请的数量也在逐步增加。但江西省企业在专利管理、获取和运用工作中仍然存在许多不容忽视的问题，主要体现在：

(一) 知识产权意识不强、专利投入不足

尽管江西省绝大多数企业非常重视专利日常管理工作,全面执行和贯彻国家制定的专利制度和规范,各项专利管理制度建设的内容也很完善,但企业专利意识不强,专利工作投入不足问题也比较突出,主要表现为:

1. 知识产权知识宣传培训的次数和人数少,意识不强

企业员工的知识产权知识宣传和培训,既是培育企业知识产权文化的必要途径,也是激发企业员工知识产权创造、运用和保护的重要方式。调查数据显示,江西省有197家(近一半)企业从未组织过对企业员工知识产权知识的普及宣传及培训,甚至一些大型企业如江西铜业股份有限公司也没有组织过。在已经组织宣传或培训的企业中,51家企业仅组织过1次,83家企业参加宣传或培训人数不到50人。2013年有172家企业没有组织过任何知识产权知识宣传或培训。138家企业参加宣传或培训人数不到50人。此外,更有137家企业根本没有配备专职或兼职的知识产权工作人员。缺少合理和有效的知识产权知识宣传和培训,当然也就无法培育出良好的企业知识产权文化和意识。

2. 知识产权工作日常投入的资金、时间少,投入不足

从本次调查的情况(数据)来看,江西省企业2013年知识产权工作投入总计28558万元,平均71万元,无论是投入总额还是平均投入资金都算较高,但这主要是几家大型企业的投入,其中前5家企业的知识产权工作投入总计14802万元,占总投入的51.83%,❶ 有249家企业投入不到10万元(其中183家企业投入为0元)。这就意味着大多数企业实际投入非常少,甚至根本没有投入。由于资金投入的不足,企业的知识产权管理等日常工作也就无法有效开展或根本无法开展,投入知识产权工作上的时间也就相应地少。

(二) 技术创新活力不足、创新能力不强

技术创新是企业不断进步、发展壮大的内在动力,创新水平代表了现代企业的市场竞争力。企业的创新水平必须建立在其所掌握的技术数量和质量。具体而言就是企业所拥有的专利数量和专利质量(核心专利)。从调查的数据来看,江西省高新技术企业所申请和拥有的国内外专利数量和质量实在堪忧,主要问题有:

1. 申请和授权的专利数量少、企业少,创新活力不足

江西省高新技术企业可以说是代表了江西省的科技发展和技术创新水平。尽管江西省高新技术企业所拥有的专利申请总量为6511件,但2013年的申请量为1782件,与江西省全部企业同期7480件的专利申请量相比,高新技术企业专利申请的整体表现不佳,呈现出明显下降趋势,没有起到应有的引领示范作用。江西省有过半数企业完全没有申请和获得授权专利。至今仍有212家企业发明专利申请量为0件,204家企业实用新型专利申请量为0件,331家企业外观设计专利申请量为0件,分别占江西省全部高新技术企业的53%、51%和82.75%。仍有244家企业的发明专利授权量为0件,占比为61%;216家企业的实用新型专利授权量为0件,占比为54.75%;348家企业的外观设计专利授权量为0件,占比为87%。这些都反映出江西省高新技术企业创新活力明显不足。

---

❶ 其中江西南昌济生制药厂为1000万元;江西格雷特压缩机有限公司为1095万元;江西杰浩硬质合金工具有限公司为1760万元;江西联创电缆科技有限公司为1815万元;江西铜鼓江桥竹木业有限责任公司为9132万元。

2. 申请和授权专利的分布不合理、不均衡，创新能力不强

江西省高新技术企业的专利申请和授权分布过于集中。从企业主体角度来看，江西省专利申请和授权专利主要集中在少数大型企业，如江西省前5家企业的专利申请总量为2353件，❶ 占专利总量的36.14%；前5家企业专利授权量为1761件，❷ 占专利授权总量的37.56%。江西省百分之一的企业拥有超过三分之一的专利申请和授权专利。从专利种类的角度来看，江西省企业的专利申请和授权专利均集中于实用新型专利。如实用新型专利申请总量为3820件，占全部专利申请的58.67%；实用新型专利授权总量为3227件，占全部授权专利的68.84%。无论是专利申请还是授权专利中，实用新型专利占据半壁江山。

总之，一方面，企业专利量的过于集中少数大型企业，反映出江西省高新技术企业发展的不均衡；另一方面，企业专利种类过于偏重实用新型专利，反映出江西省高新技术企业创新能力不足。

（三）参与国际市场意愿不强、信心不足

企业向国外申请专利反映出企业积极提高自身内涵，参与国际市场竞争的决心和信心；企业通过申请获得国外专利，则能够提升企业的市场地位，也是企业走向国际的基本条件。从调查的情况来看，江西省高新技术企业极少向国外申请专利，江西省企业国外专利申请总量仅为48件，400家高新技术企业中仅有13家企业申请国外专利；其中国外专利授权总量为29件，400家高新技术企业中仅有7家企业获得国外专利。反映出江西省高新技术企业参与国际市场竞争的意愿不强、信心不足。

（四）技术合作创新意愿不强、热情不高

"合作互利、合作共赢"是现代社会的重要特征。合作也是现代企业谋求发展的重要途径之一，反映到企业的技术创新中，那就是企业应当积极进行各种形式合作创新，共同分享专利等技术成果。从调查的数据来看，江西省企业在这方面做得明显不足，主要问题有：

1. 引进专利、被许可实施专利少，合作意愿不强

一方面，江西省企业国内专利引进总量为98件，引进专利的企业数为53家；企业国外专利引进总量仅7件，引进专利的企业数为2家。从上述引进的专利数量和企业数量可以看出，江西省绝大多数企业一直以来都没有引进过任何专利。另一方面，江西省企业被许可实施专利总量为543件，有77家企业被许可实施，占比为19.25%。从数据来看，江西省企业被许可实施专利要明显好于引进专利的情况，这主要是由于被许可实施专利的成本要少与引进专利的成本。但从根本上而言，由于大多数的企业既没有引进专利，也没有被许可专利，因此从整体上来说，企业通过引进和被许可实施专利的技术合作方式的意愿不强。

2. 许可他人实施专利、转让专利少，合作热情不高

许可他人实施专利和专利权转让既是企业扩大和抢占市场的重要途径，也是企业直接获取资金、快速发展的重要手段。尽管江西省企业自行实施专利的效率较高，但江西省企业许可他人实施专利

---

❶ 其中江西铜业股份有限公司为913件；江铃汽车集团公司国内专利申请总量为865件；昌河飞机工业（集团）有限责任公司为217件；江西百胜门控设备有限公司为171件；江西汇仁药业有限公司为169件。

❷ 其中江西铜业股份有限公司为716件；江铃汽车集团公司为677件；江西百胜门控设备有限公司为144件；昌河飞机工业（集团）有限责任公司为131件；江西昌河汽车有限责任公司为93件。

总量为34件，仅有12家企业进行了许可；专利权转让总量为35件，仅有11家企业进行了转让。从调查的数据来看，江西省绝大多数企业并没有通过许可他人实施专利或转让专利的合作方式来直接获取资金或扩大占领市场，明显缺乏与其他企业技术合作的热情。

三、关于高新技术企业专利调查的意见和建议

高新技术企业的专利创造、管理和运行能力反映了江西省科技实力和技术创新水平，但从本次调查的情况来看，情况显然不容乐观。为帮助江西省高新技术企业建立技术创新的信心，培养技术创新的能力，从而推动全省企业不断创新发展，针对本次调查中存在的问题，兹提出以下意见和建议：

（一）加强规模以上企业的知识产权制度建设

1. 引导企业加大知识产权工作投入

企业技术创新需要企业专利数量的积累和专利质量的提高，而这些都是建立在企业知识产权文化和意识基础上。只有在企业形成了良好的知识产权意识、培养了良好的知识产权文化，才能使得企业员工尤其是企业研发人员能够在本职工作中不断创新实践，积极进行技术开发，及时提出申请专利。因此企业应具有长远的创新发展眼光，做到"兵马未动，粮草先行"，加大企业知识产权工作的投入。其中，应引导已有投入的企业应针对投入不足加大投入，没有投入的企业应尽快制订计划进行投入。具体而言，应逐步要求企业将知识产权工作投入预算列入企业的经营方针和经营计划，并通过制订知识产权长中短期战略规划或计划来落实预算资金的使用，合理使用知识产权工作预算资金，做到"每一分钱都用在刀刃上"。

2. 推进企业设立知识产权管理机构

从调查的情况可以看出，江西省多数高新技术企业都没有专职或兼职知识产权工作人员，更不用说设立知识产权管理机构。知识产权管理机构在企业"以创新求发展"战略中具有重要的地位和作用，因为企业知识产权制度建设必须依靠它来规划设计，国家的知识产权政策必须依靠它来贯彻执行，企业内外部知识产权工作开展必须依靠它来实施完成。长期以来，由于缺乏相应的知识产权管理机构，知识产权工作开展得不尽如人意，江西省高新技术企业创新发展的步伐受到严重制约。因此，应积极推进江西省企业尤其是规模以上企业设立知识产权管理机构。具体而言，应要求江西省企业根据自身生产规模的要求，首先探索设立不同形式的知识产权管理机构。各企业在具体机构的名称和工作人员的配备上可以不拘一格，单独设立和联合设立的形式均可，但应明确管理机构的管理范围和工作人员的岗位职责。

3. 推动企业逐步制定知识产权战略规划

科学合理的知识产权战略规划已成为企业不断开拓国际市场、占领技术制高点的基本手段，企业的知识产权战略的制定有利于提升企业的市场竞争力。科学合理的知识产权战略规划能够正确指引企业的未来发展方向，引导企业合理布局专利申请，在市场中取得竞争优势，从而有效地遏制和打败竞争对手。因此，应积极推动江西省企业积极制定知识产权（专利）战略规划，特别是在规模以上企业中普及知识产权（专利）战略规划，使企业能够时时找准位置，掌握企业未来发展方向。具体而言，应要求企业将专利战略规划纳入企业中长远战略规划，并在企业的生产经营方针和经营计划中具体体现。企业应根据本行业未来发展趋势，根据自身生产经营特点"量身定做"制定切实可行的专利战略规划，并通过知识产权管理机构在日常知识产权工作中贯彻落实。

4. 督促企业制定知识产权人才培训计划

企业知识产权制度的规划建设、贯彻落实都需要企业各级员工来具体实施，而合格的知识产权人才能够起到事半功倍的作用。从调查的结果来看，江西省有137家企业没有配备专职或兼职知识产权工作人员，193家企业没有开展任何的知识产权知识宣传和培训，导致企业专利申请数量和质量长期处于低位，企业参与市场的竞争、技术合作的信心不足，无法实现企业长远发展目标。因此，应督促江西省企业尽快制定知识产权人才培养计划。具体而言，一方面，政府应积极为企业知识产权人才培养提供各种培训信息平台和培训机会，有针对性地定期或不定期举办各种知识产权培训，另一方面，企业应制订知识产权人才培训计划，通过定期或定次、定员或轮批的知识产权知识宣传和培训，在企业员工中普及知识产权的政策和法律法规等，帮助企业全体员工树立起"技术立企"的观念，建立起"创新发展"的信心。

（二）充分发挥专利中介机构服务企业的作用

知识产权中介机构是企业技术创新的桥梁，是企业实现挖掘专利数量，提升专利质量的重要保障。由于企业在提出专利申请意向、撰写专利申请文件、完成专利申请程序的过程中存在不少疑惑和困难，导致企业不知申请、不愿申请和不会申请。因此亟须知识产权中介机构的专业指导和帮助，以帮助企业排除疑惑、解决困难。但中介机构作为市场主体，其生存和发展主要依靠区域内企业专利的申请数量，否则，中介机构也将无法生存。从调查的数据来看，江西省高新技术企业的专利申请和授权数量长期处于低位，因此，江西省各级地方政府应通过一定的方式充分发挥知识产权中介机构的作用，间接地提升江西省高新技术企业的专利申请数量和质量，提高江西省企业的技术创新水平。可以从以下两个方面做起：

1. 资助中介机构为企业提供宣传与培训

知识产权中介机构拥有企业无可比拟的知识产权专业人员，他们除了熟知专利申请的所有程序，具有良好的撰写水平外，还熟悉我国的知识产权政策和法律法规，拥有专利申请的实践经验和技巧，能够发现和挖掘企业可专利性的技术成果。因此，通过中介机构专业人士的宣传培训，除对企业员工普及知识产权知识外，更重要的是能够帮助企业拾遗补漏，及时将技术成果转化为专利。因此，江西省地方各级政府应通过资助中介机构到企业宣传与培训，一方面扶持地方知识产权中介机构的发展，另一方面也间接地为江西省高新技术企业发展提供服务。

2. 资助中介机构为企业申请国内外专利

知识产权中介机构拥有的是具有专业资格的知识产权专业人士，他们熟知专利申请的所有程序，具有良好的撰写水平外，拥有专利申请的实践经验和技巧。许多企业的专利申请之所以失败，主要原因就是撰写的专利申请材料不过关被驳回；有些专利申请即使获得了授权，也会因为撰写质量不高而导致无法实施和维权，无法转化为经济效益。因此，企业在申请专利的过程中应积极聘请中介机构，通过专业人士撰写申请文件，提升专利申请和授权专利的质量。考虑到江西省经济发展的水平和现实以及高新技术企业的成本承担能力，江西省各级地方政府应为中介机构服务企业专利申请提供资助。一方面可以激发中介机构帮助企业挖掘可专利性的技术成果，引导企业合理布局专利申请，增加企业的申请和授权专利数量；另一方面可以保证中介机构能够撰写出高水平的专利申请文件，提升授权专利的质量，从而从总体上提升江西省高新技术企业的整体创新水平。

(三) 积极推进企业间的技术合作和协同创新

1. 建立专利互联信息平台，拓宽合作渠道

在现代信息社会，信息的经济价值日显突出，企业间的竞争不仅是资金的雄厚等传统优势，更是对影响企业发展的各种信息包括专利技术等信息的及时、准确掌握。从本次调查的数据来看，江西省高新技术企业在专利引进、被授权，以及许可、转让专利方面存在不少问题。如江西省高新技术企业的全部专利引进量为105件，引进的企业仅有55家；许可和转让的全部专利数为69件，与江西省高新技术企业总数和专利总数相比，实在是不值一提。因此，江西省有必要建立省级的专利数据信息互联平台，或类似的各种技术信息互联平台，使企业能够及时了解本行业前沿技术和未来趋势，拓宽企业技术合作渠道，为企业潜在的技术合作创造更多机会。

2. 开展各种技术合作形式，深化合作实践

当前，企业技术合作的形式多种多样，除了上述传统的引进、被许可，以及许可、转让外，还存在许多的技术合作途径和形式，如交叉许可、专利联盟、合作发明等形式。无论哪一种形式，都能够有效地提高企业的创新能力和创新水平。因此，在专利互联信息平台的基础上，江西省高新技术企业应当充分利用这一信息平台资源，开展适合自身的各种形式的技术合作，通过进一步深化与其他企业的合作，从而以较小的成本提升自身的技术水平，获得最大的经济效益，如通过交叉许可和参加专利联盟的形式。

3. 探索企业协同创新机制，提升合作层次

协同创新是一种能够最大程度地发挥创新成员能力和优势的新型创新机制，是合作创新的高级形式。在协同创新中，各创新成员通过知识和技术的优势互补，紧密合作，从而能够做到高效创新，成果快速转化的创新效果。因此，建议江西省高新技术企业通过加强与高校、研究机构以及相关企业的联系和合作，积极探索协同创新模式，提升合作创新层次，最终提高企业的创新水平和创新能力。

附录四 江西知识产权入园强企"十百千万"工程背景调查报告之三

——江西省园区知识产权状况调查与分析（2013）

进入21世纪以来，随着知识经济的迅猛发展，知识产权特别是专利在促进我国科技进步和产业发展中的重要作用越来越凸显。尤其是近年来，随着国际市场竞争日益激烈，一些发达国家和跨国企业愈加重视新技术研发和专利保护，纷纷加强在我国的专利布局，给国内企业发展、产业进步带来不利影响。2013年，省委十三届七次全会提出了"发展升级、小康提速、绿色崛起、实干兴赣"的十六字方针，如何有力推动产业转型和发展升级，提升园区和企业核心竞争力是当前我们面临的主要任务。江西省知识产权局适应新形势的发展需要，迅速贯彻、及时研究，调整提出了"咬定一年翻番、实施两个专项、夯实四大体系、强攻十百千万"的总体工作思路，明确了要以园区为主战场、企业为主阵地，努力开创全省知识产权工作新局面，为实现江西创新升级、发展升级提供有力的知识产权支撑。在总体工作思路下，为全面推进园区知识产权工作，促进园区进一步提升知识产权创造、运用、保护、管理和服务等方面能力，有效发挥园区在创新驱动发展中的重要作用，掌握园区知识产权基本情况，为制定全省园区知识产权工作政策提供决策依据，江西省知识产权局在全省范围内开展了园区知识产权状况调查。

一、调查与反馈情况

本次调查由江西省知识产权局组织开展，各设区市知识产权局、各县（区、市）科技（知识产权）局配合实施，采用的是信函调查方式，共收回调查表92份，其中：国家级园区（包括国家级高新区和国家经济技术开发区）12个，省级工业园区66个，县（区）级工业园区或其他基地14个。在全省94个省级以上工业园区中调查回收率82.98%（其中：13个国家级园区反馈12个，反馈率达92.3%）（见表1）。

表1 各设区市园区调查表反馈情况　　　　　　　　　　　　　单位：个

		南昌市	九江市	景德镇市	上饶市	鹰潭市	抚州市	宜春市	萍乡市	新余市	吉安市	赣州市	合计
反馈调查表	总数	4	14	2	13	3	11	12	6	1	16	10	92
	省级以上	4	12	2	11	3	10	9	3	1	13	10	78
	县区级	0	2	0	2	0	1	3	3	0	3	0	14
省级以上园区	总数	9	14	3	11	3	10	9	3	2	13	16	94
	反馈率	44%	86%	67%	100%	100%	100%	100%	100%	50%	100%	63%	83%

表1显示，在全省11个设区市中，省级以上园区调查反馈率达100%的有6个（分别是：上饶市、鹰潭市、抚州市、宜春市、萍乡市、吉安市）；反馈率在99%～50%的有4个（依次是：九江市、景德镇市、赣州市、新余市）；反馈率不足50%的有1个（南昌市）。

二、基本情况

调查反馈的 92 个园区中,共有国家级园区 12 个、省级园区 66 个、县区级园区或产业化基地 14 个,入园企业数(不含微型企业)共 11844 家,高新技术企业有 366 家,拥有省级以上技术中心或研发机构 99 个,2012 年园区主营业务收入为 14956 亿元,实现税收总额为 792 亿元,成立了知识产权管理机构的园区有 30 个,设立了知识产权专项经费的园区有 28 个,制定了知识产权管理制度的园区有 47 个,引进或设立了知识产权服务机构的园区有 46 个,园区内拥有专利的企业共 3550 家,截至调查日,园区专利申请总量共计 19059 件,授权专利为 13125 件,其中 2012 年共申请专利 4738 件,授权专利 3225 件。

三、知识产权现状

在《与贸易有关的知识产权协议》(TRIPS)中知识产权范围共包括 7 种,分别是:发明专利权、版权与邻接权、商标权、地理标志权、工业品外观设计权、集成电路布图设计权和未披露的信息权(即商业秘密),而随着经济全球化进程的日益加快和知识经济的迅猛崛起,专利权作为最主要的知识产权之一,拥有专利的数量多少和质量高低在很大程度上体现了一个国家、一个地区、一个园区或一个企业的核心竞争力和创新能力的强弱。因此,在本次调查中我们主要调查了各园区的专利状况。

1. 园区专利申请和授权状况

调查表明,从园区专利申请状况来看,在受调查的 92 个园区中,共申请专利 19059 件,2012 年申请专利 4738 件。其中,专利申请量不足 100 件的园区共有 51 个(占反馈数的 55%,其中没有专利申请的园区共有 9 个,占 9.8%);另外,专利申请数量在 201~500 件的园区有 11 个(占 12%),申请数量在 501~800 件的园区有 3 个(占 3.3%),申请数量在 801~1000 件的园区有 3 个(占 3.3%),申请量超过 1000 件的园区只有 2 个(占 2.2%)。

从园区授权专利数量看,在受调查的 92 个园区中,共获得授权专利 13125 件,2012 年获得授权专利 3225 件。其中,授权专利总量不足 100 件的园区共有 60 个(占反馈数的 65.2%),其中尚无授权专利的园区 11 个(占 12%);另外专利授权量为 101~200 件的园区有 17 个(占 18.5%),专利授权量为 201~500 件的园区有 9 个(占 9.8%),专利授权量为 501~800 件的园区有 5 个(占 5.4%),授权专利量超过 800 件的园区只有 1 个(占 1.1%)(见表 2)。

表 2　园区专利申请和授权情况

园区专利申请情况			园区专利授权情况		
申请量/件	园区数/个	比例	授权量/件	园区数/个	比例
0	9	9.8%	0	11	12%
1~10	8	8.7%	1~10	10	10.9%
11~50	19	20.7%	11~50	20	21.7%
51~100	15	16.3%	51~100	19	20.7%
101~200	22	23.9%	101~200	17	18.5%
201~500	11	12%	201~500	9	9.8%
501~800	3	3.3%	501~800	5	5.4%
801~1000	3	3.3%	800 件以上	1	1.1%
1000 件以上	2	2.2%			

调查发现，申请量超过 500 件的园区共有 8 个，依次是：南昌市高新区（3829 件）、新余市高新区（1152 件）、南昌小蓝经济技术开发区（1000 件）、樟树工业园（986 件）、宜春市经济技术开发区（963 件）、崇仁县工业园（780 件）、萍乡市经济技术开发区（780 件）、奉新工业园（650 件）（见表3）。

表3　专利申请和授权过 500 件的园区

园区专利申请状况			园区专利授权状况		
园区	申请量/件	排名	园区	授权量/件	排名
南昌市高新区	3829	1	南昌市高新区	2932	1
新余市高新区	1152	2	新余市高新区	723	2
南昌小蓝经济技术开发区	1000	3	宜春市经济技术开发区	663	3
樟树工业园	986	4	樟树工业园	645	4
宜春市经济技术开发区	963	5	南昌小蓝经济技术开发区	600	5
崇仁县工业园	780	6	奉新工业园	520	6
萍乡市经济技术开发区	780	7			
奉新工业园	650	8			

授权量超过 500 件的园区共有 6 个，依次是：南昌市高新区（2932 件）、新余市高新区（723 件）、宜春市经济技术开发区（663 件）、樟树工业园（645 件）、南昌小蓝经济技术开发区（600 件）、奉新工业园（520 件）（见表3）。

2. 入园企业申请专利的情况

本次调查中，92 个园区内共有入园企业 11844 家（包含大中型企业 1259 家，小型企业 10585 家，其中高新技术企业 366 家），其中申请了专利的企业有 3550 家，占 29.98%，超过 70% 的入园企业还没有申请专利。

调查还发现，92 个园区中无企业申请专利的园区有 6 个（占 6.5%），有 10 家以下企业申请了专利的园区 28 个（占 30.4%），有 11~50 家企业申请了专利的园区 37 个（占 40.2%），有 51~100 家企业申请了专利的园区 12 个（占 13%），有 101~200 家企业申请了专利的园区 7 个（占 7.6%），超过 200 家企业申请了专利的园区只有 2 个（占 2.2%）（见表4）。

表4　园区申请专利的企业数

有专利申请的企业数/家		0	1~10	11~50	51~100	101~200	超过200
园区	数量/个	6	28	37	12	7	2
	比例	6.5%	30.4%	40.2%	13%	7.6%	2.2%

创新活动较为活跃，知识产权意识较强，超过 100 家企业申请了专利的园区共有 9 个，其申请了专利的企业数量和占园区企业数的比例依次为：萍乡市经济技术开发区（272 家，74.2%）、南昌高新区（270 家，91.5%）、宜春市经济技术开发区（156 家，91.8%）、景德镇陶瓷工业园（136 家，92.2%）、上高工业园区（126 家，42.1%）、广丰工业园区（126 家，53.6%）、新余市高新区（126

家,25.2%)、南昌小蓝经济技术开发区(106家,19%)、万载工业园区(105家,44.9%)(见表5)。

表5 超过100家企业申请专利的园区

园区	园区企业数/家	申请专利的企业数	
		数量/家	比例
万载工业园区	234	105	44.9%
南昌小蓝经济技术开发区	559	106	19.0%
新余市高新区	500	126	25.2%
广丰工业园区	235	126	53.6%
上高工业园区	299	126	42.1%
景德镇陶瓷工业园区	148	136	92.2%
宜春市经济技术开发区	170	156	91.8%
南昌高新区	295	270	91.5%
萍乡市经济技术开发区	368	272	74.2%

3. 园区知识产权管理机构情况

根据调查,92个园区中设立了园区知识产权管理机构的园区有30个(占33%),没有设立或明确知识产权管理部门的园区有62个(占67%)。园区知识产权管理机构主要分为四类：知识产权局、知识产权(管理)办公室(中心)、知识产权工作(服务)站、生产力促进中心(见表6)。

表6 园区知识产权管理机构情况

园区知识产权管理机构	知识产权局	知识产权(管理)办公室(中心)	知识产权工作(服务)站	以县(区)生产力促进中心代管	无
数量/个	3	8	11	7	64
比例	3%	9%	12%	8%	70%

(1) 园区设立专门的知识产权局的只有4个(占4%),分别是：南昌市高新区、宜春市经济技术开发区、萍乡市经济技术开发区、景德镇陶瓷工业园区;

(2) 园区设立知识产权(管理)办公室(中心)的有8个(占9%),分别是：上饶经开区茶亭工业园、樟树市工业园、丰城高新技术开发区、高安县工业园、铜鼓生态经济园、新建长堎工业园、信丰县工业园、德安县工业园;

(3) 园区设立知识产权工作(服务)站的有11个(占12%),分别是：湖口金砂湾工业园、武宁县工业园、上栗县经济开发区、芦溪工业园、余江县工业园、崇仁县工业园、东乡经济开发区、资溪县工业园、黎川县工业园、萍乡陶瓷技术产业化基地、庐山区生态工业城;

(4) 以县(区)生产力促进中心等其他部门、机构代管知识产权工作的园区有7个(占8%),分别是：泰和县、万安县、峡江县、大余县、于都县、婺源县、抚州高新区。

4. 园区知识产权专项经费情况

在受调查园区中,安排知识产权专项经费的园区有28个(占30%),经费总额495万元(占所有受调查园区主营业务收入的0.033‰,占已安排专项经费园区的主营业务收入的0.08‰)。没有安排知识产权专项经费的园区有 64 个（占 70%）。大多数设立了知识产权管理机构的园区都设立了知识产权专项经费（见表 7）。

表 7　园区知识产权专项经费情况

92 个受调查园区			28 个安排了专项经费的园区		
主营业务收入	税收总额	知识产权专项	主营业务收入	税收总额	知识产权专项
149563639 万元	7921796 万元	495 万元 占主营业务收入的 0.03 ‰	60831907 万元	3299073 万元	495 万元 占主营业务收入的 0.08 ‰

注：数据为 2012 年统计数据，单位万元。

知识产权专项经费数额 3 万元以下的园区有 4 个，3 万~10 万元的园区有 15 个，10 万~50 万元的园区有 4 个，50 万元以上的园区有 4 个（见表 8）。

表 8　园区知识产权专项经费分类表

园区知识产权专项经费数	0	1 万~3 万元	3 万~10 万元	10 万~50 万元	50 万元以上
园区数量/个	64	4	15	4	4
比例	69.6%	4.3%	16.3%	4.3%	4.3%

知识产权专项经费超过 50 万元的四个园区依次是：萍乡市经济技术开发区（120 万元）、南昌市高新区（60 万元）、九江市经济技术开发区（50 万元）、宜春市经济技术开发区（50 万元）。另外，抚州高新区财政每年按不低于区级财政支出 5% 的比例安排应用技术研究与开发（含知识产权）。

5. 园区知识产权管理制度建立情况

在受调查园区中，建立知识产权管理制度的园区有 47 个（占 51%），没有建立知识产权管理制度的园区有 45 个（占 49%）。

6. 园区知识产权服务机构情况

在受调查园区中，设立或引进了知识产权服务机构的园区有 46 个（占 50%），没有服务机构的园区有 46 个（占 50%）。

四、存在的问题与分析

1. 园区知识产权工作机制不够健全。突出体现在：一是大部分园区知识产权管理机构和管理人员缺位，只有 4% 的园区成立了专门的知识产权局，所有的省级园区都未成立知识产权局，且没有专人负责知识产权工作；二是园区知识产权管理制度还存在缺位现象，不能有效地激发园区的创新活力。

2. 园区知识产权投入严重缺乏。调查中，92 个园区的知识产权专项经费总额还不足 500 万元，相当于这些园区主营业务收入 100 万元才只投入 3 元知识产权经费，与园区经济在全省经济发展中的地位相比很不相符，与知识产权是第一竞争力的地位很不相符，因此不能更有效地发挥知识产权在促进园区经济发展和增强园区核心竞争力中的作用。

3. 园区企业创新活力还不够强，知识产权意识还不够浓。一是专利申请和授权的数量偏少，截

附录四　江西知识产权入园强企"十百千万"工程背景调查报告之三

至 2013 年 9 月（与开展园区调查时间基本一致），全省专利申请总量 81591 件，全省专利授权总量 47396 件，而受调查园区专利申请总量共 19059 件，授权专利 13125 件，分别占全省总量的 23.36% 和 27.69%；以 2012 年的专利数据来分析，2012 年全省专利申请总量 12458 件，专利授权总量 7985 件，受调查园区申请专利 4738 件，授权专利 3225 件，分别占全省总量的 24.86% 和 40.39%。二是申请专利的企业偏少，入园企业中申请专利的企业不足 30%，超过 70% 的还没有申请专利。

4. 园区知识产权人才培养力度很不够。配合函件调查，省知识产权局还通过电话形式进行了部分调查，同时也深入部分园区进行了实地调研，我们发现，园区的知识产权培训和人才培养工作做得很不够，绝大部分园区没有举办知识产权培训班或专题活动，其中自然也有管理机构、管理人员、工作经费的因素影响，同时也导致了园区企业知识产权意识不能得到增强，运用知识产权规则的能力不能得到提高。

5. 园区知识产权统计缺乏有效的途径。本次调查中，我们发现，有的园区对调查存在应付现象，调查反馈的数据存在明显的出入，这也反映出园区缺乏年度知识产权统计制度，没有每年都对入园企业的知识产权状况进行统计和掌握。

6. 省、市、县各级知识产权管理部门对园区知识产权工作的管理和指导存在一定的缺位现象。深入园区开展工作力度不够，缺乏有效的手段和形式，尤其是对设在县级行政辖区内的园区，县级知识产权局机构、人员、经费都严重不到位，不能有力推动园区的知识产权工作。

五、对策和措施

近期，省政府提出了 2014 年专利申请授权量翻番的目标，企业必将是专利产出的主阵地，园区则是企业的聚集地，通过园区抓好企业的知识产权工作是重要途径，因此，园区知识产权工作必须提到各级政府尤其是知识产权管理部门十分重要的工作日程，抓紧抓好、抓出成效。

（一）政府层面

1. 分类指导，推进知识产权"入园强企"

加强指导服务是基础。调查显示，江西省园区知识产权整体状况良莠不一，差距较大，省市知识产权局加强对园区的分类指导、开展个性化服务十分必要。要结合实际、把握重点、注重引导、加强保障，深入推进知识产权"入园强企"，强化产业化专项、专利奖励、服务体系建设三个支柱，抓好重点园区与优势企业、专利特派员与专利专员两个方面的点，推进拓展园区和企业的全面工作；加强对园区和企业知识产权工作的组织领导，成立"江西省知识产权入园强企工作推进组"，各部门既分工又协作；要尽快设计和开发园区知识产权管理系统，全面提升园区知识产权管理能力；探索建立对园区知识产权工作的考核指标体系和评价指标，逐步推动由数量、比例管理向标准、规范管理转变；加强对园区知识产权管理人员、服务人员的培训，提升能力。

2. 政策引领，促进质与量双提升

政策引领是关键。要结合"强攻十百千万"工作思路，进一步完善激励政策，进一步强化园区和企业的主阵地、主战场工作地位；要围绕"着力培育 10 个专利过千件的园区、100 家专利过百件的高新技术企业、1000 家专利过十件的规模以上企业、10000 家专利消零的中小微企业"，进一步明确工作方向、抓住工作重点。针对性地选择专利较多的 10 个园区、100 家高新技术企业和一定范围内的规上工业企业和中小微企业，按计划、按步骤，逐步推进。实施中小微企业专利消零计划，对首件专利实行全额资助，并根据专利代理人（专利特派员）目标责任书给予奖励。对专利过千件的园区、专利过百件的高新技术企业、专利申请达10件以上的规模以上企业实行特别奖励。

3. 试点引路，以点带面推进园区能力建设

开展专项工作试点是重要抓手。启动实施重点园区和优势企业培育工程；加强专利特派员的规范管理、目标管理和计划管理；在园区开展知识产权托管试点；结合园区个性，探索建立专利技术孵化基地，推行园区知识产权一站式服务模式。适时启动园区专利墙试点，形成比学赶超态势。

（二）园区层面

加强园区知识产权工作，落实领导、机构、人员、经费、制度是基础。各园区应当高度重视知识产权工作，充分认识知识产权在促进园区经济增长和提升园区核心竞争力中的重要作用。首先要做到基础工作"五落实"，保证园区领导重视知识产权、建立管理机构、落实人员和经费、建立健全管理制度；其次是要实施园区知识产权目标管理，将园区知识产权工作目标纳入园区年度考核评价体系；再次是将知识产权纳入园区统计范畴，将入园企业的知识产权状况纳入园区对企业的年度统计范畴，及时加以掌握；最后是积极营造知识产权氛围，深入开展知识产权培训，培养企业知识产权意识，指导推动企业实现"五有"工作目标，即有机构、有制度、有人员、有经费、有专利。

参考文献

[1] 魏守华,吴贵生,吕新雷. 区域创新能力的影响因素:兼评我国创新能力的地区差距 [J]. 中国软科学,2010 (9):76-85.

[2] 国家知识产权局规划发展司,中国专利技术开发公司. 专利文献引证统计分析报告 [N]. 2015-03-18.

[3] 李凤新,刘磊,倪苹. 中国产业专利密集度统计报告 [J]. 科学观察,2014 (1):7-24.

[4] 李凤新,刘磊,倪苹,等. 中国产业专利密集度分析报告 [J]. 科学观察,2015 (3):21-49.

[5] 申长雨. 迈向知识产权强国之路 [M]. 北京:知识产权出版社,2016.

[6] 吴汉东. 知识产权中国化应用研究 [M]. 北京:中国人民大学出版社,2014.

[7] 吴汉东. 知识产权多维度学理解读 [M]. 北京:中国人民大学出版社,2015.

[8] 刘思明,侯鹏,赵彦云. 知识产权保护与中国工业创新能力:来自省级大中型工业企业面板数据的实证研究 [J]. 数量经济技术经济研究,2015 (3):40-57.

[9] 李莉,闫斌,顾春霞. 知识产权保护、信息不对称与高科技企业资本结构 [J]. 管理世界,2014 (11):1-9.

[10] 史宇鹏,顾全林. 知识产权保护、异质性企业与创新:来自中国制造业的证据 [J]. 金融研究,2013 (8):136-149.

[11] 尹志锋,叶静怡,黄阳华,等. 知识产权保护与企业创新:传导机制及其检验 [J]. 世界经济,2013 (12):111-129.

[12] 侯圣和. 国外企业知识产权管理研究:实践、经验及启示 [J]. 财会通讯,2012 (3):127-132,161.

[13] 张杰,芦哲. 知识产权保护、研发投入与企业利润 [J]. 中国人民大学学报,2012 (5):88-98.

[14] 刘明珍. 中国企业自主知识产权和知名品牌发展研究 [J]. 中国软科学,2006 (3):123-131.

[15] 孙伟,姜彦福. 企业知识产权战略选择模型构建与实证研究 [J]. 科学学研究,2009 (8):1191-1197,1205.

[16] 夏玮,刘晓海. 中小企业知识产权使用情况分析与政策建议:从中小企业创新现状、分类与模式的角度 [J]. 科学学与科学技术管理,2010 (6):148-152,193.

[17] 池仁勇,潘李鹏. 知识产权能力构成、内外影响因素与企业成长:内力驱动,还是外部推进? [J]. 科学学研究,2016 (1):81-88.

[18] 李伟,余翔,蔡立胜. 政府科技投入、知识产权保护与企业研发投入 [J]. 科学学研究,2016

(3): 357-365.

[19] 文强. 影响企业知识产权综合运用能力的因素及其解决对策 [J]. 知识产权, 2014 (1): 61-65.

[20] 冯晓青. 我国企业知识产权运营战略及其实施研究 [J]. 河北法学, 2014 (10): 10-21.

[21] 唐恒, 付丽颖, 冯楚建. 高新技术企业知识产权管理与绩效分析 [J]. 中国科技论坛, 2011 (5): 80-85.

[22] 吴国平. 中国知识产权战略中的政府角色 [J]. 知识产权, 2006 (6): 39-43.

[23] 相丽玲, 曹平. 我国国家知识产权战略的研究与思考: 基于国外政府及跨国公司知识产权战略的比较 [J]. 情报理论与实践, 2007 (1): 4-7.

[24] 刘雪凤. 国家知识产权战略中政府的角色定位分析: 从政策过程视角 [J]. 理论探讨, 2009 (2): 140-144.

[25] 赵丽莉, 井西晓. 政府在知识产权管理中的职能 [J]. 理论探索, 2010 (5): 121-124.

[26] 聂洪涛. 知识产权担保融资中的政府角色分析 [J]. 科技进步与对策, 2014 (24): 104-108.

[27] 严鸿雁, 潘玉容, 张娜. 知识产权质押融资模式及各主体风险分析: 以政府参与度为线索 [J]. 商业经济研究, 2015 (8): 85-87.

[28] 张书琴, 张望. 知识产权保护政府补贴与经济增长 [J]. 技术经济与管理研究, 2014 (4): 62-71.

[29] 刘华, 张祥志. 政府主导知识产权文化建设的正当性分析 [J]. 北京社会科学, 2013 (6): 21-26.

[30] 杨浩. 政府支持与企业自主知识产权能力提升的关系探讨 [J]. 商业时代, 2012 (29): 93-94.

[31] 杨晨, 夏钰, 施学哲. 园区知识产权管理与服务模式: 内涵、特征与进路 [J]. 学术论坛, 2012 (3): 101-105.

[32] 杨晨, 代杰. 基于产业集群的园区知识产权管理与服务绩效指标体系构建 [J]. 情报杂志, 2012 (4): 160-164.

[33] 杨晨, 夏钰, 施学哲. 产业集群视角下高技术产业园区知识产权管理与服务模式探析 [J]. 科学学与科学技术管理, 2012 (10): 5-10.

[34] 纪红兵, 林名钦. 面向化工园区的知识产权建设研究 [J]. 化工进展, 2016 (8): 2615-2621.

[35] 王干, 蔡祖国. 美国高科技园区中的产权制度及启示 [J]. 科研管理, 2004 (1): 109-113.

[36] 刘洋, 王勤秀, 姚志国. 高新技术园区优惠政策当向自主知识产权企业倾斜: 我国高新技术园区政策实施状况调查的思考 [J]. 知识产权, 2004 (3): 37-41.

[37] 搭建知识产权公共服务平台促进软件服务外包产业发展 [J]. 电子知识产权, 2008 (8): 65-66.

[38] 徐达, 潘顺生. 高新技术产业开发区的知识产权保护 [J]. 华东科技, 1998 (6): 13.

[39] 熊绍员, 葛松如, 胡智政, 等. 长三角部分省市知识产权工作调研报告 [J]. 江西科学, 2014, 32 (2): 252-257.

[40] 熊绍员. 强化创新驱动 促进发展升级 [J]. 当代江西, 2015 (3): 14-15.

[41] 储怡士, 熊绍员, 张静, 等. 关于加强江西省知识产权服务业的探讨 [J]. 江西科学, 2016, 34 (5): 717-721.

[42] 张祥志. 美国知识产权法: 路径与原理——读《美国知识产权法原理》[J]. 出版发行研究, 2014 (1): 83-84.

[43] 刘华, 张祥志. 政府在文化产业链创意端的角色与职能研究 [J]. 出版发行研究, 2014 (2): 36-39.

[44] 刘华, 张祥志. 政府主导知识产权文化建设的中国现实与路径 [J]. 中国发明与专利, 2013 (7): 6-8.

[45] 刘华, 张祥志. 中国的版权相关产业: 理论、现状与决策 [J]. 中国出版, 2013 (15): 24-29.

[46] 张祥志, 尹靓. 基于供给侧改革的文化产业创造力激励研究 [J]. 中国出版, 2016 (13): 15-19.

[47] 姜江. 知识产权强国政策体系中的产业政策研究 [J]. 知识产权, 2015 (12): 24-28, 46.

[48] 宋河发, 沙开清, 刘峰. 创新驱动发展与知识产权强国建设的知识产权政策体系研究 [J]. 知识产权, 2016 (2): 93-98.

[49] 龙飞. 我国中小企业宏观政策评估: 以中小企业知识产权战略推进工程政策为例 [J]. 经济研究参考, 2016 (4): 62-69.

[50] 刘华, 孟奇勋. 知识产权公共政策的模式选择与体系构建 [J]. 中国软科学, 2009 (7): 10-18.

[51] 郭俊华, 曹洲涛. 知识产权政策评估体系的建立与推进策略研究 [J]. 科学学与科学技术管理, 2010 (3): 31-38.

[52] 孙斌, 彭纪生. 中国知识产权保护政策与创新政策的协同演变研究 [J]. 科技管理研究, 2010 (1): 33-35.

[53] 周莹, 刘华. 知识产权公共政策的协同运行模式研究 [J]. 科学学研究, 2010 (3): 351-356.

[54] 彭茂祥. 我国知识产权公共政策体系的构建 [J]. 知识产权, 2006 (5): 32-37.

[55] 吴汉东. 利弊之间: 知识产权制度的政策科学分析 [J]. 法商研究, 2006 (5): 6-15.

[56] 张鹏. 知识产权公共政策体系的理论框架、构成要素和建设方向研究 [J]. 知识产权, 2014 (12): 69-73.

[57] 董涛. 中国知识产权政策十年反思 [J]. 知识产权, 2014 (3): 57-60.

[58] 李良成, 高畅. 战略性新兴产业知识产权政策分析框架研究 [J]. 科技进步与对策, 2014 (12): 114-118.

[59] 肖尤丹. 面向国家知识产权战略实施的知识产权管理及其促进政策 [J]. 中国科学院院刊, 2013 (4): 419-426.

[60] 宋伟, 徐飞, 张心悦. 政策溢出视角下的区域知识产权政策绩效提升研究: 基于我国29个省、市、自治区的实证分析 [J]. 科学学与科学技术管理, 2012 (7): 77-83.